鲁彦周

鲁彦周评传

时代出版传媒股份有限公司
安徽文艺出版社

鲁彦周（1928-2006），安徽巢湖人。1959 年加入中国作家协会。历任安徽省文联、省作协副主席，安徽省政协常委，中共第十二次党代会代表，中国作协、中国影协理事，中国电影文学学会副会长，中国作协全委会名誉委员。著有小说、散文、戏剧、电影多部，主要有长篇小说《彩虹坪》《古塔上的风铃》《阴阳关的阴阳梦》《双凤楼》《梨花似雪》等，中篇小说《天云山传奇》《呼唤》，话剧《归来》及电影《天云山传奇》《廖仲恺》等，另有《鲁彦周文集》（八卷）。作品获全国话剧汇演剧本一等奖，全国中篇小说一等奖，金鸡奖、百花奖和文化部优秀影片奖，上海优秀长篇小说奖等。被广电局授予优秀电影艺术家称号。作品有英、俄、德、日等翻译本。

鲁彦周评传

唐先田　温跃渊◎著

时代出版传媒股份有限公司
安徽文艺出版社

图书在版编目（CIP）数据

鲁彦周评传/唐先田，温跃渊著.—合肥：安徽文艺出版社，
2016.6

ISBN 978-7-5396-5536-9

Ⅰ.①鲁…　Ⅱ.①唐…②温…　Ⅲ.①鲁彦周（1928～
2006）-评传　Ⅳ.①K825.6

中国版本图书馆 CIP 数据核字（2015）第 223346 号

出　版　人：朱寒冬

责任编辑：沈喜阳　　　　　　　　　装帧设计：张诚鑫

出版发行：时代出版传媒股份有限公司　www.press-mart.com

　　　　　安徽文艺出版社　www.awpub.com

地　　　址：合肥市翡翠路 1118 号　邮政编码：230071

营　销　部：(0551) 63533889

印　　　制：安徽新华印刷股份有限公司　(0551)65859551

开本：700×1000　1/16　印张：18.75　字数：360 千字

版次：2016 年 6 月第 1 版　2016 年 6 月第 1 次印刷

定价：58.00 元（精装）

1961年元旦，周恩来总理接见并宴请部分作家、艺术家。第二排左起第一人为鲁彦周

1979年在第四次文代会上，左起：肖马、鲁彦周、陈登科、赖少奇、苏中

1992年在上海，右起：陆文夫、鲁彦周、谌容、李国文、叶楠

和上海电影制片厂老厂长徐桑楚、电影《廖仲恺》的导演汤晓丹在一起

1994年在岳西县与老乡合影

1995年中国作家代表团访问美国，
左起为：鲁彦周、陈明仙、吴秉然、叶梅、邓刚、叶辛、汪晓兰、朱红、李蓝妮

1996年在九华山，左起：周志友、何士光、鲁彦周、唐达成

2000年迎驾笔会期间与王蒙（右三）等在一起

2000年与张贤亮在佛子岭

2002年鲁彦周文集首发式

2000年和夫人张嘉及儿子鲁书潮、儿媳王丽萍在家中

目 录

序

周干之

　　鲁彦周先生是国内外享有盛誉的作家。写一部关于他的评传,介绍他的生平事迹和他的创作成就,是许多读者期待已久的事情。唐先田、温跃渊二位作家经过多年努力,使读者的这一期待成为现实。《鲁彦周评传》就要出版和读者见面了,这的确是文坛值得高兴的一件事。唐、温二位合作撰写这部评传,曾被誉之为"珠联璧合"。之所以有这样的美誉和点赞,我想一是他俩曾有过密切合作的前例,两人能耐心地相互切磋,诚心诚意地取长补短;再者是唐先田对彦周先生的创作比较熟悉,写过不少评论文章,温跃渊平时则和彦周先生接触交往较多,对他的为人、性格、爱好都有所了解,这两个方面,都是写作评传所不可或缺的。即将出版的这本评传,正是他俩这种优势互补的成果。

　　评传让我们看到了彦周先生所秉持的矢志不渝的文学精神。彦周先生极富文学才华、聪慧好学、刻苦努力,从他深厚丰硕的创作收获中,我们了解到他的一生,是和文学艺术紧密结合在一起的一生,是在创作道路上不断追求不断进取的一生。彦周先生走上文学创作的道路,是解放前夕,那时他刚满二十岁,他的长篇处女作《丹凤》完成于 1948 年至 1949 年之间,他是用文学创作的起步成绩来迎接新中国的诞生。此后将近六十年间,他始终不曾放下他手中的笔,始终在圆他的文学梦。在那不堪回首的十年,他虽然被剥夺了写作的权利,不能发表作品了,但他一刻也没有忘记从文学的角度对社会生活进行细致的观察和思考。宝贵而丰富的生活积累,为他在新时期能写出那么多优秀作品,打下了坚实的基础。进入新世纪之后,彦周先生已过古稀之年,但他不顾体弱多病,依然保持着旺盛的创作活力,完成了70多万字的长篇小说《梨花似雪》。彦周先生矢志不渝的文学精神告诉我们,人一辈子只要有恒心有决心,毫不动摇地沿着自己所选择的道路坚持不懈地走下去,不管做什么,都会做出成绩来,都会有益于社会。

评传让我们看到了彦周先生所一贯秉持的为人民而创作的文学理念。打开彦周先生所创作的文学作品,无论什么题材,无论主人公写的是谁,我们感受最深刻的是,字里行间所充溢着的心系祖国和人民的拳拳情怀。他歌颂革命者为了美好的明天,出入于枪林弹雨、不怕流血牺牲的忘我抗争;他赞美普通劳动者为改变自己的命运在各条战线上坚忍不拔的顽强奋斗。他崇敬人民的英雄,他是人民的歌者,是英雄的歌者。他又非常同情底层人群的不幸和苦难,时刻将他们的冷暖挂在心头。为了祖国的美好未来和人民的幸福安康,他无情地揭露和鞭笞那些隐藏在黑暗角落里的丑恶灵魂和他们的丑恶行为。彦周先生的心里,始终装着人民,他为人民的欢乐而歌唱,为人民的疾苦而流泪,他是一个真正的人民作家。彦周先生为人民而创作的精神告诉我们,一个作家只有和人民同呼吸共命运,他的创作才有意义,他的作品才会赢得超越时空的价值。

评传让我们看到了彦周先生在文学道路上不断创新的艺术追求。由于杰出的文学才华和艰苦不懈的努力,他在很年轻的时候,便取得了骄人的成绩。他的独幕话剧剧本《归来》誉满全国时,他还不到30岁。粉碎

"四人帮"后,他创作的《天云山传奇》,成为划时代的经典之作。他的多部长篇小说、中篇小说、短篇小说和散文在文坛和读者中都评价极高。然而,他深知艺术道路永无止境,虽然成就卓著,但绝不满足,因此始终保持不懈探索、不懈创新的姿态。他的长篇小说《阴阳关的阴阳梦》,运用了许多魔幻写法,亦真亦梦、朦胧虚幻,别具审美情趣。年逾古稀后在创作《梨花似雪》时,他不甘于只是运用他所熟悉自如的现实主义手法,而是别出心裁地将"一书二式"的写法贯串小说的始终。这种探索的结果如何,当然有待于时间的检验,但他不甘守成的艺术进取心让人感动。彦周先生竭心尽力地求新求变的艺术实践告诉我们,艺术贵在创新,只有不知疲倦地开拓进取,才能攀登高峰,除此之外没有别的捷径。

彦周先生矢志不渝的文学精神、毕生为人民而写作的文学理念、坚持创新的文学追求,浑然融为一体,构成了他五彩斑斓的文学人生,使他成为文学领域里的一面亮丽的旗帜,值得我们深刻地思考并从中获得教益。

转眼间,彦周先生离开我们已经 10 年了。10 年来,他仍时时刻刻活在我们中间,我们忘不了他的风采,忘不了他的作品,不断地从他的作品中汲取营养,他是我们心中的旗帜。《鲁彦周评传》的出版,正是对彦周先生的最好纪念。

2015 年,年末

(题序者系安徽省人大常委会原副主任,出版有诗集《山水行吟》《丈量大地》《绿叶红椿》等)

第一章

家庭·纺车·牧鹅·圈点《纲鉴》

　　古老而辽阔的巢湖,碧波浩渺、一望无际。巢湖边上是一片美丽的土地,这片土地因巢湖而被命名巢县。巢县的北乡有个鲁集村,居住的多是鲁氏子孙。

　　1928年10月3日,鲁彦周就出生在这个村子里。鲁彦周谱名鲁家骥,他是家字辈。鲁彦周说,鲁集村的鲁氏始祖,是明朝末年从江西迁徙而来的。

　　巢湖是中国五大淡水湖之一,很有名气。鲁集村有五六百人口,距巢县第一大镇柘皋二十余华里,曾属于柘皋区。村里人和睦相处,贫富也很均匀,解放后划分成分,村里没有地主没有富农,是个很可爱的村子。但村里人书念得不很好,没有出过举人,更没有出过状元,没有人当过什么大官。村后有一座小山,名尖山,山上有一些杂树,还有两座不大的庙宇:胡公庙和尖山寺。尖山寺供奉的是观音菩萨,观音的塑像既端庄又美丽。村上有好几口大塘,除大旱之年外,塘里的水都是满的,村前的那口大塘,常年白茫茫的一片。夏天秋天,塘埂上开着一簇簇紫色的扁豆花和黄色的菊花。塘边砌着一块块的大石头,村里的大姑娘小媳妇就在石头上洗衣服,她们的嬉笑声和棒槌声悠远而又清越。村外的水田里常有鹭鸟,它们悠闲地踱步觅食。东沟有一片小竹林,常年翠绿。村子里许多农户家的院子杂树杂花伸出院外。鲁彦周很喜爱他的故乡鲁集村。

鲁彦周的童年是在亲情呵护下,在鹅群、纺车的嗡嗡声和祠堂里的启蒙私塾中度过的。

一

鲁彦周家庭的组成,很有些特殊。除了他父母和祖父外,还有两个寡妇:一个是他的祖父的三嫂,鲁彦周喊她三奶奶;一个是鲁彦周的伯母,他喊作大妈妈。

鲁彦周的祖父鲁凤翥

鲁彦周的祖父名鲁凤翥,是他曾祖父的二房夫人生的。对于这位二房夫人,鲁彦周后来猜想,也许是曾祖的继室,也许就是小夫人,但都没有得到证实。鲁彦周的祖父及其同母的哥哥,不与另外两位兄弟在一起过日子。正因为如此,当他的同母的三哥早年去世后,他的寡嫂和寡嫂的女儿也就自然成为他祖父必须抚养的人。鲁彦周的伯父,即他父亲的亲哥,在青年时娶亲一两年,生了一个女儿后就去世了,丢下了他的伯母。伯母的女儿,即鲁彦周的堂姐,小时候也和鲁彦周生活在一起。

鲁彦周的家庭人数相当多,似乎也很复杂,但却始终洋溢着一种融洽的气氛。鲁彦周的祖父是全家的首脑,他不管家事,但是全权指挥田里的农活安排。鲁彦周的父亲鲁邦裕,有时在种植什么庄稼时偶尔和祖父有争论,但最终还是他祖父做主。鲁彦周的祖父在农事上不仅是家里的权威,在全村也是权威。鲁彦周后来说,这和他平时乐于助人又是庄稼老手大有关系,村上人在种田事务上,专门请教他的人非常多,而他总是尽量周密思考为别人出主意,他有时甚至悄悄地帮助人家把田里的一些手边活计做好而不

鲁彦周父亲鲁邦裕

告诉人家,如适时开缺放水和堵缺拦水等等,真像是一名优秀的生产队长。正因为这样,他在村上人缘也最好,老老少少都喊他四爹爹。鲁彦周家里日常生活,是他母亲做主。他母亲名钱乃珍,是村上最有名的能干人,模样也很标致。她出生于一个较为富有的家庭,从小失去父母,在兄嫂手下长大,打小

鲁彦周母亲钱乃珍

就学会处理人际间的复杂关系,在农活上也是一个多面手,田地里的庄稼活及农家杂事样样都行,而且都做得出色。因此,她才能在家庭内部和村子里都得到尊敬,也很自然地成为鲁家的中心,连祖父也默认她的权威。鲁彦周的父亲虽然在外面很有点绅士派头,但在家里也听他母亲的。鲁彦周的母亲1998年去世,享年九十六岁。她去世时,鲁彦周不在身边,去美国他女儿处探亲,他是在美

国得知母亲去世的消息的,当即悲痛得大哭一场。

鲁彦周的父亲是一位宽容的人,他没有读过多少书。鲁彦周听说曾祖有规定,两个孙子,必须一耕一读,父亲的哥哥是读书人,父亲就只能种地了。他只是在他的哥哥去世后,赶紧补读了年把私塾,但已经太晚了。所以他父亲只识得很少的字,是一个高级文盲。他虽文化水平不高,却很文雅,外表倒非常像一个乡间读书人,在村上常常出面说话管事,是头面人物之一,但绝不是是某些大家族那样的族长之类的人物。鲁彦周的父亲在村上能管事,也善于替人家调解纠纷,至于对自家孩子,则不大过问,对鲁彦周也很少施加影响,很少说教。

鲁彦周的三奶奶和他的伯母,两个青年时期就守寡的女人,则各有性格。三奶奶比较好强,也容易发脾气,鲁彦周的祖父、父亲对她都比较宽容;鲁彦周的母亲和伯母,则恭而敬之,从不惹她生气。她要是生气了就都让着她一点,好在她发脾气的时候并不多,而不发脾气的时候,她便是一个和气的讨人喜欢的老人。她很能说古道今,剪的窗花也很好看。鲁家每年过年时,堂屋靠天井的两扇大窗户的窗花剪纸,都是他三奶奶的作品。村上人家有喜事或丧事,需要剪各式图案,也都请他三奶奶去。三奶奶对小鲁彦周非常疼爱,鲁彦周在四五岁前,一直是三奶奶带他睡觉。鲁彦周小时候生活上的事,基本上都是三奶奶照管。三奶奶是在 1947 年去世的。她去世前鲁彦周在江南念书,一夜他忽然梦见了他的三奶奶,她在梦里对鲁彦周说:我想你,你不回来,我走了,你好好地照顾好自己吧。鲁彦周醒来后记得自己在梦里哭了。第二天他对他的一个同学说:我的奶奶死了。果然不错,家里来信证实了,三奶奶就是在那天去世的。对此,鲁彦周一直很纳闷,难道人真有灵魂?

鲁彦周的伯母和三奶奶不很相同,但她也是年经轻轻就守寡了,她微胖的脸上,总是浮着一层温柔的笑容。她会唱秧歌,会说民间故事,说话嗓门很高,是干农活的好手,是纺棉花的能人。她对鲁彦周、对自己的亲生女儿,都很爱,一视同仁。鲁彦周说,伯母不大用言语表达对人的喜爱,但是你从她的善良的眼神里,完全可以领略得到。虽说她是一个善良的命运很苦的女人,却又是一个最达观的女人。鲁彦周没有见过伯母的丈夫,也就是他的大伯父,不知道他是一个什么样的读书人。鲁彦周长大后,在伯母处也没有发现大伯有什么藏书,推测他大伯是一个没有多少学问的人。对他过早地离世,鲁彦周非常感慨:真是委屈了他的为他守寡终身的好妻子。

鲁彦周的堂姐鲁晓英,亦即伯母的女儿,命运也不好,嫁了一个不安分的丈夫,也是早年守寡。好在她有三个儿子,晚年的光景还不错。在鲁彦周童年时,姐弟俩关系是非常好的,和亲姐弟没有什么不同。鲁彦周的堂姐年轻时,绝对是一个非常好看的姑娘,她的身材颀长,皮肤雪白,脸色始终是白里透红,太阳再晒也晒不黑她。鲁彦周记得他的祖父曾说过:小英子(姐姐小名)一定是一个苦命。祖父认为农家丫头有这样好的肤色、这样好的容貌,不是好兆头。祖父的话果然应验了,她三十岁不到就成了寡妇,守着三个儿子过日子。堂姐未出嫁前,在家里也是一把劳动的好手。

鲁家有这么多的强劳力,在农村是很难得的。虽不怎么富裕,但在正常年景,不会有冻馁之忧。这样的家境,这样的农家田园生活的恬静融和,这样的田野里的幽美景色和大地的芳香,给鲁彦周性格的成长以极大的影响。鲁彦周晚年曾说:我一生始终追求一种和谐的恬静,始终向往着温和的抒情诗似的生活,和童年时的家庭影响有很大的关系;后来,我甚至因此和不太和谐的现实产生很大的矛盾,当然那种矛盾常常是隐藏于内心深处的。

在鲁彦周的家族中,他对堂伯父很敬仰。堂伯父名叫鲁邦翰,是个乡村郎中,鲁彦周在一篇纪念这位堂伯父的文章中称他为"悲狂医生和书法家"(《乡村人物》)。他医术高明,尤其是妇科,前来就医的络绎不绝,被他治愈的病人难以计数。在方圆一带,非常有名气,他又不聚钱,老百姓都喜欢他。鲁邦翰不仅是真正的妇科专家,对书法也很痴迷,他练字很少在纸上,而是用毛笔蘸清水在一张条桌上书写,写好了抹去,然后再写,他练字时全神贯注,每天要写上两个多小时,一年四季,天天如此,时间久了,桌面一片苍白。他走路时也边走边默写。鲁彦周对堂伯父的事业追求精神很佩服。1957年,他将堂伯父请到合肥,想为他做些宣传和介绍,行家们看了他写的字,都很惊讶,赞叹乡间竟有这样的独特的书法家。但那时的社会氛围,他是宣传不出去的。堂伯父抑郁地回去后,过了两年便与世长辞。他还好下棋、吟诗、赌钱,常与人抬杠。遗憾的是,这位伯父的书法作品虽给了他不少,但在"文革"那场浩劫中全被毁了。

二

在鲁彦周的童年往事中,纺棉花给他留下了极深的印象。鲁家有不算高大却很温暖的堂屋,是鲁彦周和他堂伯父家所共有的。高高在上的香火堂,是堂屋最神圣的部分,其余的地方,则摆满了农具和纺车。鲁集大部分人家,除了种田,男人要在农闲时出去做手艺,多数是织布,也有不少是做竹木匠的。妇女们则是在秋收秋种后就开始纺棉花。纺棉花也叫纺纱,是村上妇女们的主要手艺,也是家庭必不可少的一项经济收入来源,鲁彦周家当然也不例外。

每到冬天,堂屋里的农具等杂物统统被收起来,而摆上纺车,经常要摆上六七架。鲁彦周家的纺纱能手有他的母亲、伯母、三奶奶,还有他的堂姐。他堂伯父家也有两三个人。纺车一架一架摆得很整齐,摆得堂屋里满满的。纺车是那种在出土文物里就能看到的,有几扇纺车车叶,有一根纺纱锭子安放在车头,用一根绳子把车头和纺车车叶连接起来,人摇动手把车就转动起来的那种式样。这种纺车看起来简单,操作起来却颇不易,手中的棉条由两指捻动,另一手操作纺车的摇把速度,都必须配合得恰当,否则绝对纺不出好纱来。鲁彦周家的堂屋里纺车转起来是很热闹的,纺车发出的嗡嗡声,虽然有点单调,却也动听。纺纱人总是边纺边讲一些山前山后、村南村北的琐事,为了防止打瞌睡,人们有时故意大声说话,还找一些笑话来讲,这样堂屋里就有了和谐而生动的气息。小鲁彦周那时总是在母亲身边坐着,听她们讲话。后来他弟弟鲁家萃出世了,他便看护弟弟和摇摇篮,边摇边听她们说话,看她们的纺车飞快地转动。小小的心灵里虽不能从她们的谈话里领略到什么深奥的含义,但还是能从这些勤劳的女人的说话和纺纱动作中,感受到一种生活的艰辛,感受到一种人间的温存,甚至从这种人声、纺车声的交响里,能得到一种音乐、一种天籁的感受。他转动着双眼,从这边看看大人们,又从那边看看小小的油灯。小油灯是摆在一圈纺车中间的。油灯是那种铁碗里注上菜油或豆油,中间放上灯草的那种古老的灯。他祖父常常只允许点一根灯草,这样可以少费油,但那灯头的火苗只有蚕豆般大,它的四面的纺车一齐飞转起来,随纺车转动而兴起的悠悠的风便使这灯火摇曳不定。它发出的那种淡黄的光,忽闪忽闪,它的光照给予周边的只是一片朦胧。小鲁彦周有时看着看着,便觉得堂屋整个地转动起来,那高高在上的黑魆魆的香火堂,似乎在神秘地注视着他,他心里便有了凛凛而又神秘的感觉。这种感觉,有时令他有点害怕,有时又令他如坠梦中。于是,他便有了一种想象力,想象力跟着纺车和油灯的火苗飞驰起来,他想起了他的祖父和他说起的他的祖先,想象他的曾祖带兵时的威风,想象那时大约不会让家里人点灯熬夜来纺这种难纺的棉纱。想着,想着,便又听见母亲她们正在诉说着日子的艰难和困苦。他便又想到家门的不幸,想着家里怎么会有两代寡妇,想着眼前的不平和鲁集以外的其他地方到底是什么样子。

鲁彦周在晚年时回忆起这些情景,仍然记得很清晰。他自己也感到很奇怪,一个六七岁的孩子居然能有这样一些想象力,似乎令人难以置信。然而,他说事实确是如此,因为他非常真切地记得当时他在堂屋的纺车边的感觉。

纺车边上的谈话,虽然是无主题的,是随时变换着内容并且是杂乱无章的,但是对幼小的鲁彦周来说,确是无形的课堂。这种课堂给了他一种民间的古老的文化的文学的影响。所以,鲁彦周说,他一辈子也忘不了他家堂屋里的纺车。

<h1 style="text-align:center">三</h1>

鲁彦周对小时候记忆深刻的另一件事是放鹅。

巢湖边上放鹅放鸭子的人家是很多的,有的人家甚至以此为主要生活来源。一般人家也总要养一些鹅鸭,作为一年的主要副食品,招待客人或是自家食用。鲁彦周家不放鸭,每年都要放十几只鹅,这些鹅放肥了,秋后杀了,把它们腌起来,成为这一年的加餐的美食,吃饭时如果一人能分到一块蒸熟的咸鹅,这一餐饭就吃得特别香了。祖父和父亲有时喝点烧酒,就酒的也是这样美味的咸鹅。但这咸鹅也不是什么时候都能吃到的,要到农忙时,体力消耗大时才能吃到,那是作为营养品,作为体力的补充。

鲁彦周说他从五岁时就放鹅,并说让他放鹅可能是他母亲的意思。母亲是当家人,她不让她的儿子闲着。再说,小孩放鹅,在鲁集村也是一件再普通不过的事,五岁孩子放鹅并不为奇。

放鹅都是从小鹅开始的。小鹅从孵坊里买来,都是刚出蛋壳的小东西,黄黄的毛茸茸的,放在木盆里一摇一摆地走,发出一种听来是非常惹人怜爱的叫声。你把它放到手上,它能偏头看你。它身上的毛又软又暖,细细的,像是黄色的丝披在身上。小鲁彦周非常喜欢小鹅,那时,它们还不能到地下跑,要在盆里喂一阵子,喂的是碎米拌鹅菜。鹅菜,鲁集人叫它苦菜,其实并不苦,不少外乡人称之为鹅儿草,人也能吃。鹅非常能吃,一般不容易得病,长得也快,不要多少天就可以让它们到外面走动,到外面找食吃了。

放鹅是件非常需要耐心的事,因为鹅走路一摇一摆,非常慢,你总得跟在它后边。它还非常能吃,消化力又非常强,你看它的膆子胀起来,胀到嘴边了,可是一赶它走,走不了多远,它的膆子就又很快地瘪下去了。特别是晚上,你不让它吃得十足地饱,它不到半夜就会呱呱地叫起来,吵得你不得安宁。所以,放鹅就得耐心地找到好的草滩,找那些鹅爱吃的鹅儿草和其他嫩草。鹅虽不怎么挑食,但它不爱吃的东西,它连碰都不碰。六七十年后,鲁彦周仍记得这些放鹅的经验,他还说,放鹅起早赶晚,要细心,绝对不能性急,看起来轻巧,实际上是件苦差。

对于幼年的鲁彦周来说,放鹅也是一件乐事。鹅虽然被人叫作呆头鹅、笨鹅,可在他看来,鹅绝对不笨,它能识人,能懂得一些简单的口令,也很听话。它和你处久了,对你就会有一种依恋的感情,有时还会在你面前表现自己,会扑起翅膀咬那些走过来的陌生人;它还会在你的指挥下,勇敢地跟别人家的鹅斗架。它斗起来非常勇敢,绝不亚于那好斗的公鸡。鲁彦周说,他那时放的鹅,是最能和人家的鹅斗的,而且常常是胜者。它们斗胜时,就仰起那高傲的头,扇动它巨大的翅膀,大声欢叫着,向你望着,向你表示它们胜利了,这时你便觉得放鹅真是一件乐事了。鹅还能接受你的训练。鲁彦周清楚地记得,有一次他母亲买的鹅中有一只残疾鹅,它的上嘴唇短了一小截,吃草很困难,有时简直吃不到草,只能吃切好的菜。母亲说:算了,扔了它吧,这只鹅没法活了。小鲁彦周可怜它,舍不得把它扔掉,于是给它开小灶,采了青草,放到手上喂;后来又让它吃蚂蚱,开始它不愿意,后来勉强地接受了;再后来它自己也能逮住蚂蚱了。这样别的鹅吃草,它就逮蚂蚱逮虫子。在鲁彦周的精心照料和训练之下,这只残疾鹅不仅没死去,反而比别的鹅长得都胖大。这只鹅对小鲁彦周特别依恋,它仿佛知道它的命是他救的,总是紧紧跟着他,有时还把它的头放到他的腿上,在他的腿上磨蹭,表示它的友好和感谢。看到这样的鹅,还觉得有什么苦和累呢!

放鹅都是在荒沟边,在没人走的田埂上,在大塘的塘后梢。这些地方有鹅爱吃的鲜嫩的草,特别是在大塘后梢,那里经常水起水落,水一退,土壤露出来,细草便飞快地在这湿润的土上长起来,形成一片小型的草原。这里的草细细的,碧绿的,柔嫩得能滴出水来,鹅最爱吃这种草了。因为塘后梢没有别的动物,没有干扰,鹅在这里非常自在,你根本不用管它。那时,小鲁彦周便可以躺在草地上,仰头看天上的白云变幻,看塘边的柳树的枝条上小鸟欢跳,他还可以常到那浅水沟里逮小鱼。有时小同伴来了,还可以同他比赛在草滩上翻跟头,比赛跑步,比赛扔石子打水漂,有的是好玩的名堂,比在家里待着有趣多了。小鲁彦周对于放鹅一点都不嫌烦,他放的鹅也长得好,总是得到他母亲的表扬。

四

鲁彦周八岁时开始念书,学堂在鲁集村的祠堂里。

鲁集村的祠堂只有两进,房子也不高大,比起江南那些大祠堂差多了。但是,它也有高大的柱子和粗圆的梁木,梁木上也是雕梁画栋。门前有一块"鲁氏宗祠"的匾额,房里的楹联则不多。祠堂坐落在一块碧绿的草滩上,有高高的马头墙。在鲁集村它是最有气魄的。不仅有气魄,那时它在小鲁彦周的眼里还异常庄严神圣、异常神秘甚至令人畏惧。祠堂后进是放祖宗牌位的地方,牌位一层层摆放在神龛里,神龛后面是黑洞洞的没人敢去的一条小黑巷,传说这里面有狐狸,有鬼怪,有人甚至还看见一个小老头时不时地出现在神龛上,出现在大梁上,他会龇着牙朝你笑。你能不害怕吗?

祠堂的天井是最可爱的地方,这里不仅阳光普照,还有一株百年以上的大牡丹花、一株同样很有历史的南天竹。牡丹花长得像一棵树,有屋檐高,开花时一开就是几十朵上百朵;花又特大,像碗口一样,它是姚黄魏紫的紫色,它的香气能飘到离它很远的村上。村上人无论大人小孩,都以这棵牡丹为骄傲,到了开花时,村上男男女女都会来看花,有的人还会写上四言八句的诗,用红纸抄好,把它挂在牡丹的枝上,既是对牡丹的歌颂,又是展示自己才学的机会。村上每年都要买一副猪大肠作为肥料埋在牡丹花的根下,对它可以说是加倍地爱护。南天竹也不简单,它也很高大,它的棕红色的秀气的叶子,总是叫人忍不住想抚摩它一下。到秋冬,那红色如水晶的小果子,更是逗人喜爱。

祠堂里经常有教书先生来教书,小孩能在祠堂里念书,那也是很值得骄傲的。因为除了祠堂,村上还有杂牌私塾,但家长们觉得那都不成气候。小孩只有到了祠堂里,那才叫正式启蒙了。

鲁彦周进祠堂念书时,教书先生是大李村的李从周父子,父亲教岁数大一些的学生,儿子教启蒙小孩。大点的学生在祠堂后进房里,小家伙们在前面。李从周的父亲是前清的举人,是当地最有文化的人,鲁彦周刚入学时还没有资格做他的学生,只能做他儿子的学生。做这样的小学生,一样也要拜孔夫子拜先生的。对于孔夫子是什么人,为什么要向他的牌位磕头,小鲁彦周一点也不懂,只是一磕头,心里就有点凛凛的,觉得自己是正式的学生,要守规矩听先生的话了。

前厅的小学生也有一二十个,每人一张家里自带的条桌,一张木椅。这位年轻的先生教书比较马虎,比较宽松,鲁彦周没有留下什么责打、罚跪的痛苦记忆。但他也记得,先生的书教得并不怎么出色,开始就是认生字,描红写字,过了些时候,则边认字边描红,边念《百家姓》《三字经》等启蒙读物。那时,外面早已是洋学堂,有新式课本,可鲁集祠堂的私塾里还是几百年传下的老古董。一天到晚只听见孩子们念书的嗡嗡声,那声音单调极了,一点也引不起人的兴趣。小鲁彦周感到有些无聊,于是,经常抬头望着祠堂上面有彩绘的屋梁,那里有三国故事,他虽然不懂,但那些持刀弄枪的打斗,却让他很感兴趣。

在祠堂里学了不到几个月，小鲁彦周就厌倦了，反复念什么《三字经》《千字文》，他感到实在没有什么意思。他很聪明，那几本书很快就背得很熟了，先生给他加了《论语》，还是死背，不懂也不讲解，更加觉得无聊了。他想念他的鹅，到了夏天，他就借口要放鹅，要招呼弟弟，时不时地就不上学了。家里人也乐得他能为家里分担一些劳务，并不苛求他上不上学。但他天生好学，已认得不少的字，就一边放鹅一边看能找到的书。

第二年鲁彦周还在祠堂里上学，先生则换了，是李从周的大儿子。这人很贪玩，常常去花集、庙岗赶集。李从周老先生为了不让家长们议论，他有时让鲁彦周等一群小学生在后厅处听讲，由他亲自授课。老先生讲课果然不大一样，他像说故事一样解释给学生听，还让鲁彦周开始念一本叫《幼学琼林》的书。这本书让鲁彦周对念书的观念发生了改变，因为这部书典故极多，每一则典故的注解，就是一篇故事。这些故事强烈地吸引着鲁彦周，他边念文本，边看注释，觉得书里面真有学问。另外，老先生还经常吟诵唐诗，他吟诵起唐诗来，铿锵有力，抑扬顿挫，非常好听。他念古文，也是吟唱似的，极富音乐感，这也引起鲁彦周极大的兴趣。于是，他又开始找唐诗来看了。但那时鲁彦周还不是老先生的正式学生，看唐诗是偷偷地看，不懂也找不到人问。于是，他便用起功来，争取第二年能有资格到后面做老先生的正式学生。

鲁彦周在私塾一直念到十五岁。

在私塾，鲁彦周的学习和作业都不要老师操心的，写字仍是必修课，但由描红改成了套黑，改成临摹了，一张大字，一张小字，他会早早地完成。他对私塾的功课很不满足，就找一些闲书来看。他有一个同学的父亲是老中医，家里有不少的闲书。他第一次看《西厢记》，是金圣叹的批本。同学家里这一类的爱情书还不少，很好看，这对少年鲁彦周影响不小。《唐诗三百首》他也读了。他极爱看《左传》，里面有故事，一篇一个故事；虽然不能系统读书，但是吸收了不少东西。有一次，鲁彦周在一位族叔叔家里发现了一部《三国演义》，木刻本，厚厚两大本。他一见就高兴得跳了起来。他想借这部书，可是那位叔叔不相信才十多岁的鲁彦周能看懂，他要鲁彦周当场念一段给他听，若是能念上一个章回，那位叔叔就借给他一个月。鲁彦周果然让这位叔叔大吃一惊，他不仅能念，还能讲出书里语句的意思。他赢了，他得到了看《三国演义》的权利，他后来还成了在村上讲"三国"的小名人。

看"三国"尝到了甜头，以后他就设法不断地去寻觅未看过的书。他知道他们村上书不是很多，他就向外发展，在村外其他地方找到了《聊斋》，等他稍大一些后，又得到了《水浒》《今古奇观》《平山冷燕》等等。

鲁彦周看的第一本新书，是苏联的《铁流》，是一个新四军的女宣传员丢下来的。这本书别具一格，他从未见过，让他很入迷。

闲暇时，他还常上柘皋镇去看书。在巢县、在皖东地区，柘皋镇很有名很繁荣，因为它有一条水路通长江，木材生意很兴盛，是个木材集散地。柘皋镇上有两家小书店，其中一家是鲁彦周的亲戚开的。他总是站在书店里看书，《七侠五义》《施公案》《包公案》等等，就是站着看完的。

私塾老先生留给鲁彦周印象最深的，是要他在书上圈点。

童年的鲁彦周爱读书，读书也快，但也有个小毛病，就是有点不求甚解。在私塾里读书除了先生规定要死记硬背的如"四书五经"、《古文观止》一类，其余课外书，他总是一目十行地读。之所以如此，是因为当时他所看到的书大都是借来的，他必须匆匆忙忙赶快看完还给人家。鲁彦周的这个读书毛病，李从周老先生是知道的，于是特意布置了一道功课：圈点《纲鉴》。《纲鉴》是一部史书，有好几种版本。木刻本，没有标点符号。鲁彦周圈点的是袁了凡撰著的《了凡纲鉴》，袁了凡名袁黄，了凡是他的号，明万历进士，浙江人。这部书以记载史实为主，读起来并不枯燥。虽然不枯燥，鲁彦周也不能像过去那样一目十行地读了,因为他要对全书进行圈点,因而就要对每一行都字斟句酌。所谓圈点,就是先要断句,弄清句读,在文辞语意已尽处用朱砂红笔画个小圆圈,名之曰句,如同标点符号里的句号,未尽处则加个点,名之曰读,相当于标点符号里的逗号,在精彩重要的文句边也可加连点。这样,在读《纲鉴》、圈点《纲鉴》时,鲁彦周必须全神贯注地沉浸到书的精神和精髓中去,不然便圈点不好。

在李先生的指导下,鲁彦周硬是把一部厚厚的《纲鉴》圈点完了。以后,他不仅圈点古书得心应手,还学会了加眉批,对历史上的人物加以评论。圈点,实际上是一种精读方法,对鲁彦周的文化修养大有帮助,鲁彦周常说他的文化基础是在私塾里打下的,圈点《纲鉴》功不可没。

鲁彦周伴随着私塾生涯渐渐长大,他觉得他眼前的世界丰富多彩。

鲁彦周为夫人张嘉的画题字

第二章

翩翩少年的青春浪漫与无尽忧伤

1943 年,鲁彦周十五岁了,个头已经长起来了,身材颇为挺拔,已是一个翩翩少年了。此时他对早已厌倦的私塾生活和那些陈腐的读物,更加厌倦了。一股经常涌起的对新生活、对远方的向往,更为强烈。鲁彦周厌倦了每天早晨嗡嗡的背书的声音,更厌倦了那读了又读的什么《东莱博议》和已经读了多年的"四书",还有那朱熹集注的"注",他开始狂热地看所谓的"闲书"。闲书即是指那些非经书之类的如文言小说、笔记小说等,当然白话小说更在闲书之列了。

这种书在私塾里是要背着先生偷看的。

那段时间在一个同学家里,鲁彦周搜罗到了《牡丹亭》《玉梨魂》和《聊斋》《红楼梦》等书,这些书完全把他迷住了。但他只能在清晨或是午后跑到小塘边、草地旁、梨树下来读这类的书,其余时间在祠堂里是不允许读的。好在他在上述时间内躲到这里倒也没人发现,这里成了他的私人世界。这里还有一口塘,塘边的梨树旁就是草地,梨树的花已经含苞欲放了,还有一座新坟。虽然是坟地但也是让人喜爱的地方,因为这里的野菜多,草皮厚,还有一些灌木。塘水清澈,可以躺在这青草地上看书晒太阳,让春风温煦地吹暖全身,使人的心里洋溢着满满的春意。灌木还可以作些掩护,使自己不受干扰。在这里读闲书看梨树上的花苞和听鸟儿动听地鸣叫,可比在那闷沉沉的祠堂里念那不想念的书要强上许多倍。

这里的小菜园和梨树后面有一户人家,鲁彦周偶尔能看见这家的门开着,有人进来出去。这是一个女人,她只在她家门口忙着喂猪或是喂鹅喂鸡,多大年龄也说不清。鲁彦周靠在梨树干上看他的书,心早已钻进书里去了,书外的事和人他是不管的。

可是,有一天正是梨花盛开的时候,他呆呆地看了一会梨花,那花儿娇慵妩媚秀丽而洁白,它们在枝头上微微颤动着,小小的嫩绿叶子躲在花朵的后面,像是在保护花朵似的,又像是和花朵相互亲热。这景象使鲁彦周联想起了《牡丹亭》里的词句:

> 最撩人春色是今年,
> 少什么低就高来粉画垣,
> 原来春心无处不飞悬……

就在鲁彦周痴迷地看那梨花的时候,忽然一抬头发现有一个女子站在他的面前。这是一个比他大不了多少的女子,显然她已成过亲了,因为她已经梳了巴巴头,而不是大辫子。在巢县一带,女子梳巴巴头是成了亲的重要标志。当时她手扶着梨树肩挑一担空水桶,正立在鲁彦周的身边。这个女子有一张青春焕发的脸庞,一头乌发如云,脸色白里透红,一双眼可以滴出水来。她穿了一件深蓝色大襟褂子,袖口领口都滚了白边,袖子很短,露出壮实的丰润的胳膊,这胳膊上部非常白,手臂处却有些红黑,在翩翩少年鲁彦周看来,也很好看。那女子见鲁彦周在看她,便笑着问:你是祠堂里的学生?鲁彦周点点头。她又笑了,说:那你不正经念书,怎么躲在这里偷看我家的梨花?鲁彦周说:我是躲在这里看书的。她说:你是在看闲书吧?来,让我看看,你是在看什么坏书。鲁彦周立即抗议道:这不是坏书,是最好看的书,并将书递给她。鲁彦周以为她不会识字,没想到她一接过书就惊叫起来:《红楼梦》?你多大了就看这种书?她的识字使鲁彦周吃了一惊,她把鲁彦周当作小孩子,又令鲁彦周不高兴。鲁彦周说:我已经比你高了,不是小孩子。鲁彦周问她:你识字?她叹了口气,说:不瞒你说,我在私塾里念过书,也偷看过《红楼梦》。鲁彦周一听更惊讶了,说:你也看过《红楼梦》?她的脸色突地黯淡下来。她说:那是我父亲在世的时候,他是一个教书先生,教我念书写字。我还有一个妹妹,她还上过黄麓师范,我是湖边上的人。也就是说,她的家在巢湖边上。鲁彦周问:那你是书香门第了,怎么嫁到这儿来了呢?她的嘴突地抿起来,几乎就要哭泣了。但是她强忍住了,她告诉鲁彦周,她家是靠父亲教书糊口的,父亲一去世,家里的顶梁柱就塌了,妹妹跟着新四军走了,母亲改嫁了。她的亲事是她父亲在她小时候为她定的娃娃亲,父亲虽去世了,但不能赖亲,伯父做主为她完了婚,所以她就嫁到这里来了。说着,她还是忍不住地哭了起来。

鲁彦周有些慌张了,他知道是他唐突人家,触到人家的伤心处了。此刻,她反倒镇静下来,安慰鲁彦周说:你别慌,我哭是因为我伤心,和你无关。说着,她就挑着水桶向塘边走去。鲁彦周知道她要去挑水,不知为什么紧跟着她,到了塘边,看她打水很吃力,便说:让我来帮你打吧?她看看鲁彦周说:你这个书生,有力气打水?鲁彦周说:我不仅能打水,还能挑水。说着,就接过她的水桶,一下子就从塘里打上来满满的一桶水,而后又打了另一桶,把它放好。用空桶在塘里打水,不仅要有力气,还要有些技巧,鲁彦周的打水动作,使那女子很惊讶,说:看不出,你还真有些力气,还有点巧劲,你在家里也做过田挑过担子吗?鲁彦周点点头说:我给你挑回去吧。她说:不用了,你还是看你的书吧。她挑起两桶水,悠悠肩,试了试,忽然又对鲁彦周说:我看你这个小弟弟有好心,往后你若不嫌弃,我就把你当弟弟看,好吗?鲁彦周不由自主地点点头,目送着她挑起水桶离去。

鲁彦周回到梨树边又看起书来,可是不知怎的,他有些看不下去了。

鲁彦周观察到,这时那边她家的屋后门开了,一个中年女人在喊她:梨花,我出去,你挑好水就回家喂猪。她忙应道:晓得了。过了一会,她又来挑水了,她这时换了一件单褂子,因为挑水的缘故,脸上汗涔涔的。她走到鲁彦周的身边,鲁彦周忽然闻到她身上有一种香气,于是不自觉地说:你身上好香。她一笑,看着鲁彦周说:你这个小哥倒懂得讨好女人了。我身上哪有什么香?你是不是闻见梨花香了?鲁彦周说:不是,是你身上的香,梨花白天不香。她再次看着鲁彦周,又笑了,说:我怎么闻不到?鲁彦周没法回答,只好傻傻地笑。她也笑了。在鲁彦周眼里,她的笑非常好看。

她这时因换了单褂子,露出了雪白的颈口和丰满的胸脯,这使鲁彦周莫名其妙地内心有些躁动起来。

这种青春骚动的感觉是鲁彦周平生第一次,他有些慌也有些怕,鲁彦周说:我给你挑这担水吧。她说:好,我就让你挑,可别压坏你的嫩肩膀。鲁彦周说:你把人看扁了。于是接过她的水桶。在接水桶时,两人的身体自然相擦了,鲁彦周又一次心慌了,可他借着打水掩饰了过去。鲁彦周挑起一担水,步履轻盈而有节奏地走在前面,那女子跟在后面,连声夸赞:你真行,挑水的姿势也好看。

到了她家门口,那女子说:我来吧,你不要进去了,家里脏。鲁彦周说:那我回去了。她说:你常来玩,下次来,我打鸡蛋给你吃。

鲁彦周一转身,忽然发现她的巴巴头上扎的是白头绳,那白头绳在那乌黑的发髻上非常刺目。

这白头绳使鲁彦周一惊。难道她是一个寡妇?这么年轻就成了寡妇?他不由得对她极大地同情起来。鲁彦周已经知道她的名字了,她婆婆喊她梨花,那么她是叫梨花了。她一身素净清丽,确也有些像梨花。关于她的身世,她虽然只说了个大概,可那已经让人感到她是孤苦无依的了。

这么一个孤苦无依的女子,而且还是寡妇! 在鲁彦周的脑海里开始盘旋不散。

那时鲁彦周虽然被称作十五岁,可是按实足年龄算只有十四岁多,对于女性还没有色欲意念,几乎没有过这方面的想法。但他平时喜欢和女孩子们一起玩,比如和她们斗嘴,和她们抹纸牌、挑野菜、抓石子、抛线包等,这些玩法都不含有色欲成分,只是有点天性喜欢和女孩子接近罢了。日本鬼子侵犯南京时,鲁彦周堂姐鲁贞的一位南京亲戚一家来鲁集村"躲反",这家有个小女孩,和鲁彦周差不多年纪,才都十岁多一点呢,小鲁彦周觉得这女孩子长得好看,生气时也非常好看,天天在一起玩,亲密得像一对小恋人似的。过了些时候,那女孩随家人到别的地方去了。鲁彦周看不见这女孩了,顿时失魂落魄似的到处去找,哪里找得到呢! 他第一次体会到了人间的离别的滋味。看样子,小鲁彦周就是个情种呢。对于在梨树下认得的这个梨花,他也是这样,觉得她很美丽,又哀叹她这么年轻就当了寡妇。她的身上有一种他说不清的东西,她满身的青春气息、她的散发出来的体香令他有一种无法形容的感觉。当时看她最多也不过是十八九岁,不会超过二十的。

据她说她是因父辈定的娃娃亲而嫁过来的,可是怎么就成了寡妇呢? 也许她系白头绳不是为了丈夫,而是为其他的什么长辈吧? 可那是不合规矩的,不像。

这个叫梨花的女子,不仅引起鲁彦周的极大的好奇心和同情心,也触动了他潜意识里某种尚未启动的男人的心思。从他当时的年龄看,他对梨花当然不可能有其他幻想,但在当天晚上却也引发了鲁彦周的辗转反侧,就像他看《聊斋》时引起的许多的奇思妙想一样。

他书是读不进去了,脑子里总是装着梨花的脸庞和她的那双水灵灵的眼睛,装着她那满身的很奇怪的香气和那丰柔的身材,这真是一朵动人的梨花啊!

夜里鲁彦周还做了一个梦,梦见自己和那个叫梨花的女子在梨树下玩,忽然不知怎么她一下掉进水里去了。那水很深,她在水中扑腾着喊鲁彦周救她,鲁彦周虽然不会水却也一下子跳进水里去了。鲁彦周一跳到水里,她就死命地拽着他,于是两人一道沉了下去。鲁彦周想喊却喊不出声来,被她紧紧地抓住,鲁彦周以为快要死了,可是却又被她抱了起来,而且发现自己竟然在她的怀里,又不是在水里,而是在梨树下,她亲起鲁彦周来,鲁彦周慌了,他从没有和女人亲过,但推她她不让,反而用力地吻鲁彦周,鲁彦周开始莫名其妙有了反应,她身上的香气熏得他完全地醉了,颤抖起来,全身起火了,这火燃烧着,他也吻起她来⋯⋯

鲁彦周醒了,一身大汗,感到无比惊骇和懊恼,他埋怨自己怎么会做这样的梦呢,太无聊了。

第二天中午鲁彦周又去了那梨园和菜地里,他从梨树行间看见她一人在菜园里拔草,于是急忙跑过去。她喊道:小弟,你来啦?鲁彦周不知她为什么喊他小弟,可也答应了。鲁彦周帮她。她瞅了一眼说:你这个小书生,你也会侍弄菜园吗?鲁彦周放下书拔起草来,她也不阻拦,反倒捧起鲁彦周的《红楼梦》看起来了。

鲁彦周很快地将菜园地里的草都拔完了,又往韭菜根上撒上青灰。她忍不住夸赞说:小弟,你还真行,能挑水会弄地,将来你莫非还种田?鲁彦周说:种田不种田,由不得我。她叹了口气,说:是啊,我们都是韭菜园里荠菜花,做不了主又当不了家,由不得自己的事太多了。她又说:正是由不得我,才落到这步田地。鲁彦周乘势问她:你戴的孝是你的男人的?她点头。鲁彦周问:他是怎么死的?她摇头,盈盈欲泪,低下头说:我不知道,也许是痨病死的吧。鲁彦周更诧异了,她怎么会不知道丈夫是什么病死的?这怎么可能呢?她看出鲁彦周的疑问,便说:我也认不得他,我是为他的病冲喜而嫁过来的。虽说我们是从小定的娃娃亲,可我从没有和他见过面。我嫁过来完全是伯父操办的,我到婆家时,他已经是将死的人了。婆婆和亲戚挽着他让我们拜了堂,让我陪他睡,可他只能睁着绝望的眼神看着我,他连拉我手的力气也没有了,过了半个月他就去了。我就成了寡妇,就为他戴孝,如今已经过了大半年了。

她说着鲁彦周听着,她强制自己没有哭出声来,鲁彦周这个听的人倒替她流起眼泪来了,还哭泣说:你这位大姐好可怜,那你就这样守寡?守一辈子?她说:我不知道,我不怕守寡,他要是我爱的人,我能给他守一辈子,我一定能守一辈子。这都是命。

鲁彦周站起来说:什么命?你还信命?她望着鲁彦周说:那你说我该怎么办?鲁彦周一愣:怎么办?还真的说不出来她能怎么办。过了一刻,鲁彦周问她:现在就你和婆婆两人过日子?她点点头。鲁彦周说:你婆婆对你怎样呢?她说:婆婆对我倒是很好,可她……

她不往下说了,鲁彦周忍不住问:婆婆怎样呢?她苦笑笑,最后还是说了:婆婆也很可怜,她也是年轻时就守寡,可她当时有一个儿子,现在她还有一个老相好的。我是什么都没有哇。她掂掂手里的书,说:都说林黛玉命苦,她是苦,可她到底还有一个爱她的贾宝玉。我呢?……她又一次哭了。

鲁彦周不知道如何安慰她,只能狠命地揉着从菜地里拔出来的草。她望着鲁彦周忽然说:小弟,可惜你太小了。鲁彦周说:我不小了。她摇头,抹抹眼泪,不再说她的事了。

从这天以后,鲁彦周几乎天天去她那里,两人进一步接近了,几乎是无话不谈了,她完全把鲁彦周当成她的弟弟了。鲁彦周对她也有着一种说不出的亲切感,两人真像一对亲姐弟。

但鲁彦周没有进过她的家,他们只是在菜园边的梨树下见面。鲁彦周也和她的婆婆见过,婆婆是个四十岁左右的中年妇女,长得丰满壮实,相貌不难看。婆婆也把鲁彦周看作是孩子,对鲁彦周和她儿媳妇接近,不以为意。

在和梨花接近的那一阵子,鲁彦周有一种兴奋感,不仅书念得好,字写得也大有长进,先生夸鲁彦周会用心,对他的行动也就更加不管不问了。这时,鲁彦周看的闲书也更多了。脑子里也开始有了才子佳人的一些幻影。

过了两个月,私塾里放忙假了,同学们都回家了,鲁彦周打算过几天再走,这样祠堂里就剩下鲁彦周一个人了。有一天梨花忽然来找鲁彦周,她是第一次到私塾里来。她在厢房里见到了鲁彦周,可是站在门口又犹豫地不肯进来。鲁彦周见了她,莫名其妙地兴奋起来,说:梨花大姐,快进来,你可是稀客。她扶着门框,凄楚地一笑,说:我不进来了。我是来请你的,你能跟我到我家去一下吗?鲁彦周看她心事重重,脸色苍白,不知她出了什么事。忙问她:你有什么事?是不是和婆婆吵架了?她不言语,只说:你可愿意到我家去?我有事要和你商量。鲁彦周说:那好,我去,正好现在这里也没有人了。

他们一起走出祠堂。

梨花的表情很凝重,鲁彦周不敢唐突地问她。路上她一直有些心神不宁的样子,可又不时回头打量着鲁彦周,像是第一次见面似的。鲁彦周忍不住了,问道:梨花姐,你到底有什么心事?她抿着嘴不说话,泪水在眼眶里转,脸忽然又红了起来。

梨花的家鲁彦周是第一次进去,家里只有三间草房,东西各一间,中间是堂屋,厨屋是个披厦。房里收拾得倒还干净,厨屋里的灶上还在冒着热气。他俩进去时,家里没有人,她轻轻地掩上门,对鲁彦周说:我请你吃饭,你可肯?鲁彦周高兴地说:你请我吃饭?那太好了!有什么好东西吃?姐,我就喊你姐吧,好不好?她笑着说:好啊。但是她很快又叹息了一声说:可惜你是弟弟,为什么你不能是哥哥呢?鲁彦周说:弟弟和哥哥有什么不同吗?不都是一样的亲吗?她摇头,说:不一样,你若是哥,你就能带我出去,我就跟你私奔了,可惜你不是。她说的这些话,大大出乎鲁彦周的意料,他无言以对。她怎么会想到找人私奔？而鲁彦周想，他的确不能带她私奔。

梨花把鲁彦周领到她的房里，这时已经是傍晚了，她的房里很暗，只有草房顶上安的一块明瓦的光漏进来，显得昏黄。鲁彦周看见房里有一张大床，有柜子、箱子，家具和床上的被子、帐子倒都是新的，可却有着一种孤单的阴暗的凄凉感。她拍拍床，说：我就是一个人天天在这里担惊受怕地睡觉。鲁彦周说：你怕什么？怕你的丈夫鬼魂？她说：他要是有鬼魂倒好了，那他还可以保护我，可这里什么也没有，就我一个人，孤鬼似的。鲁彦周说：你婆婆呢？她一听脸色一变，又唉了一声说：别提婆婆了，她要卖我了。鲁彦周大吃一惊：卖你？她说：是啊，卖我，把我当牲口一样卖了，卖了二十担米。过两天就有人来领我走了。

鲁彦周呆了，竟有这样的事！

她又说：我找你来就是想跟你说说心里的苦的，我实在没有人可以说，可是憋在心里又闷死了。你坐下，就在这床上坐。

鲁彦周迟疑地相当拘束地坐下来，在她身旁坐下来。她说：我是昨天晚上才偷听到的，我的婆婆瞒着我，已经把我卖给一个杀猪的屠户了。鲁彦周说：你不是说你婆婆对你还好吗？怎么忽然又把你卖了？她说：她原来也不想卖我的，可是村上人坏事，想打我的主意的人太多了，她害怕最后落得人财两空。最让她害怕的，还是她的那个相好的，也在打我的主意，有天晚上竟闯进我房里来了，我大叫大喊，才把他赶跑的。这使婆婆又气又害怕，她怕她的相好的为了我背叛了她，所以她就打定主意要卖我了。这一次她是下了狠心了。小弟，你说，我是多么命苦啊！我想逃，可是我能逃到哪里去呢？我没有父没有母，伯父是不会管我的。你说，我想学我家妹妹找新四军，可现在这里也找不见他们……我实在无路可走。可我怎能就这样被人卖掉，卖给一个杀猪的，让他糟蹋？我苦啊，我不服啊，我来到这个世上，就这么受苦，连做一个女人的机会都没有，我凭什么要给人白白糟蹋？我一想到那情景，我就想不如死了算了。

说着她就大哭起来。

梨花这一哭，鲁彦周不知该怎么办，只能说：姐姐，姐姐，你别哭，别哭，你哭我难过，我真恨我没有能力帮你。梨花抬起头来，注视着我说：小弟，我们认得虽不久，我是把你当亲人了，姐让你吃惊了。我真是想找人诉说诉说，可我没有一个人可找，你原谅姐姐吧。鲁彦周说：我真恨我没本领，我这时要有一种武侠功夫就好了，我就能带你到外面闯荡江湖了。她说：别说傻话了，那怎么可能呢？可你的心我是领了，我的好小弟。

后来她站起来了，她说：我们到厨屋里坐吧，我的婆婆和她的相好的一道到柘皋镇上去了，他们今天可能是要在那里签卖我的文书，今天晚上不回来了。她要在那里等钱、粮，还要借机和她的相好的相会呢！所以我决定找你来，我弄了点菜，还买了点酒，你陪姐姐喝一杯，行吗？鲁彦周连连点头说：行，行，姐姐，你真是太苦了。

接着，梨花到厨屋里去忙了，鲁彦周也跟着走了进去。鲁彦周对做饭这类事原就很熟悉，跟进去，想帮帮她的忙。梨花说：我已经在饭锅里蒸了鸡蛋、咸肉，再炒点苋菜，炒点辣椒，你怕辣吗？鲁彦周说：我最喜欢吃辣的。

灶里的柴火点着了，火光闪烁在梨花的脸上，她的脸被火光映照得通红，就像擦了胭脂。鲁彦周坐到她的身边，看着她，他感受到了她身上的热气，忽然想朝她的身上靠，她回头看到鲁彦周的神情，高兴地笑了笑。鲁彦周正要收敛自己的心神，她却说：你来，你给灶里添火。鲁彦周去拿柴火，自然地就紧靠了她的身体。她没有退让，反而用臂揽住鲁彦周，而后把鲁彦周的身体全揽过去了，还悄悄地说：靠在姐的怀里舒服吗？鲁彦周点头，心不由得大跳，浑身紧张得发抖，一时不知怎么竟然一把把梨花抱住了，但只是本能地抱住了她。梨花这时小声说：小弟，你看书，看了那么多的书，你懂得男女的事了吧？

鲁彦周懂得她说的这话是什么意思,男人和女人之间的事,他虽不懂,但是知道这事应当是男人主动的,他想,梨花这样说,莫非是让我主动?可他这时却颤抖得厉害,他不知道为什么发抖。梨花倒是显得很平静,悄悄地对鲁彦周说:你怎么这样地抖,你害怕?你又不是姑娘家,你怕什么?听她这么一说,鲁彦周忽然间就有了勇气,一下紧抱着她,在她的嘴上亲起来,全身像被火烧着了一样……

他们在这灶间柔软的柴草上完成了人生重要的一课。

夜有些深了,梨花送鲁彦周回到了祠堂,在祠堂里又说了一会话,鲁彦周朦胧地睡去了,梨花什么时候走的,他一点也不知道。等到鲁彦周醒来,已是第二天的早晨了。

鲁彦周拿起衣服,突地一声叮当,发现什么东西掉到地上了。他一看,是一个小布包,里面包的是一块洋钱、一块玉佩,还有一张纸条。他知道这是梨花昨夜留下的,于是急忙打开那字条,字条上写着:弟,郎君,我要谢谢你,你让我总算尝到了人生的美酒。我原来只是不想把自己的贞操给一个杀猪的,我原打算把自己给了你,就随他们抢我去,信命了。可是就在刚才,我忽然改变了主意,我既已和心爱的人好了,我为什么还要让别人糟蹋?那是不能的,那是对不起我爱的郎君,对不起我的小弟的。所以,我决定还是保持我的贞节,为我的郎君保持贞节。所以,你要是看到发生的事,千万千万要沉着,别让人看出你我发生的事。你的前途肯定是很大的,别忘了你的苦命的姐,永别了。梨花。

鲁彦周看着看着,身上不由得颤抖起来,就像是在打摆子,连牙齿都打战了,他知道大事不好,她肯定是自尽了。于是揣上她的字条、玉佩和洋钱,猛地从祠堂里跑出去,还没到梨园就看见那里是黑压压的人,在围着看什么。鲁彦周飞步跑去,钻进人群,一看,梨花已经躺在木板上,她全身是雪白的衣服,脸色也是雪也似的白,两眼紧闭,头发梳得整整齐齐,好像睡了一样。令人惊奇的是,她的头发又改成辫子,辫子上还扎了红头绳,她没有戴孝死去。

她的婆婆伏在她身上痛哭。围在她身边的人也在流泪呜咽。

鲁彦周用了极大的努力才克制住自己没有扑到她的身上去。

这时才听说她是在一棵梨树上吊死的。是清晨起早下田的人发现的。人们把她从梨树上解下来时,她早已全身僵硬了。

鲁彦周急急地又从人群里挤了出去,跑到竹林里,无声地大哭起来。这一哭就止不住了,直哭得晕倒在地,过了好几个小时才醒过来。

等到当天晚上,鲁彦周才偷偷地为梨花烧了纸钱,为她点燃了一炷香,并跪倒在祠堂的天井里,祈祷她在另一个世界里能过得好些。

不久,鲁彦周下决心离开祠堂离开梨园,背井离乡去追求他新的生活去了。

关于鲁彦周的这一经历,他的长篇小说《梨花似雪》的《纪事》(七)里有所描述,写《梨花似雪》时,他已七十多岁了,但他对自己翩翩少年时的浪漫而又忧伤的往事,却不能释怀。这篇《纪事》和其他《纪事》比较起来,有点扑朔迷离,让人有点怀疑它的真实性,但鲁彦周在《纪事》的开篇就说:"这不是小说,可也有点像小说,然而事实上它不是小说。"这些朦胧的语言告诉我们,这不是发生在生活中的真实的故事,它抒写的只不过是少年鲁彦周刚进入青春期的一段梦幻而已。那时,鲁彦周孤寂地躺卧在作为私塾的祠堂里,性意识初始萌动,有了一些浪漫迷蒙的幻觉和想象,他将这些幻觉和想象加以描述和记录,也表达了他对人生莫测的一种伤感。

第三章

闯 荡 世 界

1945 年,抗日战争胜利,鲁彦周已是一个十七岁的青年了,抗战胜利对他是很大的鼓舞,他想到他母亲曾对他说过的一句话:"你种田不像种田,念书不像念书,你究竟有什么打算? 是不是去学个手艺?"

母亲的话曾引起他的深思,他不甘心种地,他虽然个头较高,但他知道自己体力不行,手艺他是不想学的,木匠、泥瓦匠、裁缝,他在乡里见得多了,但他不愿意像他们那样生活,他还是想念书,但他再也不想念私塾了。他想去上洋学堂。他想到外面去闯世界了! 鲁彦周所讲的洋学堂,也不是外国人办的学校,而是指新办的那些既学语文,也学外语、数学、物理、化学的新式中学。

他将他的想法对母亲说了。母亲十分疼爱他,也十分理解他,对他说:"家里尽量想办法帮衬你。不过你没上过洋学堂,人家能收你吗?"

舅舅也很关心鲁彦周的未来,说:"让他去考试,考取了就可以了。家里拿出些钱,给你先上补习班。"

这当然是个好办法,鲁彦周很高兴。

抗战胜利后,各类补习班多得很。鲁彦周需要补习的是英语和数学,于是他到了巢县,和他一起的,还有同学颜醒吾。这是 1946 年的春天。他俩在巢县十字街找到一个家乡熟人童恕斋,童恕斋懂一些法律知识,专替人写状子打官司,乡间称之为讼士。童家房子较空,可以安排他俩住下,付很少的租金,条件是要为他家做些家务,他俩高兴地答应了。

刚一安顿好,他俩就打听补习班的事,不少补习班收费都较高,上不起。后来有人说天主教堂有个补习班,对有困难的同学还可以免费。于是他俩就直奔天主教堂。巢县城的天主教堂并不大,但在那时鲁彦周的眼里,就是非常巍峨的高大建筑了,而且也十分神秘。接待他俩的,是位姓杨的修士,人很谦和。听了他们的陈述,很是同情,于是免了他俩的学费,让他俩上天主教堂的补习班。这个补习机会来之不易,能不能补习好数学、英语,对能否考上学校,以及对他的未来,都是至关重要的,因此他得付出比平常人更多的艰辛。教数学的张神父和教英语的杨修士,看他俩经济拮据而又非常用功,很理解他们,常为他们"开小灶"。年轻的鲁彦周具有相当强的记忆和领悟能力,在补习班进步很快。

当时除了学习,还要为童家挑水,那时巢县城没有自来水,吃水是靠水车送上门的,要付费,有两个年轻人挑水,可以节省一些开销。除挑水之外,还要为童家做些别的家务活,以答谢童家让他们居住之情。这一段时间的生活是艰难困苦的,但对鲁彦周来说,又十分难忘。

鲁彦周在巢县城补习将近半年,暑假到了,各中学招生活动开始了,他精神高度紧张起来,一面抓紧时间强制性地复习功课,一面了解有关中学招生的信息。合肥那时是旧安徽省的省会,有人告诉鲁彦周,合肥中学有好几所,招收同等学力的学生。他的一个要好的同学告诉他,他们村里有个姓胡的人在省教育厅当科长,他父亲和他有些交情,可以请父亲写一封信给这位胡科长,请胡科长帮帮忙。这些消息对鲁彦周很有吸引力。他决定到合肥去报考。为了省钱,他和几个同学结伴步行。百十里路程,清晨从鲁集出发,傍晚时分居然也就到了。合肥的破旧出乎他的意料,道路又窄,街道很小,房屋破败。他们没钱住旅社,就在现在江淮大戏院的附近,蜷缩了一夜。第二天兴致勃勃地去找那位胡科长,不想这位胡科长却到外地去了!他们只得失望地在街上踯躅,寻找招生广告。结果合肥所有的中学无一例外地拒绝他们报名,因为他们没有毕业证书。所谓招收同等学力的学生,纯属讹传。

从合肥失望地归来后,母亲劝鲁彦周:"再到芜湖去试试呢!"

母亲的鼓励极为重要。这次他和另一位年龄大一点的同学结伴,步行两天才赶到芜湖。那时的芜湖比合肥大得多也繁华得多。但他在芜湖也到处碰壁。人家要的是初中毕业证书,可他连小学毕业证书也没有啊。

在芜湖,鲁彦周住在老中医杨仲书家,杨仲书老家在巢县,世代行医,在芜湖医界很有名气。在太平天国的战乱时期,杨家为了避难,就到了鲁集鲁彦周的曾祖父处。鲁彦周的曾祖父当时是一方团练的头目,很有些势力,据说连李鸿章也得敬他三分。因为这样的原因,杨家的一个姑娘,就嫁给了他的曾祖父。虽然隔了好几代了,但毕竟还沾了些亲,所以鲁彦周就通过他的堂伯父鲁邦翰住进了杨家。鲁邦翰的医术是传承杨家的,他的外祖父、舅父和杨仲书是至亲。

俗话说,天无绝人之路。鲁彦周在杨家,只是为了节约旅馆费,并没有指望

学生时期的鲁彦周

在考学校方面能得到杨仲书先生的帮助。巧的是,他在杨家却碰到了另外一位杨先生杨召南。杨召南是到杨仲书家看病的。杨召南见到他们,听说了他们的遭遇后非常同情。在看了他们的作文和其他作业后,杨召南认为他们完全有资格参加同等学力的考试。杨召南在当涂采石矶刚直中学教国文。开学在即,鲁彦周他们就随杨召南先生一起到了采石矶,参加了刚直中学的考试。

鲁彦周考取了。他的名字上了高中一年级的红榜。刚直中学是湖南同乡会为纪念大清名将彭玉麟将军而创办的,彭将军曾被清廷封为刚直公。刚直中学是董事会制管理方式,校长是位女性名李君素,董事长则是她丈夫邓昊明,两位都是进步人士,解放后都在江苏工作,李君素曾担任江苏省妇联副主席。

在这所学校里,他看到了许多过去看不到的书,懂得了什么是文学,怎样写文章。他的文学梦开始了。采石矶环境优美,对他很有影响,他常常坐在校园里遐想。开始写旧体诗,一有所感便埋头书写,写了满满一本,抄在竹纸上并装订起来,因为他人长得瘦,就将这些诗题名为《瘦梅斋诗草》,后来可能是被父亲烧掉了。

在刚直中学,有一个姓杨的女同学长得十分漂亮,鲁彦周暗暗地爱上了她,他因为是农村人,很有些自卑,也不敢有过多的非分之想。他给她写过一封求爱信,但不敢用真名字,而署名"夜舟"。第三天,她看到他时,对他嫣然一笑,他好高兴! 此后她对他也很好。放假时,他还为她写了一大篇文章。他那时十八岁了。1947 年暑假后,有个同学提醒他,说:"你对小杨很好吧?"

他反问:"你怎么知道?"

同学说能看得出来。又说,不过她的表哥追她不放,他表哥可是个城里人。

闯荡世界

这时,因为杨召南老师要转到当时属于宣城的湾沚联中教书,鲁彦周跟杨先生到了湾沚联中,和那位女同学分开了。

1952年的一天,鲁彦周在南京火车站候车,见到她了,但她没看见他。她和一位男子在一起,两人都穿着军装,鲁彦周想,那男的可能是她表哥。他矛盾了半天,强制自己背过身去,没有招呼她。这次擦肩而过,让他很有些失落。

但他的心里一直挂念着她。这是他心目中最为美丽的一位女性。

多年之后,杨女士已是南方的一个省委宣传部的文艺处处长了,鲁彦周在文艺界已很有名气,他去那里修改电影文学剧本《廖仲恺》,是省里的主要领导人接待他的,那位杨处长也在场。杨处长问别人,这位作家是安徽人吗?是不是就是写《天云山传奇》的鲁彦周?

她这时已是两个孩子的妈妈了,当年的"夜舟"也老婆孩子一大家了,于是便没有去找她。

时隔多年后的20世纪80年代中期,鲁彦周的一封未寄达的信转回了安徽省文联,按理说经办人应当将信交给鲁彦周才对,但好事者以不知是谁写的信为由,竟将这封信拆开了,一看是鲁彦周写给一位女士的,字里行间表露出旧情难忘之意。好事者或者出于恶作剧,也或者另有意图,将这封信的内容打电话告诉了鲁彦周的夫人张嘉。张嘉接听电话后,淡然一笑,在电话里回答道:"我家老鲁都五十多岁了,有个把女朋友,是很正常的!"一场企图兴起的风波一下子熄灭,张嘉的大度从容传为美谈。但这封信是否写给杨女士的,已被人们淡忘了。

杨处长于2004年去世,"夜舟"心中的维纳斯陨落了。

由于内战的影响,湾沚联中的管理不很严谨,鲁彦周自己也有点放松。但他并没有闲着,又写起了旧体诗。1947年,他用"夜舟"的笔名在芜湖的

《工商报》上发表过旧体诗,有一首诗全文记不得了,只记得其中的两句:

　　一棹扁舟迷野水

　　雨丝风片哭江南

还有一首诗,在这之前写的,抒发自我内心的感受:

　　空气凉如水

　　晴云薄似纱

　　欣看天地外

　　秋意说黄花

这应该是鲁彦周最早发表的诗作。

1948 年鲁彦周在贵池昭明国专

1947 年下半年,鲁彦周的一个同学对他说,贵池有个昭明国学专科学校,出来是大专。你呱呱叫的,上了高二,又有古文底子,你去了肯定会录取。

鲁彦周心动了,立即搭上小火轮到了贵池。

昭明国专生源不足,学生不到一百人,有的还是来混学历的,对鲁彦周这样基础较好的学生很欢迎,他很顺利地被分派到历史系学习,历史系有位老师叫高节文,桐城人,没有架子,很有学问,很有气节,很喜欢鲁彦周。他对鲁彦周说,

闯 荡 世 界

人要有学问,一是做人,二是作文。高先生有不少藏书,随便让鲁彦周阅读。高先生对鲁彦周影响很大。那时全国即将解放,社会各界纷纭复杂,焦虑、恐慌、兴奋、颓唐,各种形态都有。课余之暇,鲁彦周萌生了描写这种现象的念头,但写了一个《序幕》,就因为其他原因放下了。

鲁彦周在昭明国专学了三个月不到。国民党溃败前夕,经济衰落,通货膨胀,他们发行的金圆券,早上十块钱,到晚上就变成一块钱了。鲁彦周没有钱了,吃饭都很困难,他想国家被弄得如此乱糟糟的,国民党这个政权肯定要垮台。现实教育了他,使他很有些感悟,与其在这里饿肚子受难,不如回乡参加共产党的革命队伍。那时关于共产党为穷苦人打江山的具体事儿很多,他已知道不少了。

回家那一天,鲁彦周站在小轮船的船头,迎着江风和汹涌的波涛,他觉得他是满怀豪情地去迎接新生活的开始的!

1948年底,鲁彦周到柘皋镇加入了革命队伍,他的家乡已经解放了。他很快被派往合肥东乡去接收新区。

工作之余,他开始阅读一些革命书籍,如艾思奇的《大众哲学》,毛泽东的《新民主主义论》《论持久战》,等等,这些书籍在他眼前展现出了一片新的天地。

淮海战役开始后,组织上任命鲁彦周为巢县夏阁民运站站长,这是他的第一个公职。民运站的主要工作任务是支援渡江,号房子,动员粮草、担架、船只。民运站归华东支援前线前方第一办事处领导,办事处有个程科长很喜欢鲁彦周,要鲁彦周和他一起随大军南下,鲁彦周很愿意。但那时支前任务很重,鲁彦周没有走掉。

没能随大军南下,但也没有再留在夏阁民运站,鲁彦周被组织上送往凤阳华东大学分校学习。他们同去的有七八个人,鲁彦周当组长。学习条件很艰苦,睡地铺,地面很潮湿,只一个多月,鲁彦周浑身生疮,又痛又痒,到医务室一看,说是疥疮,虽无大碍,但传染性强,开了一些药,让他回家治疗休养。

到了冬天,疥疮好了,他又回到华大凤阳分校,但一打听,同学们都参军了,到四川去了。校领导说,你留在地方好了。1949 年的 6 月,那位贵池昭明国专的历史教授高节文先生写信邀请他说,我们想恢复江南文化学院,地方政府也承认,你能否过来帮帮我的忙?这样,鲁彦周就去了贵池。他毕竟当过干部,一去就当了那个学校学生会的第一任主席。

贵池办学的几个月生活,轰轰烈烈,给他留下了很深刻的印象。但鲁彦周一想,有点欠妥,于是他对高老师说,我还要回江北去,不然时间长了,我的组织关系脱节了就不好办了。高老师也理解他。到了春天,他又回到了鲁集。县政府问他可愿到县里去,但他不想到县里。这时他的疥疮病又犯了,他只得在鲁集村的家里住下来,边治疗边休养。

鲁彦周为夫人张嘉的画题字

第四章

第一部小说是《丹风》

　　许多关于鲁彦周的文字记载,都将短篇小说《芸芝娘和芸芝》,说成是他的第一篇小说,对此,鲁彦周也曾是认可的。2002 年安徽文艺出版社出版的《鲁彦周文集》八卷本,标明《芸芝娘和芸芝》的发表时间为 1954 年,发表的刊物是当时上海的《文艺月报》,也是鲁彦周最早发表的作品。其实,鲁彦周的第一篇小说,不是《芸芝娘和芸芝》,而是长篇小说《丹风》,鲁彦周在他的文集的《自序》里改变了以前他认可的说法,他说:"至于《丹风》,那是我的真正的处女作,它原是一部长篇。"关于《丹风》,确有一段传奇,有关它的一些细节,因为时间太过久远,鲁彦周本人也记不清了,他只依稀记得,1950 年的夏秋他还写过一部三十多万字的长篇小说,寄给当时皖北行署的文教处长戴岳同志看过,戴岳同志非常关心文艺创作,非常支持文学青年,但当时安徽既没有出版社,也没有刊物,无法出版发表这部小说,后来只得投寄给上海的《小说月报》。可是,上海新旧交替,《小说月报》停刊了,这部书稿下落不明,他说他曾写信去上海索要这部书稿,但也不了了之。时间久了,连这部长篇的书名是什么都记不得,更不用说内容了,因此只能将《芸芝娘和芸芝》作为他创作的发端。

彻底弄清楚《丹凤》的来龙去脉,是《丹凤》手稿的重新出现。那真是一个奇迹!

2000 年上海作协发现鲁彦周处女作长篇小说《丹凤》手稿。图为上海作协负责人叶辛(右一)将此稿交给鲁彦周后在一起合影

2000 年的 9 月,正好时隔五十年,《丹凤》手稿在上海被发现了。那是上海作家协会翻修一栋美式老楼房时,在四楼的资料室里发现的,虽然手稿十二本已少了一本,虽然其中两本的边缘还有火烧的痕迹,但这十一本保存得还很完好。这对鲁彦周来说,无疑是一件非常值得高兴的事,当他得到这个信息以后,立即应邀赶赴上海,他为能重新见到五十年前的手稿而激动。当他从上海作协负责人叶辛先生的手里接过这部书稿时,不由得抱在怀里深情地亲吻起来,眼里还闪动着丝丝的泪光。鲁彦周完成这部小说创作时,只有二十二岁,时隔整整五十年,他已经七十多岁了,失而复得,喜从天降,叫他怎能不激动呢? 上海《文学报》刊登了鲁彦周赴上海作协接受《丹凤》手稿的消息,还配发了当时的图片。

第一部小说是《丹风》

消息很快传到合肥，喜爱鲁彦周小说，关注鲁彦周创作的唐先田在《文学报》上读到了这条消息，他非常想一睹这部半个世纪之前的手稿的光彩，鲁彦周刚回合肥，他便前去樱榴居拜访。一谈到这部手稿，鲁彦周先生很激动，他从书房里将一摞子共十一本手稿取出来放在唐先田面前的茶几上，唐先田立即感觉眼前为之一亮。十六开的毛边纸，纸的质地很好很柔韧，并没有因为岁月久远而改变它原有的淡黄颜色，每本的封面上都写着书名《丹风》和作者的署名，并注明卷次，还勾画了简单的装饰图案，用绵丝线装订得很整齐。鲁彦周对唐先田说，他在贵池昭明国专读书时曾主编过一本刊物《丹风》，这部小说命名为《丹风》，既取红色风暴的意思，也带有对那本刊物的纪念。轻轻地翻开稿本，即刻可闻到毛边纸淡淡的香味，毛笔竖写，繁体字略带行书，很工整很秀气，且很少有涂抹修改。唐先田问鲁彦周这是不是抄写稿，鲁彦周说他就是这样一遍写下来，没有草稿，并说这种创作习惯一直保持到现在。这使唐先田立即想到，年轻时的鲁彦周便文思泉涌、才华过人，且非常有毅力，可以想象，用毛笔写三十多万个黄豆般大的字可不是一件简单的事，这其中凝聚着鲁彦周青年时代的多少心血、多么美好的文学之梦啊！

从手稿《自序》中还知道，《丹风》也不是鲁彦周的第一部作品，此前还写过三幕剧《铁蹄下》、四幕剧《新中国的歌声》，中篇小说《玄武湖》《骚动》和短篇小说《爱》，只是这些作品都没有发表过。对此，鲁彦周当年也有很多想法，他在《自序》中写道："在此以前，虽然也作过几篇，但在资产阶级的作者主持的文坛上，一部名不见经传的作品，常常会被无情地摈弃在宫墙之外的，而且内容和形式也格格不入。"当唐先田问及这些作品的创作情况时，鲁彦周回忆说，那都是在练习本上的习作，国民党彻底溃败前夕，舆论、文字管制得非常紧，他父亲怕惹事，趁他不在家时都将它们付之一炬了。这些作品现在虽然不可能找到了，但对鲁彦周的整个创作，起到了前期的磨炼作用，也是不应当忘记的。

关于《丹凤》的创作情况,鲁彦周翻着那篇《自序》一边回忆一边对唐先田说:1984年在贵池昭明国学专科学校读书,因受高节文先生影响,对时事、对国家命运非常关心,因为时局动荡,社会各界真是纷纭复杂,焦虑、恐慌、兴奋、颓唐,各种形态都有,课余之暇,就有描写这种种现象的想法,但只是写了一个《序幕》(仍保存在《丹凤》稿本中),便放下了。1949年元月,他从昭明国专回到了老家巢县,解放军诚毅坚勇,挥师南进,胜利一个接着一个,国民党军则节节败退,鲁彦周的情绪非常兴奋。家乡的柘皋镇也来了游击队,他就在柘皋参加了工作,工作单位是江淮五分区支前司令部下属部门,他们迎来了大军南下和家乡的解放。后来他从江南文化学院高节文先生那里回到老家鲁集村后,疥疮很快被治好了,身体渐渐地康复了,他又将以前写的那篇《序幕》找出来,一边阅读一边思考,创作的激情不由得大大地激发起来,原来构思的框架也被推翻,小说的情节也便扩展开来。那时条件非常艰苦,是借住在一间草屋里,墙上有一个破洞,算作是窗户,每天三餐吃的是大麦糊,但创作的激情非常旺盛,日夜不停,鲁彦周的弟弟鲁家萃比他小七岁,据家萃先生回忆,哥哥刻苦用功给他印象十分深刻,夏天蚊子和其他小虫很多,哥哥刚刚痊愈的疥疮有伤痕,蚊子一叮其他虫子一咬,便很快复发,于是他便坐在帐子里写作,晚上点一盏小油灯,油烟将两个鼻孔都熏黑了,他说哥哥写作时的形象,他至今仍记得很清楚。由于天资聪颖,又十分勤奋,只用了四个多月的时间,鲁彦周便写出了三十多万字的长篇处女作。

五十年后,鲁彦周回顾这一段历史,感慨地说:三十多万个毛笔字,一笔一画,一口气写下来,真令现在的我颇为惊异。

令唐先田没有想到的是,在他起身告辞时,鲁彦周说,这些手稿你拿去,放在你那里保管吧。唐先田很激动,没说一句话,只是很严肃认真地将十一本手稿包好放在手提袋里离开了樱榴居。

唐先田很快读完了这部小说,他觉得这部手稿的发现,为理解和认识鲁

第一部小说是《丹凤》

彦周时至今日的整个创作,提供了最原始最可靠的历史参照资料。

第一,是这部小说里所充溢的人本思想、人文精神,今天读来也非常令人赞叹。由此也溯及了鲁彦周几十年创作生涯一直关心抚慰普通人的命运、同情普通底层人的苦难的源头,年轻的鲁彦周就有着一颗慈善的博爱之心。《丹凤》里写到的人物很多,有知识分子,有工人农民,有游击队员,有学生,还有出身于地主家庭的青年,鲁彦周对他们的辛勤劳作,对他们失业后的烦愁,对他们缺衣少食的悲苦,对他们因看不清未来前途而精神迷茫所产生的苦闷,都寄予深深的同情。在第十一章里,他为我们勾画出了当年农村的苦难景象:一个名叫小菊的姑娘,只有十六七岁,穷困得只能"穿着白老布褂子黑裤子",本来是求学长知识的年龄,应当在学校里读书深造,但因生活贫困所迫,不得不在田间辛勤地劳作,一大早"就倒背着锄头低头走了过来",她心里想到的是,"棉花田荒得很,大麻也要锄,一到中午热死人,不趁这早晨锄,田便荒了",目的是想挣得秋后有个好收成。那么秋后又怎么样呢?《丹凤》对小菊的母亲有一段描述,她"头上裹着一条蓝手巾,已有几个洞,脸色像黄土一样,一双眼里扯着许多红丝,眼角也常常不断眼屎",她说:"去年我家收了三十担稻子,给了老板十五担,留下十五担哪里够吃,小菊伯伯(即父亲)帮工的三担米,两担只好保出捐,今年麦子又坏了,这荒六月的日子真不好过,两个伢子连我同小菊四口人,现在天天只好喝两餐稀麦糊,唉!"农民虽然起早摸黑,迎寒风顶烈日,既劳心又劳力,但极高的地租,无尽的苛捐杂税,残酷地剥夺了他们辛勤劳动成果的大半,他们只能在饥饿和贫病的苦难线上挣扎。年轻的鲁彦周将他们痛苦的情状用文学的形式记录下来,他对他们的关切和同情是由衷的。更可贵的是,《丹凤》还极敏锐地用实事求是和阶级分析的观点,对一个地主的女儿蕴冰,给予了真情的关切。小说的第十二章,写了一个地主方德清,说他"是个胖子,脸色红红的,肚子鼓起像个怀孕的妇女",蕴冰就是他的女儿。蕴冰意识到蒋家王朝即将覆灭,作为地主的女儿,她感到未来迷茫,内心很恐慌,她对她少年时代的同伴也是江华学院学潮负责人的查民声倾诉说:"民声,你不要认为不向人大声乞怜的人,她就没有隐痛,我外表是很快乐的,你不知我已面临绝大的险境了。"写到这里,小说写了一段查民声安慰蕴冰的话,然后又写了查民声的内心独白:"地主的儿女,他们是没有罪的,可是也不易了解。"在刚刚解放之初,二十多岁的鲁彦周便认识到"地主的儿女,他们是没有罪的",应当说非常了不起,他对事物的分辨能力是很强的,他的政策界限是很清楚的,他的人本精神,他的广阔的博爱之心,在那时便显现出了可贵的光彩。

第二,是强烈的正义感。《丹风》用了较大的篇幅写全国解放前夕江华学院的学潮,前面提到的查民声就是学潮的领袖,他是在学潮中负了伤回到农村老家养伤时才跟小菊等少时伙伴见面的。小说的第十章,写了学潮的浩大声势:"轰的一声,路口的警戒网被突破了,砰砰的枪声却也没有办法阻止那如火如荼的狂潮",同时也愤怒地谴责了国民党对学潮的残酷镇压,江华学院的学生李志真在学潮中遭枪杀牺牲了,查民声等四十多个同学中弹负伤,然而一些御用的舆论工具还公开造谣,颠倒黑白地说"江华学院学生李志真枪杀盟邦士兵"、"在狱中畏罪自杀",对此,欧阳瑄、高闻天等正义的老教授们也拍案而起,纷纷谴责国民党的残暴,支持学生的爱国行动,支持学生向当局提出严正要求。而对游击队的周指导员,则描绘他态度谦和、办事沉稳,对老百姓亲热、很体贴。可以看出,作者是围绕江华学院的学潮,力求将国民政府行将灭亡前夕,社会各阶层人士对时局的不同态度和那种独特的时代氛围都写出来。他在这方面的努力,也取得了一定的艺术效果,同时也鲜明地看出了作者向往光明、向往正义、向往一个新的中国、新的社会的明确立场。

第三,从《丹风》可以看出,年轻的鲁彦周很忠于生活的真实,创作没有受什么教条和框框的影响。他熟悉中国底层农村社会的情况,笔底所写的都是他的真情实感,同时他也非常注意细节的描写和人物的刻画,文风朴实自

第一部小说是《丹风》

然,没有什么忸怩雕琢之感。尽管诚如鲁彦周在五十年之后所说"小说架子太大,结构松散,人物众多,有许多地方又交代不清,是幼稚之作",但由这部作品,也可以看出他的创作起点是很高的,如第一章对国民日报社社长朱君的一段描写,就很细致逼真:"在前面的一辆车子里,坐着一男一女,男的三十余岁,穿着笔挺的西装,长长的脸,直鼻,眉毛不很浓,面色很红润,架着一副眼镜,胸前别着一个蓝底白字证章……"类似这样的描写,在《丹风》中随处可见。鲁彦周以后的创作,也可以说是沿着忠于生活、忠于人物、忠于细节这条创作之路走过来的。

唐先田在阅读《丹风》后,写了一篇题为《五十年后重现光彩》的文章,发表在《安徽统一战线》杂志 2001 年第 11 期上,《安徽统一战线》杂志 2001 年第 1 至 9 期,连载了这部小说,这是《丹风》的首次发表。《鲁彦周文集》第 4 卷,节选了《丹风》的部分章节,并将《五十年后重现光彩》作为附录收入第 4 卷,置于《丹风》之后。

《丹风》手稿在唐先田处保存了四年多,他非常珍视这部手稿的文学价值、文物价值和史料价值,他曾带着这部手稿到安徽大学、安徽师范大学、安徽医科大学、安庆师范学院、宿州学院,和青年学生进行交流,让青年学生们从这部手稿领悟一个作家所走过的道路,鼓励青年学生学习鲁彦周的艰苦创作精神。《丹风》手稿现珍藏于北京中国现代文学馆。

第五章

春 天 来 了

《丹风》是 1950 年的秋天写完的。写完以后,鲁彦周又开始考虑今后的工作了。巢县欢迎他回去,但他不想到县里;听说合肥的皖北行署文教处有个戴岳处长对文化人很重视,他就给他写了封信,把他的简历和《丹风》一起寄给了他,对自己的前景寄予了说不清的希望。有的文章说,是鲁彦周自己将《丹风》寄给了上海的《文艺月报》,事实可能不是那样,因为那时候鲁彦周不一定知道上海有个杂志《文艺月报》,他当时所考虑的主要问题是他今后做什么,他读了不少文艺作品,对文学创作产生了兴趣,并且将长篇小说《丹风》写出来了,所以他将《丹风》直接寄给戴岳是合情合理的,他要通过《丹风》表明他是适合做文学方面的工作的。中国古代文人有"干谒"的成例,即将自己较为满意的诗文作品投寄给有一定社会地位的人,希望得到认可和推荐,并根据他在诗文中表现出来的才华,对他做出合理的岗位安排和使用。唐代大诗人李白、杜甫和白居易都有过这方面的努力,是文人公开、光明正大的行为,还留下了许多佳话。鲁彦周给戴岳处长寄《丹风》,也可以看作是一次"干谒",有自我推荐的意思。果然,他成功了,戴处长很快回复他:你来好了。戴处长也是在读了他的《丹风》之后,觉得他有一定的创作才能,才做出这样的决定的。戴岳处长爱惜人才,也急于使安徽的文学创作能有所成绩,他知道上海有个刊物《文艺月报》,专门发表小说等文艺作品,戴岳处长将《丹风》寄往上海,才合情合理。

《丹风》那时虽未正式出版发表,但它对鲁彦周今后的道路起了至关重要的作用,从某种意义上看,是《丹风》使鲁彦周到了皖北行署文教处,也说明了那时的干部路线风清气正,还说明了戴处长慧眼识才。当时安徽文联正在筹备成立,办公地点在现在的长江饭店附近,即原国民政府的省教育厅。前门在前大街,即长江路;后门在后大街,即安庆路。文联在后大街,靠安庆路,有好几间房子。当年的教育厅还有个资料室,里面有不少藏书。这对鲁彦周来说,如鱼得水,他渴望读书,于是钻到这些藏书

1951 年的鲁彦周

里去了。在这里,他读到了毛泽东《在延安文艺座谈会上的讲话》,同时也开始接受党在文艺上方针政策的教育,接触了解放区的文艺作品,这时他才知道了党对文艺家的要求,知道了一个新中国的文艺家所应当遵循的道路。他觉得这些都是很神圣的,是理当如此,是必须严格遵守的。他过去所喜欢的,有些是属于小资产阶级的,应当摒弃,应当接受改造。鲁彦周无条件地接受了自认为是无产阶级的文艺观。

与此同时,对鲁彦周还有一个重要的影响是:有了进一步的自学机会。那时他像一个从沙漠里走来的严重饥渴的人,在文教处的资料室里大量阅读

中外文学名著,还大量阅读了中外历史书籍。他给自己定了一个目标:为了圆他的作家梦,他必须认真地面对自己的先天不足。为了完成这个梦,在那几年他是下了苦功的。读文学,读历史,世界通史也读。特别是俄罗斯小说,能找到的,他都看。托尔斯泰、屠格涅夫、高尔基,只要能找到,都认真阅读。除早晚政治学习外,其余时间他都用来读书。他读书的方法也不错,不乱读,而是系统地读,一个作家一个作家地读。他读托尔斯泰,就专读他的书,能找到的,就系统地看,还读关于他的评传;契诃夫、梅里美、狄更斯,都系统地读。他觉得不仅要读书,还要了解中外作家的特点及其作品的创作背景。中国的革命书籍他也读,他要懂得一些中国革命的历史。这一段时间,他把它叫作"补课"。他心中有数,要圆作家梦,光靠原来读的几本书是不行的。这个计划他也不和别人讲,怕人家嘲笑他:还当什么作家呢,几本书都未读过。

1952年的鲁彦周

心安了,工作和爱好一致,这对他很重要。人际关系也不错。那时都是供给制,黄制服,发牙膏牙刷,还有半斤黄烟钱,吃大中小灶,处级干部吃中灶,厅级干部吃小灶,他们一般干部吃大灶。还有钱、粮票、柴草票,定时加餐,大块吃肉,很热闹。虽有等级观念,但人们相互之间很和谐,想煞费苦心往上爬的人很少。

鲁彦周学习很勤奋,工作也很勤奋。戴岳对他很满意。文联那时虽还处于筹建中,内部机构已较齐全,办公室、编辑部、创作组都已设立,创作组是专门从事文学创作的,但那时还没有让鲁彦周进创作组,一会儿让在办公室做行政事务,一会儿让他到编辑部当编辑。曾

春 天 来 了

一度让他和严阵到淮河一带深入生活,为创作做准备,但是他俩回来后,都没有拿出什么作品,仍然留在办公室工作。

但鲁彦周仍然很愉快,仍然抓紧读书,能到文联来,是他人生的转折,是他生命的春天,他视为春天来了。

一年以后,鲁彦周调到《安徽文艺》当编辑。

到了《安徽文艺》,就有了鲁彦周和张嘉的故事。

张嘉当时写了几首诗,寄给《安徽文艺》,她的诗稿正好被分给鲁彦周处理。20 世纪的 50 年代,所有的报刊编辑对作者都很负责任,对来稿特认真,且经常给作者复信。张嘉投了几次诗稿后,鲁彦周就选出两首发表了,其中一首诗的标题是《淮河边的儿女》。诗歌作品发表了,作者和编者的话题便多了,经常联系,经常写信,这样一来二往,两人的关系就超出了一般的作者与编者的关系了。

1953 年鲁彦周与夫人张嘉

文联美术组有个画家唐兴民,曾给鲁彦周画过一张素描像,鲁彦周就把这张画像寄给了张嘉。张嘉那时十八九岁,在蚌埠江淮中学读高二,她写信给鲁彦周说:她想来合肥玩玩。鲁彦周就回信说:好哇。那时没有电话,他们约好在火车站见面,手里拿一本高尔基的书,就像地下工作者接头那样。张嘉在合肥玩了几天,住文教处招待所。她听说合肥有个文艺干校,于是就不想回去了,想转入文艺干校继续学习。鲁彦周热情地为张嘉奔忙,找戴岳写了张条子,说有个女孩子,高二,想进文艺干校。拿到戴岳写的条子后,鲁彦周找到管这个文艺干校的黄宁,黄宁是戴岳很能干很得力的下属,在文艺干校当教导主任,鲁彦周曾和他一道从大西门坐马车,到肥西去搞土改,彼此熟悉,关系也不错。黄宁虽然同意张嘉到文艺干校学习,但也得按规章办事,要进行考试,要考她的素描基础,还要考她的音乐。张嘉很有才艺,考试顺利地通过了。

张嘉回蚌埠后,把她想转学的事对父母说了,父母都同意。这同意之中所包含的意义,不光是张嘉的转学,还同意她和鲁彦周的恋爱关系。

就这样张嘉就到合肥来了。不久,鲁彦周和张嘉就谈婚论嫁了。

结婚时就一个网兜,里面装一个脸盆,几件日用品,几本书,衣服都是发的,不兴婚纱,更不兴婚礼服。那时文联已搬到了高家祠堂,刚搬进来时蒿草遍地,乱石瓦砾到处都是,有一个大院子,还有卫立煌的一个碑。这个碑现在应该是个文物了。祠堂两大进,很宽敞。鲁彦周他们除草清理,将高家祠堂粉刷一新,可以住人可以办公了。

1953 年 5 月 16 日,鲁彦周和张嘉在高家祠堂结婚成家。陶天月、严阵、曹玉模也都是那年结婚的。高家祠堂真是那时省文联青年人的朴实的摇篮。

几十年后,鲁彦周曾写过一篇文章《高家祠堂里的生活》,回忆在高家祠堂里的日日夜夜,之所以要写高家祠堂,当然是因为在高家祠堂完成了他的第一篇小说和第一部电影剧本的创作,但更深层次的理由是,在高家祠堂有他和张嘉的甜蜜爱情和婚姻。这是鲁彦周的又一个春天。

调到文联后,最令鲁彦周欣喜的是,他的第一部电影《春天来了》诞生了。

春 天 来 了

1954 年,鲁彦周在上海的《文艺月报》上发表了一篇小说《芸芝娘和芸芝》。《文艺月报》是华东地区的刊物。这篇小说写的是淮北一个叫芸芝的农村姑娘冲破乡间习俗,学习只有男子才干的耕地的故事,小说虽也写了一些矛盾,如芸芝与芸芝娘及一些有守旧思想农民的冲突,但缺乏大的震撼力,因此,没有产生什么影响。从创作角度看,这还不是他在文联的春天。

1952 年,鲁彦周和严阵一起到了淮北,那时叫"下生活",严阵回来后写了《老张的手》,发表在《人民文学》1954 年 1 月号上,一炮打响。鲁彦周虽然也有很多生活积累,但还没有形成作品。1954 年冬天,他又去了淮北农村,这年夏天长江决堤发大水,冬天奇冷,风雪猛烈,连淮河都封冻了,鲁彦周蜷缩在涡阳县乡下一间茅屋里,想起了他在这个村子及他在淮北接触到的许多人和事,心里涌起一阵冲动,渴望着将这些人和事写出来。他先是想写成短篇小说,他已有过一次写短篇的经历,但这次他想写的,故事情节复杂,人物也不少,感到在一个短篇里不好表达,要写成中篇长篇吧,他又没有这个勇气。那时他很喜欢电影,苏联电影《乡村女教师》《夏伯阳》《列宁在 1918》《马克辛三部曲》等影片,他都看过,并读过这些影片的文学剧本,他深深地为这些电影所打动,很喜爱电影这种艺术形式。国内那时还有一种偏见,认为电影剧本不是文学,旧中国由于经济文化十分落后,电影只能在大城市拍摄放映,不可能下乡,一些工农出身的干部,甚至乡镇上的一些知识分子,都没有看过电影,都不了解电影,对电影有一种新奇感和神秘感,文艺界也认为电影只能是电影界少数专家的事,只能欣赏,很少想到参与创作。但鲁彦周不是这样,他既然喜欢电影艺术,当即灵机一动,为什么不可以用电影文学剧本这种形式,去表现他在淮河边上的所见所闻呢!他敢想敢干,说做就做,用了不到半个月时间,就写出了一部电影文学剧本的初稿,这个剧本就是他在电影文学上的处女作:《春天来了》。

剧本写好后,鲁彦周不敢给人看,也不愿和人谈,当然更没有想到将它搬上银幕,于是就将它放在那里。几个月之后,一个偶然的机会来了,袁文殊同志到了安徽,他要去佛子岭水库参观,文联派鲁彦周陪同他。袁文殊20世纪30年代参加左联,在电影理论和电影创作方面,都很有成就,当时担任文化部电影剧本创作所所长,是电影界的老前辈,也是很有发言权的领导。在一起接触几天后,鲁彦周觉得袁文殊平易近人,没有一点领导和大作家的架子,就鼓起勇气对他说:"我有个写农村题材的电影本子,能否请您翻翻?"

袁文殊说:"好,现在正缺少农村题材的影片。"从佛子岭水库回到合肥后,袁文殊说:"我看过了,基础还不错。我给你介绍到上海去吧。"

那时,华东地区的电影剧本都归上海管,袁文殊就把本子介绍给导演柯灵,因为是袁文殊交来的本子,柯灵一点也不怠慢,很快交给了编辑,不久就通知鲁彦周到上海修改本子了。上影厂将鲁彦周安排在武定路英国人修建的小别墅里。在这里他一边改本子,一边还交了一些朋友,如师陀、艾明之、刘知侠等,后来都是知名作家。鲁彦周按上影厂的意见,1955年秋天,他把剧本改好了,上影厂和文化部电影局通过了这个本子,很快成立了摄制组,导演是顾而已,主演孙道临,副导演黄祖模。

《春天来了》是鲁彦周在涡阳县纪轮寨深入生活之后写的,纪轮寨有个模范、合作化带头人纪明选,在同吃同住同劳动的过程中,鲁彦周和纪明选有了感情,也很赞赏这位农村新人敢想敢干乐于奉献的精神。《春天来了》里的鲁淮生,原型就是纪明选。影片的主要情节是,东庄农业生产合作社的副社长、治淮劳模鲁淮生从县里开会回来后,显得很兴奋,提出了一个新的计划:"挖通这儿多年淤塞的老龙沟,把洼地改作稻田,多产粮食,响应政府增加农业生产的号召!"他的这个计划得到了社里许多老少爷们的支持。他们初步估算了一下,因为增加了不少土地面积,社里的粮食产量能提高百分之二十。但社长章明楼却说目前冬闲,应多搞副业增加收入,认为挖老龙沟太冒险,要是龙沟里泥土不肥,洼地上栽水稻不发,不是白费了钱财和劳动力吗!

春 天 来 了

在区委领导方政委的支持下,把鲁淮生的计划压了下来。但鲁淮生并没放弃,他和村里的年轻人对老龙沟继续进行测量调查,并将老龙沟的土壤送到农科所去化验,证明老龙沟的土壤十分肥沃,适合水稻生长,提出让全体社员讨论这个增产计划,但浑水摸鱼的会计顺福却在章明楼面前挑拨说,鲁淮生这样出风头,是想夺取社长职位。章明楼十分生气,禁止女儿云屏和鲁淮生来往,因为云屏是支持鲁淮生的。事情闹到县里,县委书记王政委支持鲁淮生,鼓励鲁淮生同因循守旧的落后思想作斗争,并派县委李副书记到东庄社去具体帮助鲁淮生。春天来了,鲁淮生的开发老龙沟的计划热火朝天地进行,东庄的老少爷们兴高采烈地在老龙沟奋斗,随着昔日的荒沟变成了一块块水田,他们似乎看到了绿油油的稻禾正在他们面前吱吱地往上长哩!《春天来了》的故事情节并不复杂,艺术上也说不上成熟,但鲁彦周写他熟悉的人熟悉的事,却是一条正确的路子,他通过电影艺术来鼓励创新鼓励改革,所表达的主题,也是很明确很有益的。

1954 年的鲁彦周

　　对于《春天来了》这部影片,鲁彦周自己评价说,艺术创作上不怎么样,但它让我有了信心,这就够宝贵的了。

　　上影厂按当时的标准,付给鲁彦周五千块钱现钞作为稿费。在那个时候,五千块钱,真是个天文数字,不得了了! 不少人都说鲁彦周发财了!

　　《春天来了》,真正是鲁彦周的春天来了! 别人的剧本通不过,他的剧本通过了,这是安徽作家创作的第一部电影,怎生了得! 这时戴岳和文联对他看法就不一样了,真有点刮目相看。

　　从上影厂回来后,鲁彦周自然而然就到了文联的创作组,搞专业创作了。

　　调到省文联从事心仪已久的文学工作,和张嘉结婚有了美满的家庭,电影文学剧本搬上了银幕,鲁彦周春风得意,他的春天来了!

鲁彦周为夫人张嘉的画题字

第六章

成名作《归来》

1956 年的春天,对鲁彦周的创作来说,依然是"春天来了"。

文化部决定,在这一年的 4 月份,举行全国话剧观摩会演,每个省都要出一台戏,演出时间不少于三个小时。省文联主席戴岳以"金渠"为笔名,写了个话剧《搏斗》,但只能演两个小时,少了一个小时。省文化局分管戏剧创作的副局长江枫来找鲁彦周,请鲁彦周推荐剧本。

鲁彦周有点怯怯地说:"我倒是有个独幕话剧《归来》,没给人看过,不知行不行,你先拿去看看。"江枫很高兴地拿着本子走了。

第二天,江枫就又到了鲁彦周家中,说:"好哎!这个本子写得好哎!排,不改了,我认为很完整。排出来,准备参加全国会演。"

1956 年 3 月,《安徽日报》发表了鲁彦周的独幕话剧剧本《归来》。

经过省委审查,认为《搏斗》与《归来》这两个戏可以参加会演。

1956 年 3 月,安徽省召开第二次建设社会主义积极分子大会,鲁彦周光荣出席。

4 月,全国首届话剧观摩演出在北京天桥剧场举行,《归来》等戏共演出四场。

对于《归来》，鲁彦周倒没指望这个戏会怎么样。会演时，正好全国第一次青年创作会议在北京举行，安徽去了十位青年作家，鲁彦周名列其中，他一边开会一边修改电影文学剧本《凤凰之歌》，准备在会议期间改好。

江枫副局长给鲁彦周打电话，说今天晚上周总理来看《归来》，你过来一下。

鲁彦周去了。他心里很有点忐忑：这个戏矛盾尖锐，总理或哪位领导讲一句话，万一有个什么批评怎么办？他很有点担心，拿不准。

周总理来了！就坐在鲁彦周的前排。他一下又从紧张变为激动。他一边看戏一边观察周总理看戏的表情。自大幕拉开时，鲁彦周就一直处于既激动又惶恐不安的情绪当中。还好，周总理似乎自始至终有一种兴趣盎然的神情，鲁彦周的心情也开始慢慢松弛下来了。

演出结束，掌声雷动。

当晚他虽然无法知道周总理对这个戏的意见，但是整个首都文艺界对这个戏立即做出了热烈的反响。

第二天、第三天，《人民日报》《光明日报》《文艺报》等报刊都相继发表文章评论推荐《归来》，说安徽带来一部很令人震撼的话剧。不到一周，几乎所有的报纸都轰动起来了，什么"道德力量的烈火"、艺术的胆量、敢于开展尖锐的批评等等，好评如潮。省话剧团向鲁彦周道贺。评奖之前，省话剧团还到怀仁堂演了几个戏给毛泽东主席看，其中包括《归来》，据说毛泽东主席还讲了这样一句话，这个戏（指《归来》）很有教育意义，比上一堂政治课好啊。

这个评价可了不起！

观摩会演的评奖结果出来了，《归来》获剧本创作一等奖，演出一等奖，这次会演剧本创作一等奖共设三个，另两个是陈其通创作的《万水千山》、曹禺创作的《明朗的天》。能和著名大家并列第一，鲁彦周想都没想过，现在成了现实。《归来》的主演李琦获二等奖，导演李培仁获三等奖，舞台制作也获

成名作《归来》

三等奖。《归来》从创作到演出,为安徽争得了光荣! 文化部发的奖状鲁彦周一直保存着,还发给他奖金一千五百块。

《归来》使鲁彦周一举成名。

《归来》完稿于1956年初,当时正值批判所谓胡风反党集团结束不久,整个意识形态领域的气氛处于压抑状态,年仅二十八岁、风华正茂的鲁彦周经过一番酝酿构思之后,只用了两天时间,就完成了这部独幕剧的创作。因为这部作品的主旨是对一个共产党员、一个国家干部进城后思想道德变质的批判,年轻的鲁彦周慑于当时的形势,怕担给共产党员抹黑的责任,感到有点拿不准,所以写好后,放在抽屉里没有拿出来。

《归来》的内容,现在看来是极寻常极平凡的,在当时之所以引起轰动,是它以极其犀利的笔触,揭露了社会生活中新的矛盾新的课题。当时,新中国诞生不久,人们普遍沉浸在庆祝新的美好生活的兴奋之中,《归来》的上演无疑是给人们敲了一记响亮的警钟。《归来》所描写的是,在农村成长起来的一个共产党员、一个半老革命干部王彪进城以后,受到享乐思想的腐蚀,要娶一个漂亮年轻的姑娘为妻,绝情地要将在农村共患难十多年的妻子和女儿抛弃。剧本通过这个普通家庭的波澜,无情地鞭挞了社会道德破坏者的卑鄙灵魂,同时歌颂了一个普通农村妇女童蕙云战胜个人不幸的坚强性格,体现了新的社会道德风尚的强大力量。丈夫"飞黄腾达"以后抛弃结发妻子另找新欢,这样的故事并非新的共和国所独有,在中国漫长的封建社会里,也曾经是文艺创作的经常性题材。陈世美不认前妻秦香莲便为民众所熟知。多少年来,人们嘲弄唾弃陈世美,同情秦香莲,但多少年来,又有人不断地充当陈世美的角色,而使得秦香莲们不断地哀告倾诉,制造了许多人间冤情悲剧。王彪便是又一个当时的陈世美。但尤其使人不能容忍的是,王彪是新中国的干部,是光荣的共产党员,在庆祝新中国和新的生活命运的氛围中,人们对共产党员的要求和期待都是很高的。王彪和整个新的道德风尚相对抗而形成的极大的不和谐,使人们震惊,也打破了许多人天真的迷梦。他们以为无须奋斗也无须抗争,新的共和国就会使一切都自然而然地美好起来,《归来》给这些善良的人们,无疑上了一堂生动深刻而沉重的课。当然,更重要的是,王彪的妻子童蕙云已经不是旧时代那种依赖于丈夫过日子、离开丈夫便活不下去的弱者,她不是秦香莲,而是新中国的新女性,是新型的农村妇女,是农业合作社里为群众所爱戴的生产队长和妇女组长,她已经懂得如何掌握自己的命运。旧时代的秦香莲们,只能把唯一的一线希望寄托于青天大老爷包公。而今天是新社会,童蕙云不仅自己可以和无情无义的王彪作正面斗争,她的正义之举还得到了她的亲人和乡亲们从合作社的社长到社员群众的有力支持,形成了新的社会道德力量的主流,人们不再只是一些各顾各的弱小个体,而是新时代新社会的主人。《归来》之所以能打动人,还在于鲁彦周能将新的时代精神,融化在人物性格里,剧中的主人公有着夺目的性格光彩。处于《归来》波澜中心的人物是童蕙云,剧本对她的描写是多方面的,既赞颂了她对新生活的无限向往、无限热情和勤劳奋斗的主人翁态度,也描写了她对丈夫忠贞不渝的爱,与婆婆母女般的感情。她的淳朴、温厚和大度,让人深切地感到新中国农村妇女的纯真气质。当她得知久别的丈夫王彪就要回到家的时候,无法抑制内心的激动与欣喜,她向女儿描述王彪形象的情景,那种在孩子面前都掩饰不住的有点失态的喜悦,非常有色彩地显示了人物的心理状态。剧本描写童蕙云对爱情的真诚、对爱人的信赖是生动感人的。在王彪到家以前,婆婆再三劝媳妇洗脸换衣裳,修饰一下自己,担心自小爱排场又在城里见了些世面的儿子嫌她土气,童蕙云却蛮有信心而又充满深情地说:"不会的,他是党员。"王彪到家以后,对她表现出的冷漠和不自然,她也丝毫不以为意,更未产生任何怀疑,以为王彪是在路上累了、饿了,更加无微不至地给王彪以关心和体贴。及至王彪转弯抹角地表露他决心和她离婚那丑恶的打算时,她开始是不相信,然后是困惑和震惊,即令如此,她还是不愿意指责自己的丈夫,而将王彪要离婚归咎于自己的没文化、落后,因而向王彪表白:她一定要赶上他,也能够赶上他。她在极力挽救这行将破裂的婚姻。她的纯真痴迷,让人感叹不已。直到王彪绝情地拿出钱来当作离婚筹码时,她才猛然警醒过来,看清了王彪变了质的肮脏内心世界。然而童蕙云是坚强的,当她看清王彪的冷酷与自私之后,虽然肝肠寸断,十分痛苦,但她在伤心之余,毅然答应了王彪的离婚要求,没有丝毫的乞求怜悯,更没有什么撒泼式的吵闹,而是义正词严地痛斥王彪的忘恩负义,痛斥王彪辜负了党的培养和期望。同时她毫不因此而沉沦,她对新的生活对自己的未来充满信心,她信赖新的社会,信赖自己的劳动技能和创造能力,她更没有什么遭抛弃后的羞辱感,因为她受到乡亲们受到合作社领导和社员们的信任、爱戴与尊敬,也受到婆母的信赖与称赞,在她的内心里感到可耻的是王彪。童蕙云的贤惠,充满着新的思想道德的光彩,有着新社会农村新女性的光芒。她不是中国传统道德意义上因一切依赖于丈夫而只能逆来顺受、自叹命运、自咽苦果的那种令人同情又令人可怜的妇女形象。落后封闭的封建时代的那种女性让人对她的未来丧失信心而担忧,而童蕙云给人的印象是,尽管生活道路充满着坎坷曲折和辛酸与不幸,但未来仍然是属于童蕙云的,童蕙云的未来也一定是光明美好的,是能够创造属于自己的幸福的。剧本对王彪的蜕化变质,也没有简单化,而是将他贪图享乐的极端自私的心理,通过人物的行为和对话,暴露在观众面前。王彪进城后当了供销社的副经理,他不能正确对待自己的地位和所发生的变化,将自己摆在了不恰当的位置上,对热情的曾是自己的哥儿兄弟的乡亲们冷漠,对自己的价值不由自主地给以夸耀和夸大,说自己"当了领导干部可真不容易,这里要去,那里要问……",他也不理解童蕙云的堂妹童蕙芬作为一个小学教师、一个知识分子,为什么要留在农村,而且还和一个文化水平不高的农村青年结婚。他满嘴的"人生""幸福""青春"之类的辞藻,并且借口"工作"需要一个"助手"云云,都是为了欺骗童蕙云及自己的母亲,以达到自己更好地享乐的目的,为了达到这个目的,他甚至以接母亲进城去"享福"为诱饵,企图拉拢母亲站在自己的一边支持他离婚。当母亲斥责他的不义行为时,他又立即撕下伪装,用断绝关系来威胁母亲:"别糊涂,不要为了媳妇连儿子也搞掉了。"这个剧本的成就还在于它的结构非常精巧简练。和多幕话剧比较起来,独幕话剧的创作难度更大,鲁彦周恰到好处地驾驭了独幕话剧这种难以驾驭的形式,将当时社会生活中刚露端倪的矛盾冲突,集中而艺术地搬上了舞台,像一剂清醒剂给观众以震动。《归来》一剧在新中国揭露党内生活阴暗面是较早的,显示了鲁彦周观察生活的深刻细致,他是站在民众的立场、站在道德和正义的立场来观察生活的,也显示了他的才气和胆识。

《归来》给鲁彦周带来了创作成功的喜悦,带来了许多荣誉,但也给鲁彦周带来了许多烦恼。在"文化大革命"当中,《归来》被当作毒草进行批判,说它给新中国抹黑,又说它曾经在英国皇家剧院上演过,被资本主义所利用。"文革"过去二十多年后,鲁彦周说:"我至今未找到当年在英国皇家剧院上演该剧的证据,但1959年英国剑桥大学出版的一本世界名人大辞典曾经介绍过剧本《归来》和我的一些情况。辞典没有寄给我,只寄给了一份介绍我的情况的词条,我请人翻译后连原件都上交给了有关领导部门,那时候人的组织观念是很强的。"

经过半个世纪的淘洗,回头再看《归来》,鲁彦周说:"属于遵命的东西都没有什么生命力,文学创作包括小说戏剧,等等,都应该是有感而发、生活化、自然而然的。"正当全社会全党对党内腐败现象深恶痛绝并决心清除党内腐败时,《归来》所讲述的一切,的确为我们找到了和平环境滋生腐败的最早因由,这一点,正是这部独幕话剧生命常青的原因所在。

第七章

《凤凰之歌》——由戏曲《王金凤》改编的电影

1956 年,是鲁彦周创作上很重要的一年。《归来》一炮打响,使他全国闻名。但鲁彦周觉得一切都刚刚开始,他并不怎么在意外界的宣传,他只知道埋头他的创作。《归来》在北京会演期间,他正在北京出席全国第一次青年创作会议,一有空隙,他便抓紧修改他的电影文学剧本《凤凰之歌》。1956 年上半年,《凤凰之歌》修改出来了。这年下半年在上海召开全国电影创作会议,陈荒煤就看到《凤凰之歌》的本子,读完后,他马上表态说:好! 陈荒煤一肯定,马上开拍。陈荒煤是文化部副部长兼电影局局长,他说话是算数的。1955 年出了一部电影,1956 年又要出一部电影,这对鲁彦周来说,当然是个大丰收! 导演赵明,主演张瑞芳。江南电影制片厂发给鲁彦周稿费 6500 元。有人妒忌,说他是暴发户了。

对于鲁彦周的创作来说,《凤凰之歌》在艺术上也上了一个台阶。

这一年,鲁彦周和陈登科、严阵三人当选为华东作家协会理事。有的上海作家不服气说,我们好多老作家都当不上,他们这么年轻就当上了。

三个人回到合肥以后,有点面目一新,西装革履,领带也打起来了,有一天他们结伴到逍遥津游览,很有些惹眼,有人笑着说,三个"小洋人"来了!

说到《凤凰之歌》，不能不说黄梅戏曲剧本《王金凤》，不能不说严凤英，因为《凤凰之歌》是根据《王金凤》改编的，而《王金凤》则是严凤英再三恳请鲁彦周写成的，从某种意义上说，是严凤英促成了《王金凤》。《王金凤》是鲁彦周创作的唯一的黄梅戏戏曲剧本。

鲁彦周第一次见到严凤英，是在 1952 年的 7 月下旬。这年的 7 月 22 日，安徽省暑期艺人训练班开学，全省有 500 多人参加。在这次艺训班上，严凤英对旧社会的血泪控诉，使鲁彦周的心灵受到了一次震撼和冲击，她的倾诉，为这位青年作家打开了另一种人生之门，让这个还不谙世事的青年，看到了旧世界的黑暗的人生窗口。从那以后，鲁彦周才开始在舞台上看到严凤英。第一次看严凤英的戏，是《蓝桥汲水》，他惊诧不已，为她的唱腔喝彩，为她的精湛表演喝彩。而使他更加激动的是，他从她所创造的真挚、明朗、单纯、热情而又有一点稚气的角色中，印证了他心灵深处的判断，他认为严凤英有一颗纯净的甚至是贞洁的心。之后，鲁彦周又接连看了她的很多戏，如《柳树井》《砂子岗》《打猪草》《闹花灯》以及《天仙配》，等等，鲁彦周更加坚定地相信，没有一颗纯真的心灵，她是创造不了这么多各种各样人物形象的。

那时他俩已经很熟悉了，鲁彦周由于羞怯和自尊，却从来不主动去找她。即使他俩都在上海的时候，她穿着黑旗袍出现在舞会上对他莞尔一笑的时候，他也不曾走到她的身边。为什么会是这样，连他自己都感到莫名其妙。

1956 年春节后的一天，严凤英来找鲁彦周了。此时，《天仙配》已拍成了电影，风靡全国，严凤英也红极一时。在当时人口并不很多的合肥城，也刮起了严凤英狂飙。说起来的确也很不容易，严凤英几乎没读过什么书，也没进过什么科班，更没见过什么大世面，只是为生活所迫，偶然地踏上艺术征途，十几岁在安庆黄梅戏流行地区就小有名气，二十几岁即从安徽走向全国，成为深受广大观众喜爱的表演艺术家。她的成名之早、享誉之广、成就之高、影响之大，在戏曲界是少有的。

《凤凰之歌》——由戏曲《王金凤》改编的电影

在鲁彦周眼中,严凤英即便不会飘飘然,也会是喜悦充溢于全身的人吧！然而她却是只穿一件普通得不能再普通的毛蓝布上衣,甚至是带着一副惶然不安的神情来的。

"我找你有事！"她对鲁彦周说,"你给我写一个剧本。"又说,"我想演一部大型现代黄梅戏,你是反映现实生活的作家,我不找你找谁？"

鲁彦周听了,有些惊诧:写剧本？写黄梅戏剧本？他不明白为什么她要他这个不懂黄梅戏的人来写黄梅戏剧本！他连忙摇头:"你怎么要我写剧本？我不懂黄梅戏,我写不来！"

她却固执地说:"你会写出来的！你写吧,算是我求你了。"

鲁彦周只得答应了她。但他还是有点不明白,为什么要找他呢？

严凤英笑容满面,又重复了一遍她所说过的话:"这有什么不明白？我想演一部大型现代戏,你是反映现实生活的作家,我不找你找谁？"

鲁彦周还是不怎么明白,又说:"你现在正走红,观众都知道你是七仙女,你不怕搞砸了,影响你的声誉？"

严凤英有点严肃地说:"你这个人！你以为我被人一捧,就飘到云里去了,就睡到那上面了？我告诉你,我不再想演仙女、小姐、公主、丫鬟了！我想演现在的活人,演我们的同代人、我们的姐妹,我想创造我们社会里的新人。"她还说:"我认为,黄梅戏不改革就不可能发展,一个演员,不敢尝试创新,这个演员的艺术生命也就结束了。要想保持艺术青春,就得不断创造新的人物形象。"

鲁彦周被她的话震动了、感动了,不久就写了一个黄梅戏戏曲剧本《王金凤》,由严凤英主演,1956 年 7 月下旬在安徽省第一届戏曲观摩大会上演出。

《王金凤》3 幕 9 场,是一个反映农村现实生活的剧本,剧中主人公王金凤,是一个农村姑娘,她家在双泉山下,她 3 岁时由于家境贫寒,卖给一个叫李天成的富裕中农当童养媳,经过漫长岁月的煎熬,到了 1952 年,新中国的阳光已使她感受到了人间的某些温暖,王金凤也已 19 岁了,成为一个大姑娘了,她期盼着与李天成的儿子结婚,然后生儿育女,支撑家庭门面,可是李天成的儿子在外面当了干部,和这个童养媳没什么感情,来信和她解除了婚约,她的公公李天成在漏划富农李远民的怂恿下,乘机要以 7 担黄豆将王金凤卖掉,而买主就是李远民自己,他要将王金凤买来给儿子做老婆。王金凤气愤、苦恼、彷徨,但她在女乡指导员王琦的帮助鼓励下,很快振作成长起来,兴修水利、护塘护堰,她敢于挺起胸膛与封建残余势力和坏人坏事作斗争,成为当地群众爱戴的人物,当选为人民代表,并且以自由恋爱的方式和她的心上人吴桂生结了婚。《王金凤》写的是 1952 年刚刚获得解放的农村故事,那时农村家族势力、封建势力都很顽固,人们的社会观念都很封闭保守,任何新的事物要想向前迈出一步,都要付出巨大的代价。现在农村开展文化活动,任何一个农村妇女农村姑娘参加文艺演出,都是一件正常的理所当然的事。但那时不行。像王金凤这样一个童养媳尤其不行。她只能待在家里谨遵公婆的指派,挑水、打柴、洗衣、种菜、做饭、养猪和下地种庄稼,只能足不出户,跟外人接触参加社会活动,就会被视为疯疯癫癫、有伤风化。但鲁彦周笔下的王金凤是一个有个性的倔强的姑娘,她勇敢地冲破封建残余的重重阻力,剪辫子留短发,上夜校学文化,将自己的童养媳苦难身世编成节目自演自唱,为此招来公公李天成的一顿毒打。她在救济粮的发放中主持公道,主张发给困难户缺粮户较多的吴庄,而不发给比较殷实的自己公公李天成所在的李庄,恰巧吴、李两庄平时因水利等问题有些纠纷,因此曾想以 7 担黄豆买下王金凤给自己的儿子做老婆未成的李远民,便借机从中挑唆,导致李天成夫妇在雷雨交加之夜,将王金凤撵出家门。然而走投无路的王金凤并没有因此而气馁,她鼓起勇气,雨夜察看水坝,见水被放走,估计到吴、李两庄要发生激烈冲突,然后又巍然立于桥头,冒着被李庄愤怒的人群打死的危险,制止了吴、李两庄因水利纠纷而即将爆发的械斗,并揭露了阴谋制造事端的坏人李远民。

《凤凰之歌》——由戏曲《王金凤》改编的电影

作为一个大型现代戏,《王金凤》虽然在艺术上还显简单粗糙了些,然而鲁彦周的创作指导思想却是明确的:第一,他积极支持戏曲改革,使戏曲从只演公子小姐、帝王将相的狭小圈子里走出来,演现代题材,演现实生活中的人和事。他和严凤英一样,知道走这条路要冒一些风险,但任何新事物都要冒风险,他要在他的创作中做一些新的尝试;第二,他要致力于塑造新中国新社会的新人形象。这也是严凤英所热情希望的。王金凤作为农村的一个童养媳,是最底层最悲苦的人物。鲁彦周对这个最底层的童养媳寄予无限的同情和无限的希望,将她塑造成一个由不自觉到自觉的农村基层干部形象。这其中写了女乡指导员王琦对她的帮助和引导,但更多的是刻画王金凤的固有内在美好素质:倔强、好胜、对未来充满信心、不甘屈辱于童养媳的悲苦命运等等,所以她要奋斗要挣扎,敢于和封建落后残余习俗进行坚决的斗争,全剧充满着昂扬向上的气氛;第三,鲁彦周集中笔力塑造人物,王金凤的形象是鲜明的,起点也是高的。其他人物,如王金凤的公公李天成和她的婆婆张氏对她的态度既一致又有分歧,王金凤的知心女伴吴玉兰既善良又胆小,都写得了了分明,各具特色;第四,敢于揭露矛盾敢于写社会的阴暗面。由《王金凤》可以看出,鲁彦周对中国农村的生活习俗和矛盾十分了解,这个剧本虽然不像《归来》那样尖锐地揭露党内矛盾,但它将中国农村的风貌如实地表露出来,将中国农民所关心的问题揭示出来,也非常难能可贵。尽管《王金凤》在艺术上还不怎么成熟,但它作为较早的一个现代黄梅戏剧本,也是鲁彦周创作的唯一的一个戏曲剧本,自有它的艺术价值。

鲁彦周对戏曲剧本《王金凤》似乎并不满意,所以很快将它改成了电影文学剧本《凤凰之歌》,并得到陈荒煤的赞赏,1958年由江南电影制片厂摄制完成,放映后好评如潮,打破了当时农村题材影片的上座纪录。电影界认为这是一部为农村电影扬眉吐气的好作品。电影插曲《山中的凤凰为何不飞翔》唱遍了城市乡村,一时风靡全国。

或许因为这部电影反响很大,居然惊动了某一位中央领导,认为此片有重大的政治错误,认为上海市管电影的领导人耳目不聪、嗅觉不灵,把有错误的东西当成了香花来吹捧!

这一棒,把当时上海市的不少人都打蒙了!

不久,《文艺报》即发表一篇署名文章,严厉地批评了《凤凰之歌》,认为这部影片的严重错误在于,在社会主义时代却大唱什么反封建之歌,大唱个人和个性解放之歌,竟把社会主义新农村描画得封建色彩如此浓厚,宣扬个人主义,歪曲现实生活等等。

鲁彦周正沉浸在《凤凰之歌》优美的旋律之中,看到了《文艺报》这篇批判文章,不禁大吃一惊:他竟然犯了这样严重的错误还浑然不觉!但他又十分不解:难道进入社会主义的农村里就没有封建思想和封建行为了?描写了农村有封建思想就是弄错了时代?

他惊恐地等待着灾难的来临。他知道被中央报刊点名是件多么严重的事件!当时反右派的火焰仍在燃烧,补划一个右派分子的名额是再简单不过的事情!而文章的作者又是上海市电影局局长、大导演张骏祥,这就更增加了这篇文章的分量!是不是有什么背景也很难说,是不是会戴上右派帽子而被送往农场劳改?这都很难说。

所幸的是,当时安徽省委主要负责人呵护文学艺术,呵护鲁彦周,当鲁彦周把自己的疑问向他汇报时,这位领导同志听了,宽慰他说:"文章我早看了。这不是什么了不得的事,他们并不了解农村。你不用怕。"鲁彦周这才稍稍松了一口气,但有时依然有些惴惴不安。直到年底,《凤凰之歌》获得了中华人民共和国文化部颁发的电影文学剧本征文奖,鲁彦周这才真正地放心了。所谓《凤凰之歌》风波,也就这样悄然地不了了之。

第八章

周总理的亲切接见、热情鼓励

《凤凰之歌》虽然挨了批评，但鲁彦周并没有因此而被打成右派。

他目睹反右派运动中，安徽文联一共才三四十个人就有十五个人被打成右派分子，的确大吃一惊。不过，他仍然书生气十足，依然经常和谢竟成、耿龙祥一块下棋、打扑克。省委书记处书记曾庆梅是进驻省文联的工作组长，他将鲁彦周找去训了一通，说："谢竟成、耿龙祥马上就要划为右派了，是阶级敌人了，你怎么这样鼻子不通，划不清阶级界线？省里是保你的，你要自觉自爱！"

在省文联的反右派运动中，鲁彦周属于保护对象，陈登科在两可之间，时任中宣部副部长、分管文艺的周扬出面为他说了话，说他是党培养起来的工农作家，就网开一面吧，省委书记曾希圣也有心保护他，他才幸免于难。

但反右派运动，对鲁彦周影响很大，此前的对胡风的批判，对胡适的批判，对俞平伯的批判，也都使他处于紧张状态，但那毕竟跟他隔了一层，没有反右派运动震动那么大，自己的朋友耿龙祥、谢竟成，一夜之间就成了阶级敌人了，这使他对作家梦感到有点恐惧了。

在这以前的创作中，对生活中不平的事，他也敢于写，如《归来》，如《凤凰之歌》等,反右之后,他不敢像以前那样想写什么就写什么了,心里嘀咕,写小说、电影、戏曲,都不是开玩笑的,一搞到头上关系到身家性命。反右对他的创作风格、创作思想等等,似乎上了一道符咒。他只敢写遵命文学,表明自己向"左派"靠拢。

1957年冬天反右派运动结束,鲁彦周就跟陈登科讲:"赶紧走!深入生活。曾政委(指省委书记曾希圣)重视淮北,我俩到淮北去。"

他们先到颍上、太和,又去了嘉山的平湖农庄,那时学苏联,叫农庄。他和陈登科到平湖农庄以后,陈登科挂职党委书记,鲁彦周挂职团委书记。他俩当时准备合作一部长篇小说。然而,才待了半个月,一天上级突然派了个吉普车,连夜让他俩回合肥,叫他们把简单行李也带了回来。当时把他俩吓了一跳,不知出什么事了。

回来以后才知道,原来是华东局书记柯庆施说,安徽水利搞得不错,要配合宣传,上影厂导演汤晓丹带一个摄制组跟着一起来了,于是他们就写治水,写"三改",《卧龙湖》《柳湖新颂》这两部电影就是在这种背景下产生的。鲁彦周另外还写了《三八河边》。当时上海宣传纺织女工黄宝妹,安徽宣传农业劳模陈淑贞,叫鲁彦周写。他那时写得快,《卧龙湖》他只用了半个月,《三八河边》除去采访,他只用十天就写好了。

《三八河边》的导演是黄祖模,主演是张瑞芳,从这部影片可以看出,鲁彦周在很年轻的时候就追求艺术创新。这部影片即是以一种新颖的形式,来表现女劳模陈淑贞的事迹的。影片一开始,是一个妇女

1958年拍摄《三八河边》时鲁彦周和演员张瑞芳合影

周总理的亲切接见、热情鼓励

代表团去三八公社参观,参观团的成员有女劳模龙冬花、杨桂枝、管福英,演员张瑞芳、严凤英,女歌手殷光兰等,陈淑贞和社员们热情接待她们,参观团的成员则要求陈淑贞讲一讲自己的故事,陈淑贞则诚恳地请张瑞芳扮演她的角色,把三八公社的发展经过通过银幕介绍给观众。于是,张瑞芳演的陈淑贞在银幕上出现了。这部影片叙述的故事,是陈淑贞带领一群妇女组成农业社发展农业生产的经过。其中有个情节是组成妇女互助组,但有人在家里田地里干活很出力很认真,在别人家地里干活则懒散一些,为了解决这个问题,陈淑贞倡导土地集中,成立三八公社。由于这部影片真真假假,其中有一些纪实片的成分,周恩来总理也没十分看明白,后来还让鲁彦周将它改成故事片,其实《三八河边》就是一部故事片。

1958年的作品,写得快、拍得快,是遵命文学,是"大跃进"的产物,助长了浮夸风。那时,柯庆施想扩大他的影响,各种点子都想尽了,拍电影也是一招,《柳湖新颂》《卧龙湖》就是这种背景下的产物。鲁彦周很矛盾,创作思想也有些混乱,对作品不满意又不敢不写。他原打算和陈登科两人躲到哪里写部长篇小说,结果这个计划也未能实现。多少年后,鲁彦周对这一时期的文学活动似记忆深刻,越来越不满意,《柳湖新颂》《卧龙湖》等都未收入他的文集。

虽然反右派运动使安徽文联受到严重冲击,但随着1958年"大跃进",又使省文联出现了新的面貌,业务上拓展了。省委决定将《安徽画报》社、安徽人民出版社,统统放到文联,说文联人能干。办公地点也移到长江路上当时最漂亮的"文化新村",同时,把赖少其、那沙调来加强了领导班子。为了加强创作队伍,把著名作家菡子从省委宣传部调到文联,北京的女作家李纳等也被调来了。

鲁彦周曾总结1958年自己的创作情况,坦言受"左"的教条的东西的影响,有时是自觉的,有时是不自觉的,反右后,首先是思想上放不开,像《归

来》这样的东西是断然不敢写的。其次是遵命,上面叫写什么就写什么,没有
了自己的主见。所以,这个时期,创作是往下坡走,不是往上。短篇小说和散
文写得多,也带着时代的烙印。从数量上看不少,拍了三部电影,《柳湖新
颂》初稿是他写的,《卧龙湖》也是他写的。他那时笔头快得很,精力旺。《三
八河边》,写得也很快。令鲁彦周意想不到的是,他认为并不怎样的《三八河
边》却突然大红大紫。周总理曾当面表扬张瑞芳,说张瑞芳演得最好的一部
戏,就是《三八河边》。周总理还把陈淑贞接到北京,到他家里做客,又让她
参加访苏代表团。《三八河边》拍摄时,刚好刘少奇来安徽视察,也接见了摄
制组。

1958 年鲁彦周在淮北农村

　　1958 年开始"大跃进",鲁彦周似乎也是在"大跃进"的一年,一年三部电
影,在全国作家中也很少见,他自己知道创作是表面丰收,因为多的是奉命之
作。一年来,他不停地穿梭于各个摄制组之间。当时蚌埠专区给他派了一部
吉普车,到卧龙湖,到三八河边,来回跑。拍电影时,有些台词需要改动的,他

周总理的亲切接见、热情鼓励

立即赶到拍摄现场,虽然很累,还是忙得一身劲。

　　1958年、1959年很快就过去了。转眼就到了1960年的年底。国家虽然经济很困难,但庆祝新年来临的除夕晚会,照例在人民大会堂举行。张瑞芳和鲁彦周都出席了晚会。张瑞芳在和周总理跳舞时指着一旁的鲁彦周对总理说,总理您不是喜欢《三八河边》吗,这就是年轻的作家鲁彦周。周总理一下子握住了鲁彦周的手。当时鲁彦周刚三十岁出点头,高挑个,瘦精精的,总理见鲁彦周这么年轻,非常高兴地说:"鲁彦周同志,你好!"鲁彦周似乎还未意识到是怎么回事,当他清醒过来见到是周总理站在他面前时,非常激动,立即向总理致以新年的问候。随后,总理招呼鲁彦周坐到他的旁边来。见鲁彦周还有些拘谨,便挪了挪椅子靠近他些,与鲁彦周亲切交谈起来。总理问他是哪里人,鲁彦周便说:"安徽巢湖。"总理说:"那可是个好地方,鱼米之乡啊!"总理又问他哪一年开始搞创作的,有些什么体会和问题。鲁彦周一一做了回答。总理又问到他一些生活情况、农村的情况、知识界的思想状况。总理尽量使他的问话显得很随意,像是在谈心而不是要了解什么。没有几分钟,鲁彦周在总理面前便无拘无束、自然而然地回答总理的问题。这时他也真切地体会到周总理和人谈话的艺术,体会到他对青年人期望的真诚。

　　总理一直很耐心地听着鲁彦周的回答,他时而点头,时而沉思。总理说:"《凤凰之歌》还有点小资(指谈恋爱)。我很喜欢你的《三八河边》,你应该沿着这条路子走下去。"

　　这天晚上,总理还谈了其他一些问题。有勉励,有告诫,他和鲁彦周面对面地坐着,像家里的长辈一样,温和而又亲切。一直到有人请总理了,总理这才站了起来,又一次紧握着鲁彦周的手,说:"我们以后还可以再谈嘛。"

　　舞会结束,鲁彦周回到宾馆后便接到一个电话,说明天早上你不要出去,总理要举行个小型宴会,请你也去,大家谈谈心。

　　鲁彦周感到有点突然,就到了张瑞芳的住处,问她是怎么一回事。张瑞芳说,总理乘这个机会,想跟大家聊聊,有的还是抗战时期重庆文艺界的老朋友,一共两桌人。总理特意把你的名字添上去了。

1961年元旦早上,鲁彦周和张瑞芳一起到了新侨饭店。当时在那里召开文化工作会议。刚八点钟,总理就来了。他还是穿着那半旧的外套制服,和在场的二十多位文艺界人士一一握手问候,还问了一些没能出席小型宴会同志的近况。他似乎对每个人都是那么了解,甚至记得某一个同志在某一个地方闹过什么笑话,记得多少年前的某月某日和某些同志谈了什么话。总理惊人的记忆力令大家十分钦佩。总理谈笑风生,很快使这个小会议厅里充满了欢乐的笑声。

总理坐在靠窗边的沙发上。窗外温暖的阳光透过窗幔照射进来,使总理的身边充满着光辉。总理说:"今天是元旦,利用这个节日和同志们谈谈心。你们谈,我也谈,谈谈形势,谈谈学习和世界观的改造,都是自己人嘛,大家可以畅所欲言。"说罢,他还转身对鲁彦周说:"昨天晚上我们就谈得很不错嘛。"

当时,国家正处在最困难时期,国内的知识界、文艺界,有少数人存在着一些悲观的情绪。总理以老朋友的身份,为了爱护同志,他觉得有些问题必须对大家提个醒,才来到这里与大家有这么一场严肃而又亲切的谈话。

这天,总理并没有发表长篇演讲。在别人提出问题或说出某些思想问题时,他才用他那特有的精辟的分析,从世界形势到国内形势,从上层建筑具体到文艺工作,从延安谈到重庆,从文化革命的旗手鲁迅谈到首都正在演出的剧目……谈话的范围涉及很广,但中心思想只有一个,即越是遇到困难,我们越是要坚定。说到这个话题,总理的神情也有些严肃了,他说:"我们只有克服困难前进。动摇是不允许的。"

不知不觉间,时间已到了中午十二点,整整四个小时过去了。大家都觉得有些不好意思,竟在新年第一天耽搁了总理这么长的时间。当大家把这层意思说出来时,总理笑着说:"这也是工作嘛,怎么叫耽误时间! 走,我们吃饭,还可以边吃边谈。"

在餐厅里,总理以主人的身份给众人安排座位。他对鲁彦周说:"就数你年轻,就坐在这里吧。"指指他身边的椅子,让鲁彦周坐下。

午饭后,大家都劝总理去休息,总理只是笑笑,领大家走回会议厅,又开始座谈,一直到下午三点,他的秘书一再提醒,他要去会见一个国家国王的时间到了,他这才起身,又提议和大家合影,然后和大家一一握手告别。合影的人不多,除总理外才二十五人,都是国内文艺界极具广泛影响并有重要贡献的名人,其中有:戏剧界的于伶、黄佐临、石凌鹤、杜宣、刘厚生;音乐界的贺绿汀;电影界的张骏祥、郑君里、白杨、赵丹、张瑞芳、陈鲤庭;文学界的沙汀、柯仲平、方令孺、叶以群、孔罗荪、草明、欧阳山、马烽、鲁彦周等。

鲁彦周将这张照片一直珍藏着。

第九章

和张骏祥的交往

和张骏祥的交往，是从吃了他的当头一棒开始的。

1958 年，当鲁彦周的《凤凰之歌》风靡全国时，文艺界的权威期刊《文艺报》却发了一篇文章，对《凤凰之歌》进行了严厉的批判，说《凤凰之歌》的严重性在于：在社会主义时代却大唱反封建，大唱个人和个性解放，把社会主义农村写得封建色彩如此浓厚，宣扬个人主义，因而歪曲了现实生活，等等。

这篇文章一出来，鲁彦周大吃一惊，他不知道他已犯了如此严重的错误！他也有些不解，难道我们进入了社会主义，农村就没有封建思想和封建行为了？他更不明白为什么说当时的农村人有封建思想就是弄错了时代……他惊恐地等待着，是不是因此就会被戴上什么帽子而被送往外地农场劳动改造？要知道，当时被中央的报刊点名批评，是件多么严重的事情！反右的火焰仍在燃烧啊！而这篇文章的作者，就是上海电影局的局长、鼎鼎有名的大导演张骏祥啊！这就更加重了文章的分量了！

但平心而论，张骏祥的批评文章并没有引起鲁彦周太大的反感。鲁彦周知道那是奉命之作，张骏祥的本意未必如此，在那个时代这种事也并不少见。

和张骏祥的交往

他不会因为这篇文章而淡漠对艺术家张骏祥的尊敬。

就在这件事过去的第二年夏天,鲁彦周突然接到上影厂的一封电报,说是张骏祥要来安徽找他。鲁彦周接到这封电报时十分惊诧:张骏祥,这位上海电影局的局长、大导演,会来找我这个普通作家有什么事呢?

鲁彦周怀着一种复杂的心情去车站接他。鲁彦周面前的张骏祥,露出一位长者的温厚的笑容,他热情地紧握着鲁彦周的手。在与张骏祥的大手紧握中,《文艺报》那篇文章的事,顿时就化解了。或许张骏祥选择到安徽来与鲁彦周见面、合作,内心也隐含着化解他那篇文章所带来的不快的意向,只是他不便明言罢了。

张骏祥专程从上海过来,是要和鲁彦周合作写一部反映安徽治水的电影剧本。张骏祥不是作为导演来和鲁彦周合作,而是作为剧作家和他合作。这令鲁彦周又惊又喜。他知道张骏祥不仅是电影导演,他还是一位著名的剧作家,写过许多话剧和电影剧本。鲁彦周还知道,张骏祥是中国最早到美国专门学戏剧和电影的学者和专家,抗战时在重庆和周恩来总理及当年的进步作家们都有很深的交情,影响很大。他是中国电影界和戏剧界的一位重量级的人物。现在能有机会和这样的人合作,鲁彦周自然备受鼓舞。

这年夏天,鲁彦周和张骏祥一起,在淮北的大地上奔波。陪同的还有蚌埠专区的副专员刘建中。他们有时坐船,有时坐车,有时还要爬坡,涉水,和老乡座谈,了解过去水患和现实中的问题。开始,鲁彦周担心张骏祥不习惯,会受不了那时艰苦的乡间生活。谁知张骏祥完全不在意,他吃红芋,吃高粱米,还和老乡一起下地,一道挖沟,和老乡能够很快熟悉,能很快地和他们自然交谈、交流。这些,都使鲁彦周对张骏祥刮目相看,令他惊异不已。他完全没想到这样一位长期在上层生活的堂堂的大导演,居然也能和老百姓打成一片。张骏祥的简朴、刻苦和严格要求,使鲁彦周深为感动。

更使鲁彦周感动的是张骏祥的谦虚和谦逊。关于这次合作,鲁彦周在思想上确有一些顾虑。他们在合肥时,对当时的省委负责人曾希圣及有关水利专家进行了访问,而后就到了黄山开始结构故事。这时鲁彦周的顾虑便暴露出来了。他总是想听张骏祥的意见,听他对未来影片的框架、风格样式的设想,他也的确想从张骏祥的谈话里学习一些有关电影编剧的知识。所以谈话时,鲁彦周总是听张骏祥的,张骏祥说话,他就记录,而不发表自己的意见。很快,张骏祥就觉察了鲁彦周的顾虑。于是,张骏祥就谦逊地对他说:"彦周,现在我们是合作关系,是相互学习的关系。你不能光是听,而不发表你的意见。坦白地说,对于这种题材的生活积累我远不如你。我为什么找你合作?就是因为看重你的才能和对生活的熟悉,你千万不要在我面前有拘束,有顾虑,那样我们就很难工作和合作了。"

张骏祥这一番真诚的话使鲁彦周刻骨铭心,也使他彻底地解除了顾虑。从那以后,鲁彦周也就不客气地畅所欲言起来了,而他和张骏祥的关系,也开始变得融洽、和谐,并且建立起真诚的友谊。

在和张骏祥的这次合作过程中,鲁彦周更加了解张骏祥作为一位艺术家的风范,完全打破了以前他听到的有关张骏祥的一些传说。在这以前,鲁彦周不止一次也不止一个朋友曾对他说过有关张骏祥作为导演的严厉,甚至是粗暴专横的作风。有人说,只要他在剧组拍戏,没有一个不是胆战心惊的,胆小的甚至见了他都会发抖。还说他绝对不会照顾什么情面,也不给人留什么面子。据说,有一次,当时还是他的妻子的著名演员白杨拍电影时迟到了,张骏祥就严厉地说:"白杨小姐,你知道你迟到了多少时间了?"说罢就把白杨拒之于摄影棚外,弄得白杨大哭而去。白杨可是大牌明星哟! 还说有一次赵丹挨了张骏祥的批评,回去越想越气,于是在人面前发狠,说一定要给张骏祥提意见。朋友激他,说:你不敢。赵丹就赌咒发誓,大拍胸脯,说:你看我敢不敢? 说着就找到张骏祥。张骏祥便问:阿丹,你有什么事吗? 赵丹竟说:没事,没事,赶紧溜了。

和张骏祥的交往

鲁彦周与赵丹也很熟悉,曾当面问过赵丹有无此事,赵丹只是笑而不答。

总之,关于张骏祥的这类传闻不少。有人甚至还说他是"法西斯导演",说得怪吓人的。可是,根据鲁彦周和他相处和合作的体会,他却完全是另外一个人,一个细致周到非常耐心的人,并且是一位极为关心别人的人。鲁彦周记得有一次在上海,他偶然说他从未看过卓别林的电影,张骏祥很快就通知电影局为鲁彦周找来了好几部卓别林演的片子,在上海电影局放映厅为鲁彦周专场放映。还有一次,大约是1960年的冬季,他们一起在北京开会,那时中国青年艺术剧院正在上演话剧《文成公主》,会上全体都去看了,鲁彦周因有别的事未去成,但他很想看一下,又苦于没有票。张骏祥知道了这件事,第二天就对鲁彦周说:"我已经和白杨同志说了,让她和你一道去。"说罢,张骏祥当时就喊来白杨,嘱咐她:"小杨,照顾一下彦周,可以带他到后台去看一看。"鲁彦周听了,既感动又惊异。感动的是,连鲁彦周没看戏他都记住了,惊异的是,他竟然还喊白杨为"小杨",而且喊得极为亲切自然,完全看不出他们是离了婚的夫妻。那天晚上,白杨对鲁彦周果然百般照顾,给他介绍演员,招待他喝茶、吃点心。他第一次感受到这位著名演员的温柔。张骏祥对鲁彦周的态度,使不少上海朋友都很诧异,说他和鲁彦周有缘。

1961年,鲁彦周和张骏祥合作的剧本《大河上下》终于定稿了。这个本子,在张骏祥的严格要求下,一共改了四五稿,张骏祥自己也反复动笔,他是一个一丝不苟的人,直到他认为可以了,才算完成。看过此稿的人都说不错,因为敢于用省委书记当主角的电影,那时还不曾有过。他们不仅写了省委书记,还敢写省委书记谈恋爱,这在当年是非常大胆的了。陈白尘同志看了非常叫好,当时就要在《人民文学》上发表。张骏祥沉稳地说,不慌,等电影开拍了再发。

1961年秋,在张骏祥的亲自组织下,电影《大河上下》摄制组正式成立。张瑞芳主演,另有总政话剧团和中国青年艺术剧院几位当时的大牌演员出

1963 年在巢县鲁集村鲁彦周与家人合影

演。摄制组的组成是一流的,浩浩荡荡开到了安徽深入生活。可是不久,中央召开了 1962 年的七千人大会,会上揭露和批判了安徽省委负责人曾希圣的严重错误。这样一来,这部戏就不得不下马了,因为它有歌颂曾希圣之嫌,虽然它是一部地地道道的故事片。

鲁彦周和张骏祥的合作,从有缘又走向了无缘。

后来,张骏祥去筹拍《白求恩》,鲁彦周又去写他的长篇小说《农奴戟》了。

第十章

在岳西挂职生活两年半

1960年,安徽文联深入生活的点,是在亳县即现在的亳州市,陈登科他们都去了。鲁彦周也准备去,突然,省长黄岩打了个电话到文联来,叫鲁彦周不要到亳县去,要他到淠史杭去。黄省长说,将来淠史杭肯定要有人写的嘛。这样,他就到了淠史杭,龙河口、红石嘴、苏家埠等地。苏家埠是一个很有意义的地方,刘邓大军挺进大别山时在那里打了一个大胜仗。

淠史杭水利工程的确进展很快,但那时正值三年困难时期,严重缺粮,民工们都吃不饱,劳动强度大,体力消耗很快,所以生病的很多,还有一些人死去了。鲁彦周对这些都看在眼里。有一天,鲁彦周从工地回来,在交际处碰到省文联来的余照望,余照望从部队转业不久,尽管腿有残疾,但对深入生活却很虔诚。鲁彦周问他来干什么,余照望说他来深入生活。鲁彦周说你赶紧回去吧,在这里没人管你,没人照应你,饭都吃不到,你赶紧回家! 第二天,余照望只好回去了。

鲁彦周在淠史杭待了两三个月,在1960年的秋冬之间。回到合肥不久,他还是想去大别山。于是他又到金寨,到岳西,有意识地采集资料。1960年大别山为什么死人少,因为山上有葛根、毛栗子,有蕨菜,还有野鸡、野麂子、野猪等,老百姓到山上随便抓几把,便能填饱肚子。生活困难时候,曾希圣特批文联的陈、鲁、严三人为"二类待遇",每月供应两斤肉、两斤糖,还有黄豆、香烟、餐券,是很高规格的关照,比正厅级还高。鲁彦周那时在山区,也不要车子,有时有人陪,有时他不要人陪,有人陪反而不自由。县里也很关照,很支持他,他说怎么样就怎么样。那个时期积累的生活经验、生活素材,对他后来的创作极有好处。

后来对大别山越来越有感情了,1964 年鲁彦周决定全家到山里落户,他把深入生活的点选在岳西,在响肠公社挂职当副书记。响肠,这个地名很奇特,与它毗连的,还有个地名叫割肚,在潜山县。岳西是从潜山县划出来的,响肠和割肚原来都属潜山县,这两个地名来自古代的一个传说。古时候这里有位周老先生,精通

1964 年鲁彦周及夫人与孩子们在岳西

法律,常用当时的法律为老百姓打抱不平。有个恶霸做了坏事,被周老先生知道了,立即赴县告发,恶霸在周老先生的必经之地的一座庙宇里,买通和尚要在酒里下毒。周老先生用过酒饭后继续上路,不想走不多远,肠子里咕咕作响,后又剧痛难忍,周老先生无计可施,只得拔剑将肚子割开,将肠子在溪水里洗净,再放回肚子里。奇怪的是伤口很快愈合,一切又完好如初,官司打赢了,周老先生也成了仙人。人们为纪念他,便有了这两个地名。

到岳西后,县委在招待所给了鲁彦周一套房子,还有一个小院子。刚去时是七口人,他夫人张嘉被安排在县档案馆上班,四个孩子三个在县城上学,

在岳西挂职生活两年半

小四书潮还未到上学年龄,岳母给他照管家务。后来他母亲也去了,老人家一个人在合肥待不住,到岳西要了一小片菜地,她在那里种点菜,还养了一只猫,忙得一身劲。两个老太太在一起处得很好,从未红过脸。鲁彦周不住在城里,他住在响肠,公社离县城十五华里,翻一个岭就到了,他常步行回县城看看,也常在县里开会,许多乡村干部都认识他。从 1961 年到 1964 年秋,他都在岳西。

鲁彦周母亲在屋前屋后栽了各种蔬菜、瓜果,一大家人吃都吃不完。

机关运动可以不参加了,他可以到处跑,很自由。他的心很安。就是这几年,他对大别山比较熟悉了。

大别山深处的岳西县有个高峰叫鹞落坪,它在大别山的腹地。鹞落坪的命运很有代表性,是大别山命运的缩影。当年火热的革命,大别山诞生了红二十八军,又经历了最残酷的白色恐怖。解放后却陷入了最贫困的泥沼。贫困的原因,有不少人为的因素。鹞落坪不光在历史命运上有大别山地区的代表性,在地理条件上也同样有大别山地区的代表性,它拥有大别山区最丰富的自然生物资源,它还源源不断地供给淠河和淮河最清洁的泉水。

鲁彦周在密林深处的山民家中做客,和老乡一起围坐在火塘边上,喝着从火塘上吊锅里舀出的滚开的水冲的茶,吃着金灿灿的玉米粑粑,谈着昔日的革命斗争故事。

有一天,鲁彦周爬上了鹞落坪的多枝尖,在一座石屋里住了一个晚上。夜里,他听着从石屋顶上掠过的呼啸的风声,心里不知怎么涌起莫名的悲怆。可是在第二天清晨后,他站在大别山 1700 多米的最高峰上,面对大别山壮丽无比的云海和绵延无尽的一个又一个峰峦,又感到胸中充盈着一股英雄豪迈之气!从那天之后,他开始创作大别山斗争的长篇小说《农奴戟》。写农民暴动,也穿插爱情,第一次反思革命过程中的极“左”和由此而带来革命队伍内部自己人整自己人,甚至处死同志的残酷。

小说写了三十万字。那时他三十三岁。

可惜这部小说"文革"中被迫交了出去，从此石沉大海，再也没有回到他的手里。

他写《农奴戟》时，距他写第一部长篇小说《丹风》时已十多年了，不仅写作技巧有了很大的进步，思维能力、分析能力，对事物的判断能力，也大大超过当年，同时在文艺界他已成绩斐然，如果这部长篇的原稿尚存，相信发表和出版都不是问题的。他一直惦念着这部长篇。当《丹风》原稿回到他身边时，他也曾想到，假若有一天，他的《农奴戟》也能回到他的怀抱，那该多好啊！然而，直到鲁彦周逝世，他一直未见到他的《农奴戟》。

《农奴戟》，你在哪里？

鲁彦周还有一篇自己比较满意的小说，原稿也没有了。那篇小说也是以大别山里亲身经历的生活为背景创作出来的。

一天傍晚，鲁彦周到了大别山里一个山清水秀的公社，恰好别人都吃过晚饭了。要知道那个时候要勉强填饱肚子，可不是件容易事。恰好一个在这里搞"四清"运动的大学生认识他，便热情地拉他到食堂去。鲁彦周问，现在还能搞到吃的？大学生说，没关系，她总是在的。于是大学生就到食堂里间去了。也未听见大学生和谁说话，不一会，竟然有一位漂亮的姑娘，给鲁彦周端来了饭菜。姑娘出来时，鲁彦周眼睛为之一亮！没想到这深山野洼里竟然会有这样水灵的村姑：她身材苗条而又丰满，皮肤白净而又细腻，一头乌黑的头发，一双明亮的大眼，极其惹人注目。鲁彦周一边吃饭，一边瞥了他俩一眼，只见大学生正在对她做手势。见鲁彦周正在望着他俩，她低头浅浅一笑，一抽身飘然而去。

鲁彦周以他作家观察生活的敏感，就觉着他俩感情不一般。

后来鲁彦周在这里住下来后，才发现，那姑娘竟然是一位哑女！也发现他俩是真的好上了，相爱了。

鲁彦周真心地祝福他俩能成为眷属。哑女虽然是个残疾人,可是谁也不能剥夺她的恋爱权利啊!

可是令鲁彦周没有想到的是,他和她的恋爱的权利还真的叫人给剥夺了!

"文革"前的"四清",实际上是"文革"的序幕,已经很"左"了。当时有个严格的规定:"四清"队员绝对禁止和农村姑娘谈恋爱! 一旦发觉就要受到严厉的处分。这个大学生和哑女的恋爱,当然也在严禁之列。不仅禁止,大学生还被扣上了帽子:严重的资产阶级思想,玩弄残疾女性。大学生被批判一通后勒令他返回学校。

大学生走时,哑女也不见了。鲁彦周问别人,别人都不肯说。

鲁彦周回到合肥后,设法见到了这位大学生。大学生在离开山区的头天夜里,哑女跑去找到他,把自己给了大学生。第二天,她又先于大学生跑到一座山口,她等到了大学生,她一直把他送到一条小河边。她紧紧地抱着他哭。哭过了,她就头也不回地走了。后来,大学生知道她跳入了大别山的悬崖绝壁!

大学生和鲁彦周讲着讲着,就痛哭失声,鲁彦周也禁不住流下了眼泪。作家的眼泪不能白流。鲁彦周想到他青少年时代遇到的一位家乡的梨花姑娘。

他当即将这个故事写成一篇小说,题目就叫《苦丁茶》。

苦丁茶是大别山里的一种树,树形很美,像茶树但比普通茶树高大,冬天也不落叶,还结一种鲜红的小果子,红得像玛瑙,非常好看。它的叶子可以像茶叶一样用开水泡后饮用,味道极苦,但能治病。它的苦味是那种越喝越觉得它非常好喝的苦。

鲁彦周就很爱喝这种苦丁茶。

鲁彦周用"苦丁茶"做他小说的题名,当然有他的寓意。

　　这篇小说写好后,鲁彦周自己十分满意,非常喜欢。他赞美了一位山区的残疾姑娘,他把她从形体到心灵都写得很美。因为有生活原型,他又写得非常真实,字里行间充满着作家自己深沉的感情。

　　但是在当时,极"左"思潮已不可遏制,这篇作品已经很难发表了。即便能够发表也会立即引来非议和批判,肯定要说你污蔑"四清",歪曲劳动人民。鲁彦周悄悄地把安给朋友看了,朋友也叫好。但是朋友语重心长地说:"你还是收起来为好,不要给自己招来麻烦。"

　　于是鲁彦周只好把这篇他得意的作品收了起来。

　　"文革"的烈火越烧越旺。在一次将要抄家的前夕,鲁彦周狠狠心,一把火把他心爱的《苦丁茶》给烧了! 于是这篇小说就这样灰飞烟灭! 它的命运像那位哑女一样,就这样离开了人间。一份纯真的爱情在大山里被彻底毁灭了,连记载它的文字也不能幸免!

　　在岳西的两年半,是鲁彦周最充实的两年半,直到"文革"后,鲁彦周以大别山为背景写了许多小说,他的大别山情结浸透在他的这些作品中。

第十一章

他不满意这一时段的创作

1957 年的反右斗争，对年轻的鲁彦周震动很大，他虽然过了关，但吓得不轻，暗暗告诫自己，今后可不能按着自己的性子写了。反右斗争后，鲁彦周做的第一件事是带头取消工资，那时文艺界搞试点，每个省两名作家不拿工资，靠稿费过日子，鲁彦周积极报名响应，省里就批了他和陈登科两人，从 1957 年到 1961 年一共四年不拿工资。其实也是硬撑着，鲁彦周说，他的一点老本很快就搭光了。第二是他心里想，只能写遵命文学，多唱颂歌，表明自己是向左派靠拢。

那时候，安徽省委书记是曾希圣，机关大大小小的干部都喊他曾政委。鲁彦周知道，曾希圣爱惜人才，在他眼里，自己是个人才，所以时时护着，《凤凰之歌》风波，就是曾政委护着过了坎儿的。眼下，曾政委重视淮北，忙三改，忙治水，忙河网化，于是鲁彦周就到淮北去，写了《卧龙湖》《柳湖新颂》两部电影。但是，他也知道，他在现实生活中也是眼睁睁受蒙蔽、受人糊弄的。他记得在濉溪县卧龙湖，说是放卫星，一亩田收两千斤稻，还让他和陈登科、汤晓丹三人监收，美其名曰"名人监收"。天气很炎热，公社的头儿说让他们去喝点茶、凉快一下吧，哪知刚一挪屁股，公社的一帮人就弄虚作假，从别处快速运一些稻子过来,加在一起,说是这一亩田的产量,两千斤。其实鲁彦周心里也明白,这是早就准备好了的造假。但他不敢说,更没有打算通过文艺的形式去揭露这些骗局,而是让这些假数字堂而皇之地登报,欺骗国家、欺骗社会、欺骗老百姓。不但不敢说、不敢写,还帮着一起起哄,《卧龙湖》《柳湖新颂》,就是帮着起哄、造假、浮夸的产物,反过来又助长了当时的歪风。这两部电影虽然没有署名,但鲁彦周很坦率,说:"《柳湖新颂》是我写的初稿,《卧龙湖》也是我写的,我那时精力旺,笔头快得很,《三八河边》写得也很快。"鲁彦周对这两部电影,包括周总理表扬过的《三八河边》,一直很不满意,他的每个选本里都不选它们,八卷本《鲁彦周文集》也不选,还说"这些作品,实际上是对当时浮夸风的吹捧"。并说"事实证明,这样的作品是没有生命力的,今天回顾,只能增加自己的惭愧"(《鲁彦周文集·自序》)。有的电影剧本,如《结义情》《生死抉择》,因为种种原因没能拍摄,文集都选编进去了,搬上了银幕的本子却坚持不选,说明鲁彦周内心真的不喜欢这几部电影,他所说的"只能增加自己的惭愧",也绝不是一句敷衍的话。

　　反右以后直至"文革"的那些年里,除了电影创作之外,鲁彦周还写了不少短篇小说,如《途中》《小妞儿》《梅滩边上》《桃花汛前》《风雪茶亭夜》《默契》《灵犀》《春水》《渡口》《晨曲》《山歌》《婆婆妈妈小传》《宏田大叔》《找红军》《风雪下》《妈妈》《天竹》等,这些短篇,有的篇幅较长,如《桃花汛前》《梅滩边上》《婆婆妈妈小传》《找红军》等,近似于小中篇。关于这些短篇,鲁彦周的自我评价是:"这一组不仅文笔幼稚,思想也贫乏,许多带有当时的生活烙印,为了让读者了解我的思想和写作发展情况,我还是把它收在文集里。当然其中也有一些在当时或后来仍被认可的,如《找红军》《婆婆妈妈小传》《桃花汛前》等,其中《找红军》一直是儿童文学中的畅销书,累计已经印了上百万册,并有少数民族文字版本;也获得过奖励,有的出版社最近还作为儿童文学的经典作品推出,现在还在继续印行。"(《鲁彦周文集·自序》)应当说,

他不满意这一时段的创作

鲁彦周的这个自我评价是中肯的,是勇于面对现实的,表现了他具有自我解剖的可贵精神。

正如鲁彦周所说,他这一时期的短篇创作,《找红军》《婆婆妈妈小传》《桃花汛前》,的确是其中比较优秀的。《找红军》是一篇儿童文学小说,写的是九岁小男孩小谷,和同是红军的父亲母亲一起,出生入死寻找红军的故事,他们住山洞,忍受着追捕杀头的凶险,忍受着伤病、冻馁的煎熬,但寻找红军的坚强信念一点都不动摇,妈妈被捕杀害了,父子俩毫没有退缩,为亲人报仇而寻找红军的意志更坚强了。因为父亲长时期过着非人的日子,胡子头发都很长,一露面就会被发现,所以只能让小谷出去探路径、摸情况,以逃脱敌人的追捕。小说具体地描写了小谷的聪明、机智、勇敢和乐观,其中钻狗洞、托门闩,配合父亲手刃反动民团小头目宋秃子的情节,尤为真实生动。令人感动的是,小谷不仅相信他和爸爸一定能找到红军,他还费尽心思地想搞点什么东西带给红军做见面礼呢。见到獐子、兔子、小松鼠都想逮住送给红军,可是他瘦得连路都走不动,哪能逮到这些野物呢?只得找了一颗可爱的小红石头和一枝拐杖样的藤条……经过千辛万苦,小谷和爸爸终于找到了红军,高兴地唱起了"八月里来桂花开,鲜红的旗帜飘呀飘起来",成了一个名副其实的红军战士。《找红军》之所以一直受到欢迎,一版再版,主要是小说较好地塑造了小谷这个可爱的小英雄形象,他和爸爸坚贞不渝的崇高信念,始终是鼓励小读者和成年读者的宝贵的精神财富。当然这篇小说里所写的对立面白狗子民团,那样残忍地杀害老百姓,那样凶恶地追捕小谷和他的父亲母亲,读来十分让人痛惜,中华民族的这种内战内耗实在太多太长久了,这种阻碍民族进步发展的教训实在太惨痛了。

《婆婆妈妈小传》写的是翻身农民罗步高的故事。罗步高从小在地主家放牛、打长工,连名字都没有,因为经常和牛在一起,人们就喊他小牛,他的名号"罗步高"是土改工作队给他起的。获得了新生的罗步高,像变了一个人似的,他热爱新生活,努力建设新家园,勇敢地揭发地主、地主婆拉拢他阻碍土改的阴谋诡计,通过诉苦的现身说法提高贫苦农民的觉悟,推动了土地改革,村上凡有年轻人不好好劳动生产的,他便想方设法去说服,好逸恶劳的坏习惯不改掉,他就绝不罢休,见面就劝说不止,因此得了个"婆婆妈妈"的外号,别人家有什么困难,他主动去帮助。他的婆婆妈妈,对发展农业生产起了非常好的作用。可是随着生活的好转,又娶了老婆花燕红,他渐渐地只考虑自己单干发家致富了,很少为别人的"闲事"而婆婆妈妈了,也就很少帮别人的忙了。他二叔因为没钱治病,他不是去帮助,而是将二叔的那半股牛买了过来,变成了自己的一整头牛,后来又将小莲妈的二亩好地买了过来,他还只听老婆花燕红的话,逃避加入初级合作社,被党支部书记宏田质问为"翻身就翻到这儿为止"。在宏田的帮助下,罗步高不忘祖祖辈辈的苦难,奔上了共同致富的大道,连花燕红也当上了人民公社的一名女生产队长。这篇小说的前半部非常生动,将罗步高那种婆婆妈妈式的热心肠描述得淋漓尽致。小说里所写的罗步高默默地为邻居和村上的人捶田埂、抽田沟,做了也不说,好像是他分内的事似的,就带有鲁彦周祖父的影子。他祖父在他的老家鲁集村也是这样一个助人为乐的人,所以威望很高。村书记宏田的出现,也使读者感到亲切,鲁彦周曾写过一篇题为《宏田大叔》的短篇,宏田大叔和罗步高一样也是翻身农民,但宏田的胸襟比罗步高要开朗些,成了村里的领头人。将前一篇小说的人物穿插到后一篇小说之中,也可增强读者的阅读兴趣。

至于《桃花汛前》,则是通过修建水库、炸开刀头山,来塑造尧志力和承英等青年建设者的形象的。尧志力的调皮、滑稽又脚踏实地、不怕艰苦的忘我精神,在鲁彦周的笔下活灵活现,很有个性。由于自制的土炸药引信很短,只有一丈多长,炸药埋好后又不能时间过长,时间长了受潮会炸不响,在这种情况下,尧志力自告奋勇当点火的爆破手。当七处炸药全部都爆响之后,刀头山升起了一阵浓浓的烟雾,泥土、石块、树枝满天飞,所有的人都在为尧志

他不满意这一时段的创作

力的安危担心时,尧志力却学着布谷鸟叫,快乐地从一块大岩石后面爬出来,出现在人们的面前。水库在桃花汛到来之前完工了,桃花汛驯服地躺在水库里,丰收有望了,尧志力和承英之间的爱情,也像桃花一样盛开了。《桃花汛前》将劳动中的快乐、劳动中所产生的智慧、劳动中盛开的爱情之花,自然而生动地呈现在读者的面前。这篇小说中的爱情描写,是鲁彦周这一时期小说中少有的一次,虽然写得很隐晦,但写得很美丽。

这一时期的短篇,除鲁彦周所提到的上述三篇之外,还有一篇与其他各篇风格完全不同,那就是《天竹》。《天竹》的篇幅较短,应当是写于"文革"初期,因为小说中出现了"红卫兵"字样。读过之后,读者就会知道,鲁彦周是以安徽省图书馆古籍管理专家、著名女词人丁宁的事迹为基本素材的,小说中雪菁的原型就是丁宁。雪菁在解放前就做图书管理工作,她曾为一位青年提供过不少的进步书籍,并画过一幅《天竹》送给这个青年。解放后,这个青年当了文化局的领导,当他再出现在雪菁面前时,却是一副高高在上、慢条斯理的当官的派头,好像一点都不认识雪菁似的,不苟言笑地批评雪菁"养猫"是小资产阶级情调,其实雪菁养猫完全是为了除去书库里的鼠患,那位领导对此却一点都不了解,雪菁很纳闷,难道当了官的人总是高人一等?鲁彦周在他的小说中,又对官僚主义开火了,他试图着突破自己,突破自己给自己立下的"多唱颂歌"的规矩。这篇小说较短,也没有完全展开,好像写得比较匆忙,但这篇小说却向我们透露了鲁彦周矛盾甚至痛苦的内心世界:总是写好人好事,总是唱颂歌,毕竟不是一个有良知的作家的文学追求啊!

按照鲁彦周自己的说法,他这一时期的短篇"文笔幼稚,思想也贫乏",他是不满意的。但重读这些小说,你就会发现,这些小说也还有它们存在的意义,至少在两个方面会给予读者一些启示。一是地域文化的意义。多篇小说都写到了治水、修水库,如《桃花汛前》《梅滩边上》《春水》,综合起来看,它们客观地反映了安徽当时的经济建设风貌,新中国成立之初安徽确实修了很多水库,仅皖西就有佛子岭、梅山、响洪甸、磨子潭、龙河口五大水库,这些水库蓄洪、灌溉,为解除水患、发展农业生产起到了巨大的作用,所发的电输入华东电网,成为华东地区特别是上海、南京等大城市的强大生产动力。从地域文化的角度看,多篇小说都是写红色老区、山区的艰苦革命斗争的,如《找红军》《风雪下》,还有《渡口》《妈妈》也有这方面的内容。这些作品很自然地会让读者联想起大别山区的革命斗争。红色的记忆,光荣的传统,人们会从中受到一些感染和教益,也会使人不由得涌动起建设红色老区、改变红色山区的神圣使命。二是对当时社会的认识意义。《婆婆妈妈小传》写了翻身后的罗步高的两件事,一是他将二叔的半股牛买了过来,成为自己的一条牛,二是他将小莲妈的两亩好地买了过来。何谓半股牛呢? 土地改革时,贫雇农不仅分得了土地,还分得了房屋、重要的农业生产工具和家具等,耕牛也在其中,但耕牛数量常常不够,只能两家或几家共分一条,若是两家分一条牛,每家所得,就称为两腿或半股,两家共同蓄养、共同使用;关于小莲妈卖地的事,也是土改之初,农村非常关注的一件事,那时土地分到了贫雇农各家各户,发了地契,农民对土地有所有权,也就可以买卖了,但那时是千方百计不让农民卖地的,因为土地是他们的主要生产资料,失去了土地,怕他们又会回到贫困中去。作家李準的《不能走那条路》,就是通过小说的文学形式,劝诫农民不要卖地的,影响很大,成为当时的名篇,曾收入中学课本。鲁彦周的《婆婆妈妈小传》也提到了买卖土地的事,是当时农村客观存在的一种现实。不久,农村办起了合作社,所谓"入社",首先是土地入社,耕牛和大型农具也入社。土地入社后,农民交回了地契,不再拥有土地所有权,也就不存在买卖土地的问题了。

第十二章

在"文革"的寒风中

1966年春节后,中央宣传部和中国作家协会组织一部分作家到云、贵、川大三线访问。之所以有这次访问,是因为当时国际形势波澜起伏,反华声浪不绝于耳,大三线建设承担着国家安全的重大任务,毛泽东主席牵挂着大三线建设的进展,甚至说大三线建不好,他睡不着觉。可见大三线建设的重要。大三线所承担的主要是军工、国防生产,工厂设施大多在山里,比较隐蔽。组织作家到大三线访问、体验生活,也算是文学界对大三线出一点力,对国防建设出一点力吧。

这次访问团的团长是著名诗人李季,团员有王汶石、魏钢焰、雷加、管桦、李学鳌等,贺敬之是以《人民日报》记者身份参加访问团的,安徽有两位团员,鲁彦周和严阵。访问团走了成昆铁路,去了德阳、威远、自贡等地,参观访问了一些大三线工厂。当时国内形势也非常敏感,大有"山雨欲来风满楼"之势,对《海瑞罢官》的名之曰"讨论"实为批判已是铺天盖地,对电影《北国江南》《早春二月》的批判也已展开。还有各种传说在私下里流行,大都是关于文化界文艺界的,都是一些令人紧张、令人悚然畏惧的消息。代表团的成员表面上不说什么,但每个人的心头都被浓浓的阴影笼罩着。团长李季本来就处事谨慎,此时更是小心翼翼。每到一处,都和大家商量,不住宾馆,而是住帐篷,每天每人的伙食费标准只有七角多钱,吃一般的饭菜,尽量俭朴一些。虽然在峨眉山脚下住了好几天,但说服大家都不上山,怕沾上游山逛水的不好名声。这些当然都是做个姿态,表示作家、诗人和工人、战士一样地艰苦奋斗。

然而访问团到了重庆之后,却是另一番景象。在参观了北碚、南充等地的柴油机厂、光学仪器厂等三线重点工程之后,热情好客的重庆市委书记任白戈同志,将大家安排在最好的宾馆住下,还设宴款待大家,酒、菜也都很上档次。主人谈笑风生,潇洒而不拘形迹,谈话也自然而随意,并不刻意回避什么,对文学艺术表现出关心与支持,这一切使大家有如沐春风之感。但鲁彦周回宾馆一躺下,想来想去还是对许多事儿摸不透,怎么这也毒草那也是毒草呢?怎么文艺界出了那么多反党反社会主义的坏人呢?那高压的风云似乎总是滚滚而来,内心怎么也不能平静。

这是一次漫长的访问,有将近三个月时间,四月份才回到北京。中宣部副部长林默涵召集大家在一起开会,鲁彦周清楚地记得林默涵做了六个小时的报告,也算够长的了。那时江青的所谓《纪要》(即《林彪同志委托江青同志召开部队文艺工作座谈会纪要》)已经出笼了,文艺界的厄运已临头了,林默涵不敢讲别的,只是按照《纪要》讲。但后来也成了林默涵的一大罪名,说他的讲话剽窃江青的报告。这是中宣部、中国作协在“文革”前的最后一次会议,名之曰“四月会议”。在这次会议上,鲁彦周他们从大三线回来的几个作家很是活跃,也很受追捧,会上还决定要巩固这次访问的成果,那就是安排一些作家马上下基层挂职体验生活,鲁彦周被安排到铁道兵某部任团政委。但这一切只是泡影。紧接着“五·一六”通知下发了,学校停课、工厂停工、党政机关混乱,“文革”开始了。鲁彦周的挂职团政委一事也就不了了之。他回到了安徽省文联,在老领导魏心一的关心下,赶快将家从岳西搬了回来,

在"文革"的寒风中

将爱人张嘉的工作安排在省图书馆。

"文革"开始,安徽省文联首当其冲。本来,省里当时还没有将省文联一开始就抛出来的意思,但省文联有几个人暗中整《安徽日报》的材料,说《安徽日报》发表了有问题的杂文,还开始搜集省委常委、宣传部长、副省长李凡夫的材料,要公开批判他写的一本书《革命的人生观道德观》,那时称之为"双观"。这种引火烧身的做法,使省里很快就向省文联派驻了工作组,并且将省文联一位副主席刘秀山的一部并未出版的长篇小说《在大别山上》拿出来,在《安徽日报》上公开批判。

"文革"刚开始时,省委也没见过那势头,措手不及。鲁彦周回忆说,当时李凡夫还想保他和严阵两人,后来李凡夫自身难保,还能保谁呢? 1967 年9 月 5 日江青点了陈登科的名,说他是国民党特务,被关起来了。不久,那沙也被关起来了。随着"文革"的疯狂推进,鲁彦周在劫难逃,他第一批进入"牛棚",第一批公开示众。所谓"牛棚"是"文革"的特有名词,那时被拉出来批判的人,统称为"牛鬼蛇神"。"牛鬼蛇神"出自当时《人民日报》一篇社论的标题《横扫一切牛鬼蛇神》,那语气真让人闻风丧胆。"牛鬼蛇神"是不准回家的,而是被关在一起,关他们的屋子被称为"牛棚",有专人手执水火棒日夜看管。所谓示众则是,"牛鬼蛇神"被拉出来批判,脖子上挂上硬纸板做的牌子,上写姓名和所谓罪行,在姓名上还用红笔打叉,站在机关门口,弯腰站立,让往行人指点、呵斥、谩骂。当时的鲁彦周牌子写的是"反动作家鲁彦周",他当然是站在省文联门口。听到有的人站在他们面前指指戳戳,说这个叫鲁彦周,那个叫谢竟成,他很有点难为情。这是第一次挂牌子的心情,后来次数多了,也便无所谓了。工作组还经常对"牛鬼蛇神"进行审问、训话,他们硬说鲁彦周是陈登科的人,平时无话不谈,要他揭发陈登科的反党言论,鲁彦周直截了当地回答,我们平时聊天,聊的都是创作上的事,他没有什么反党言论。他们就说鲁彦周不老实,是杀人不见血的反革命,成了重点批判对象。

除了在省文联批斗外,还拉鲁彦周他们到郊区批斗、到工厂批斗、到农村批斗。批斗之后,强迫他们从事重体力劳动,以示惩戒。鲁彦周和严阵被送到了当时的省农机校批斗,省农机校在西门,刚批斗完,就让他们从西门出发,用平板车到东门去拉粮,拉着满满的一车粮,沿着近二十华里的长江路再走到西门。那是很吃力的。一趟下来,满身大汗。特别是上坡,哪怕是一点点坡,都要咬紧牙关地用力才能拉得上去。下坡当然省劲了,随车溜吧。但有下坡就有上坡,下坡省下的那点力气,根本不够上坡用的。多年后,鲁彦周对合肥长江路的路况仍记得清清楚楚,哪里高一点,哪里低一点,印象非常深刻。体力劳动消耗非常大,常常吃不饱,又饿又冷,真是严酷的折磨、严峻的考验。夜里睡在一个大教室里,二百瓦的大灯泡通宵亮,也不管你能不能睡得着。还有手持水火棒的人值班看守,怕你逃跑。有人还经常拿着水火棒在鲁彦周的面前悠来悠去,以示"左派"的威风。在宣布开除国家主席刘少奇党籍时,也把鲁彦周和文联的人拉到台上批斗一番,因为是夜里,有人乘机塞黑拳,使劲按你的头、卡脖子,鲁彦周记得他也挨了一记黑拳。

不久,派性大发。合肥分为"好派""屁派"两大派,所谓"好派""屁派"都是起始于 1967 年 1 月的"1.26"夺权,安徽 28 个造反组织夺了安徽省的大权。分久必合,要拢在一起,搞大联合,必须有老干部参加大联合的领导班子。争论由此而起。有人说这个夺权"好得很",有人说这个夺权"好个屁"。公说公有理,婆说婆有理,互相辩论,争比高低,两派相持不下,就产生了武斗,挥棍使棒是常事,舞刀弄枪也不是没有。合肥一下子紧张起来,牛棚里的"牛鬼蛇神"反倒没什么人管了。鲁彦周乘机回到老家鲁集村很住了些日子。

这种混乱的局面当然不能持续下去,武斗很快被制止,各单位开始搞斗批改了,鲁彦周接到通知,从老家鲁集村回到省文联。但斗批改不是在本单

在"文革"的寒风中

位,要下到工厂或农村。于是,鲁彦周和其他人一起被送到了农机三厂。先是三十多人住在一起,夜里睡觉各种睡相都有,呼噜声此起彼伏,哪能睡得着呢?有个老摄影家卢施福,还夜里梦游,是一种病,也没人管,可怜得很。后来,看守的说人太多了,太集中了,不好管不放心,就将文联的人分开住,鲁彦周被分到黄梅剧团去住,由他们代管。当时黄梅剧团的工宣队管得很严,抽烟都不准抽稍好一点的。严凤英已含冤去世了,连个说话的人都没有,鲁彦周感到很孤独,只有他大女儿书妮给他送香烟和其他日用品来,才和她说说家里的事和她晓得的社会上的事。可那时书妮还小,不少事她不知道也说不清。鲁彦周心里空落落的。

1968 年 11 月份,天气冷了,工宣队不让"牛棚"里的人消停,决定出去拉练,目的地是舒城。合肥到舒城有百把华里,革命群众可以坐车,"牛鬼蛇神"们都必须步行,还要拉车,拉革命群众的行李。鲁彦周不知是缺乏长途步行的经验,还是有什么其他想法,他换了双新鞋,这一换可吃苦头了,紧脚,走到肥西花子岗就起泡了,虽然在花子岗住了一夜,用热水洗了脚泡了脚,疼痛有所缓解,但一早起来又要走路,不能停,脚上的泡越来越多了。走到舒茶公社,住在马冲,鲁彦周脱下鞋子一看,脚上的水泡成了血泡,血泡又磨破了,血糊糊的,痛得钻心,真受罪。幸好鲁彦周从小在农村长大,吃过不少苦,还能受得住,第二天在田埂小路上拉车,也照样去干。鲁彦周记得,他当时和肖马合拉一架平板车,板车上的东西并不太多,只是田埂路太窄,一不小心,板车就会歪到田里去。每走一步,都得花很大力气,必须将板车的车杠紧紧地握住,才能使车轮不至于偏离那又窄又不平整的田埂路面。在马冲,鲁彦周他们修水库、打硪(就是打夯)、修茶园、上山打石头、抬石头,什么重活都得干。是强制性的,不干不行。但文联的人生性乐观,一边打硪还一边编号子唱起来,工宣队看了后说,文联能人多,文的武的都能来,也不知是讽刺还是赞扬。

在舒城马冲的那些日子里,虽然艰苦,但也有一些值得回忆的趣事。有一天工宣队派鲁彦周和肖马两人送一车菜到南港去,南港是舒城县的一个小镇,路不远,车也不重,离开工宣队的视线,便是两个人的天地,没人管了,很自由,快活得很。到了南港,不管三七二十一,先找个小饭店吃一顿,两个人一斤鸡肉,一斤猪肝,一斤挂面,搞了个火锅,吃得满头大汗,肚皮也撑胀了。吃完之后,才将车上的菜下掉。回程是空车,鲁彦周和肖马一人坐车一人拉车,走一程换一次,轮流着来,路上见到文联的人和工宣队,还向他们招手打哈哈,自得其乐。还有一次,工宣队放假让鲁彦周等人到汤池去洗澡,汤池在邻县庐江,有温泉,澡堂子多,要步行走三十多里路。到了汤池,都不是先洗澡,而是先搞吃的,肚子饿得咕咕叫,又没有油水,特别馋,每人都要了一碗红烧肉。因为是冬天,猪油冻得白花花的,小老板说要热一下吃才好,可是等不及了,冻油还没有完全化开,就狼吞虎咽地吃了起来。严阵个子大,食量也大,一人吃了半冷不热的红烧肉一大碗。民以食为天,长时间在饥饿线上挣扎,就顾不得什么尊严不尊严了,何况省文联的人肚子里都有墨水,能说会道,鲁彦周说,当时若有人问为什么那么不顾面子,就会大声回答他:君子羞面不羞嘴嘛!

从舒城拉练回来不久,又要到新马桥五七干校去搞斗批改,反正不让歇着。鲁彦周的腰椎病犯了,腰疼得直不起来,还得了肺结核,但也不准请假,一定要去干校,有病也得去干校治,不去就不发工资。那时干校"左"得很,午收时,明明有收割机,但不准使用,非得要人工割麦子,还说什么这是"革命化战胜机械化"。结果一场大雨袭来,麦子全烂在地里,收起来的一小部分,也只能用来喂鸡。鸡啄了几粒之后,也不吃了。鲁彦周因为真的有病,在干校派的活也相对少些轻些,吃药打针之后也给一点休息时间,他便利用这些时间认真地做了一件事,那就是仔细地将《史记》和《资治通鉴》全部读完了。那时干校有个资料室,管资料的是省话剧团的一个人,和鲁彦周很熟悉,他要看什么就提供什么,只要资料室里有的都提供。鲁彦周后来说,这两部书对

在"文革"的寒风中

鲁彦周1994年在岳西县响肠镇和农民谈话

他很有帮助,所记述的都是历史上改朝换代的事,还有编著者一些评论。读了这两部书之后,他说他思考得最多的一个问题是,什么叫政治?他渐渐地懂得政治对于人类社会真是太重要了。

和文艺界文化界的许多人一样,鲁彦周在"文革"中吃了不少苦头,身心受了很多创伤,他为人又低调谨慎,即使心里有怒火,口头上脸面上也不表现出来。但逼急了,他也会爆发的,这种爆发,共有三次,现在回过头来看,可以称之为鲁彦周在"文革"中的亮点,从中也可以看出鲁彦周内心世界不畏险恶强暴的那一面。

第一个亮点是"文革"初期,大胆地抵制批判《归来》。当文联的陈登科和那沙被错误地关起来后,工作组就将矛头指向了鲁彦周,经常批判鲁彦周的独幕话剧《归来》。说《归来》是攻击新社会、诬蔑共产党员的大毒草。在被逼得没有办法时,鲁彦周也拿出了一块挡箭牌,理直气壮地抵制说,毛主席当年是看过这个戏的,并说这个戏很有教育意义,你们怎么还敢批呢?工作组说,你造谣!鲁彦周寸步不让,说当年在北京是省话剧团演出的,又不是我一个人，许多人都在场，我怎能造谣呢！工作组被镇住了，此后便再也没有批判《归来》的声音了。

第二个亮点是，在工作组面前拍案而起。工作组虽然不批《归来》，但并未因此对鲁彦周善罢甘休，经常将矛头对准他，无休无止，有一次开会又点名无中生有地批判他，鲁彦周忍无可忍，拍案而起，一下子"砰"地站了起来，大声说，你们看我软弱可欺是吧！你们不要欺人太甚！我鲁彦周到底有什么问题？你们搞来搞去的，不是故意整人嘛！从现在起，你们说的话，我一句不听！我过去讲的话（指承认错误的自我批判），都不算！当时会场一下子都愣住了。鲁彦周说完，退出了会场，自我"解放"了。

第三个亮点是在干校质问工宣队。那是 1971 年冬天，林彪事件已经发生了，其他各单位党内都传达了。但文联不传达，鲁彦周觉得这是剥夺他和其他人作为一个共产党员的权利。这可不是小事，质问为什么不传达！其他事他都很温和，和工宣队、军代表也很配合，但这一次他不配合了。大发一通脾气之后，用一架小板车将他的全部行李拉回合肥了，回家了，并声言，你就是开除我的党籍、开除我的公职，我也不回干校了。他回合肥后，也没闲着，而是向省里反映情况，继续要求传达文件，他心里想，传达了也就是承认我鲁彦周是共产党员了，关系到政治生命，这个权利一定要争取！鲁彦周在这件事上很敏感很坚持，也很有道理。虽然没有人赞扬他做得对，但也没有人逼迫他回到干校去。到了 1972 年的春节，省文化局的军代表吴平，当时已是文化局的局长了，他来找鲁彦周谈话，说干校你不要去了，到文化局来，有个创作指导组，你来将省里的创作搞起来。那时省文联早已被砸烂，机构没有了，只好到文化局。鲁彦周到文化局上班后，对吴平说，创作指导组这名字不好，这年头创作很难指导的，不如改叫创作研究室。吴平接受了鲁彦周的建议，吴平自己当主任，鲁彦周当副主任。趁此机会，鲁彦周收了不少人到创研室来，也就是"解放"了不少人出来工作。创研室麻雀虽小，五脏俱全，文学组、

在"文革"的寒风中

戏剧组、评论组、美术组都有了,也就是个小文联。鲁彦周知道,在当时那种情况下,创作上想出点什么名堂,几乎不可能,但让省里文艺界的许多人出来工作,是件大好事。此前,他认为"拍案而起"是自我"解放"了,但那不真实,只有这一次才算是真的"解放"了,因为吴平是代表组织的。不但自己"解放"了,还"解放"了来创研室和自己一起工作的一些人。鲁彦周后来想到这件事,总觉得自己的运气还不错。

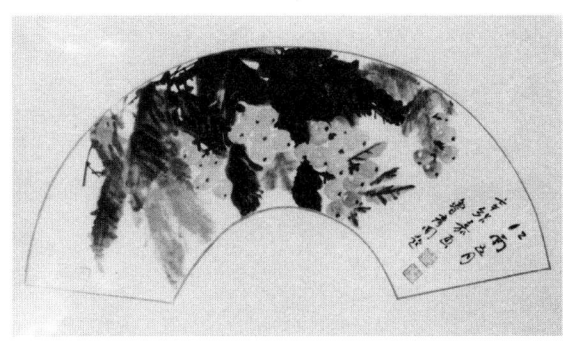

鲁彦周为夫人张嘉的画题字

第十三章

寒风中的两股春风

"文革"是寒冷的,但再寒冷的冬天也有春风,鲁彦周在"文革"中就遇到了两股春风。

第一股春风是从严凤英那里刮来的。

1968 年的 3 月,又是一个春寒料峭的日子,鲁彦周和严凤英邂逅在安徽省立医院附近。这时候,他们俩已经都是"专政"的对象。

严凤英见到鲁彦周,第一句话就关切地问道:"你还好吗?"

鲁彦周摇摇头。

严凤英的眼睛有些湿润,然而她的脸上却闪现着阳光,说:"他们开始整你了?"

鲁彦周"嗯"的一声。

严凤英鼓励他:"你不要这样! 不就是那一套? 你不要这样! 不要让人感觉到你已经垮了。"

鲁彦周看看她。他很快明白了,她是想用她的笑来给他点燃生命之火!就如同她把她在舞台上创造的美给人民以愉悦一样!

严凤英又接着鼓励他:"你可别往绝处想!"说着,她的神情迅疾变化,忽

寒风中的两股春风

然变得十分严肃，"要挺住！日子长着呢！"说到这里，严凤英又放低声音，"说不定，我们不久就可以合作做那件事，实现我们的约定了！"

啊，她还想着那个约定！

鲁彦周惊愕地看着她，什么时候了啊！这个严酷的岁月，中国大地上，乌云滚滚，一片恐怖，她竟然还想着他们的那个约定！

严凤英并不理会鲁彦周的惊诧。她依然美丽的一双大眼那么眨了眨，那么自信，甚至还有点小姑娘式的调皮。

严凤英所讲的那个"约定"，鲁彦周感到要实现它，的确太渺茫了。

不过，他们之间确实有过约定，那是关于一部电影的约定。

鲁彦周清楚地记得，1956年那次难忘的黄梅戏《王金凤》合作之后，严凤英提出要求再次合作，当时她看了电影《凤凰之歌》，还曾抱怨过鲁彦周，说他没像写电影那样努力去写黄梅戏。鲁彦周听了也只一笑置之，没有答话。当时，他并不理解严凤英渴求创新的心情。有一段时间他们很少往来。鲁彦周的电影《三八河边》在拍摄时，严凤英曾去配唱并客串演出，但二人却没有见面。1959年，有一段时间，他们俩都在上海，鲁彦周住在上海大厦改稿子，严凤英住新雅酒店拍新戏《女驸马》。严凤英常主动到鲁彦周的住处来，谈话的主题，仍然是渴求新的创造。她说，别看黄梅戏现在很红，但是黄梅戏不发展是不行的，要发展就得有新的尝试。还说，"我总是想演新戏，我们的舞台，应该有时代感！我有时真想从那些程式动作里跳出来。我很想做一个话剧和电影演员，他们演得多么真实……"。她说得很真诚很激动，可鲁彦周仍是一笑置之。当时赵丹和张瑞芳正在拍《聂耳》中的外白渡桥一段戏，也常到鲁彦周的住处来。听说张瑞芳和赵丹拍戏的事，严凤英掩饰不住自己内心的羡慕，说：瑞芳和阿丹的天地比她广阔，他们和观众的心更贴近，还说总感到自己和观众隔了一层。对严凤英的这些想法，鲁彦周并没有认真思考，对严凤英强烈渴望艺术创新的内心世界，还是不怎么理解，反而开玩笑地对她说:你别见异思迁,各有各的行当嘛! 当时严凤英用失望的眼睛瞪着鲁彦周,鲁彦周又继续开玩笑说:你别说这些,你够红了,安心拍你的《女驸马》吧,别一个人到我这里来诉苦,来多了又会有是非口舌了!

这几句话一出口,鲁彦周就有点懊悔,觉得自己说得不妥,可是已经收不回来了。严凤英一听,果然发怒了,瞪了鲁彦周好一阵,然后起身走了,而且从此不再来。鲁彦周明白,他触犯了严凤英的自尊。

不过,友情是割不断的,这以后,严凤英似乎将一时的不愉快忘了。不久,他们一同出席1959年召开的全国文教群英会,严凤英含着眼泪告诉鲁彦周,她已被批准入党了! 鲁彦周郑重地向她道贺,她说:"从今后,我要格外严格要求自己了,我的事业、我的生命从今后就属于党了!"

1963年,严凤英大胆地实践她的主张,登台用黄梅戏方言演出话剧《丰收之后》。在这前后,还演出了朝鲜剧《红色宣传员》《春香传》。她演的这些戏,鲁彦周都看了。每看一场,回来都为之激动不已。他为严凤英的艺术成就而高兴,在鲁彦周的心目中,一个真正的名副其实的表演艺术家诞生了。

1964年,严凤英风尘仆仆,打起背包下乡搞"四清",在乡下被大娘们当作女儿一样爱护,她来自农村又回到农村,和农民建立起来的血肉相连的感情,那么真切而自然,因而有了很多关于她的表现的赞美。鲁彦周也听到了这些赞美,当严凤英回到合肥后,鲁彦周向她谈到这些时,严凤英说:"那不是应该的么!"鲁彦周觉得说说容易,但又有多少人能够真正做到啊! 他从内心感到严凤英真的不简单!

1964年夏天,严凤英去北京观摩全国京剧现代戏会演。她听说京剧名家赵燕侠为了排演《沙家浜》而下连队当兵体验生活,又听说京剧名家高玉倩为了扮演《红灯记》由青衣花旦改唱老旦,她震惊了。她认为这是"革命化"的要求。回到合肥,她即向剧团提出两项要求:一是减薪;二是要求演现代戏。她说到做到。不久,她大胆地实践她的艺术主张,话剧《丰收之后》和

寒风中的两股春风

朝鲜剧《红色宣传员》等现代戏就是在那时演出的。她要以她的艺术实践证明自己是跟党走的革命文艺战士。

就在此期间，严凤英向鲁彦周提出，要他为她写一个电影剧本，写她严凤英的生活经历。他写她，她演她。她决心在电影这个领域里显一显身手。

是一个春末犹寒的下午，天上堆着浓云，像要下雪了。严凤英向鲁彦周低声诉说着她的身世，她的遭遇，和她追求艺术的决心。她说得很坦诚，很客观，没有隐瞒，没有修饰。她从她爱戏、听戏、学戏说到她第一次登台，说她一个十六七岁的女孩子备受凌辱，说到她被关进"金色牢笼"后逃出的悲惨而又刚烈的故事，说到她从安庆到青阳又流落金陵，秦淮河花船的灯红酒绿没有使她沉沦，反而使她在苦难中开拓了艺术视野，她心灵中的光点终始没有熄灭……她说得很多很多。她的诉说，使鲁彦周时而感到身上阵阵发冷，时而又觉得心里火烧火燎。鲁彦周用心地听着，望着窗外开始飘落的雪花，他的眼睛有些湿润了。一个未来的银幕形象，一个坚强的艺术追求者的形象，经过她的叙述在他的心中自然而然地形成了。这个形象来自桐城罗岭的菜籽湖，又要回到菜籽湖去。但她已不是当年那个备受凌辱的十六七岁的女孩了，也不是一个普通的艺人的形象了，而是一个人民的艺术家了！

看着鲁彦周没有说话，严凤英有些不安，她小声地问："能写吗？"

鲁彦周决然地说："当然能！"

严凤英说："我相信你能写好。你别藏假，我要真实。"说着她又满怀信心地微笑着说，"这是第一部。第二部就该跳出我自己了。我还想演好革命家。你也不妨先想想。暂时别和任何人说，算是你我之间的一个小小的秘密约定，好吗？"

可是，当鲁彦周还没有来得及动笔，对《海瑞罢官》的批判就已经开始了。接着，一场无法抗拒的风暴席卷全国，他们俩都被卷进风浪的旋涡之中。

在这个人人自危的时候，严凤英还记得这个约定，还对这个约定抱有强烈的信心,这使鲁彦周十分感动。他想,严凤英是以此来鼓励他:在任何困难险峻面前,都要昂首挺胸!

然而,时隔不久的 1968 年 4 月 7 日晚,严凤英不堪凌辱和折磨,服下大量的安眠药,一些丧心病狂者又故意不及时抢救,第二天,这个三十八岁的才华横溢的年轻生命,被毁灭了。

她感动了他,鼓舞了他,她却永远地离开了这个世界。鲁彦周内心世界的茫然、痛苦和愤怒,无以言表!

严凤英逝世十九周之后,鲁彦周写了一篇长文《光点》纪念她。

第二股春风是从丁师傅那里刮来的。

1968 年的冬天,安徽文联的"牛鬼蛇神"和省文化系统的"黑帮"们,都被集中到合肥西郊的农业机械化学校批斗。在这以前,鲁彦周已被批斗过多次了。

到这里的第二天,鲁彦周即被揪到食堂门口,和另外几个人一起站在那里"示众"。示众过后,他们又被集中到广场上,每人手里都拿了一张大白纸,纸上写了他们每个人的名字和罪名,弯腰九十度,随着批斗他们的号令、口号或进或退、忽左忽右、忽起忽落,仿佛人一下就变成虾蟹,手里的白纸就变成了波浪。后来鲁彦周说,对此景象,他突发奇想,想起了京戏《水漫金山》。

从这以后,大规模的批斗、逼供、劳役、污辱和动手动脚就没有尽头了。天气一天比一天冷,鲁彦周的心情也和这天气一样,也越来越冷。他和他的"牛棚"的棚友们也日渐变成蓬头垢面的真正的囚徒面目了。

有天晚上,他照例挨了训、请了罪之后,又被告知:明天,他得去工厂里接受工人阶级的批斗!他听了,心里忐忑不安,不知道他会碰到什么样的阵势,会受到怎样的污辱!说不定还会大吃皮肉之苦!夜里他没有睡好。牛棚里灯光惨白,室外北风怒吼。他的心里好像塞进了灰,真觉得人生已经快要走

寒风中的两股春风

到尽头了!

第二天一早,他就被单独拉出去了,接着,他颤巍巍地上了一辆卡车。

他索性微微地闭上眼,什么也不想,什么也不看。现在最需要的是麻木,做一个活着的木乃伊。他虽想无知觉,但他的耳朵却分外地灵敏,他的思维仍然异常活跃。他听见一个女中音在说话了,只听她说:"别让专政队的人跟着,我们厂里有的是专政大队,还怕他跑了不成。也不要开车去了,我这里有板车,让他拉着。回来让他拉一趟纸。"

于是,接着就有人推他,喊他滚下来。他忙睁开眼,又慢慢地爬下卡车。车外站着几个拿棍子的人。他也不瞧他们一眼。他太熟悉他们了。但他却忍不住瞄了一眼站在板车边上的那位女工宣队员。他知道他们工宣队里有两位女队员。这位女同志无疑便是二者之一了。

这位女工宣队员有二十五六岁,一身蓝布衣,一副苗条的身段,一头乌亮的黑发,一双黑而长的眉和活泼流光的眼睛,还有极为白净的脸庞和配置得恰到好处的五官。

在进行一番观察和在心里进行一番描述之后,鲁彦周又在心里骂自己真是个不堪改造的"臭老九"!这是什么时候了,竟然还心里一动:啊,我们这里还有一位如此漂亮的女工宣队员!连他自己也不明白,他此时怎么还有心情来评价一位女人!

当然,这种举动和心理活动,也不过是分把钟之内的事。很快,他就被命令拉起板车上路了。他也就没有心思再去想跟在他后面押解他的女工宣队员是什么模样了。

从当时关他们的西郊的农机校,到批斗他的地处东门的模型厂,要走二十多里路。这二十多里路,鲁彦周走得并不累。走到半路时,他便知道她姓丁。当然是她主动告诉他的。她对他说话时声音不大,甚至是和颜悦色的,对他表示出友善。但鲁彦周的心里,仍旧有些惴惴不安,他不明白她为什么把他当作平等的人来看待。她甚至自我介绍说,她当学生时就读过他的作品了。

鲁彦周知道为什么要拉他到这个厂去批斗。一是因为进驻文联的工宣队是从这个工厂派去的;二是因为这个厂"文革"前的厂俱乐部,曾经排演过他的独幕话剧《归来》。《归来》如今成了大毒草了,当然要到厂里来"消毒"了。

到了工厂,鲁彦周便被关到工厂的"牛棚",和工厂里揪出来的"牛鬼蛇神"关在一起,等待下午的批斗。在等待批斗期间,鲁彦周得跟厂里的"牛鬼蛇神"一道扫地、搬砖。工厂里的"专政"对象们不知道这个瘦瘦的戴眼镜的中年人是何许人也,鲁彦周当然也不知道他们是为什么被"专政"的。他们都沉默地劳动,然后又沉默地吃饭。

饭是厂里的"专政"队队员拿来的。一个很漂亮的铁饭盒,还有一个搪瓷缸,里面盛了滚热的汤。鲁彦周正要揭开饭盒,那"专政"队员大喝一声:黑帮滚一边吃去! 鲁彦周不明白为什么要让他滚到一边吃去,但他已习惯于服从命令了。他到了一堵破墙边,背着风揭开饭盒,他大吃一惊! 呀呀呀,是红烧肉! 是满满地把米饭完全遮没了的、红油油的闪光发亮香气四溢的红烧肉! 天哪,他差点叫了起来! 他已经多久不知肉味了? 他的第一个动作,便是夹了一块最肥的大肉塞进嘴里! 他舌条一裹,甚至来不及咬嚼,那红烧肉便从口腔滑进食管钻到肚子里了! 他此时才真正体会到《西游记》里的猪八戒吃人参果的描写是何等真实! 他急急忙忙又来了第二块、第三块,而后才开始吃饭,才开始细嚼慢咽,品尝味道。同时还在琢磨:为什么会优待他吃红烧肉呢?

吃完肉,吃完饭,喝完汤,心想,这样的招待,来挨一场批斗也算值得了! 他到水龙头下把瓷缸和饭盒洗刷干净,走到那位给他送饭的"专政"队员面前,向他一弓腰,正要递还给他饭盒,谁知他却偏过头去说:"等会你交给丁师

寒风中的两股春风

傅,饭是她给你买的!"

听了这话,鲁彦周心里一热! 一股说不清道不明的情绪,猛然间在他的心头激荡。他正愣得不知所措时,她来了。她没有直接走近他,而是对一个人说:"批斗对象我领走了。"

"你领走吧。要押送吗?"

"不用,就到操场。"

"他是谁?"

"以后我会告诉你。"

她这才朝他走来。他给她饭盒,想说两句表示感谢的话,又不知从何说起。她呢,则满脸笑容地看着他,说:"你穿这么多干什么? 不会对你搞武斗的。"那时挨批斗,常有拳脚飞来,多穿些衣服,是为了抵挡一阵,减轻点皮肉挨打的痛苦。见鲁彦周还没有放松,她接着又说:"你别紧张,工人是讲道理,讲政策的。我们厂的工人平均文化水平不低,他们连脏话都不会泼到你身上的。你已经经过那么多场了,这里不过是一场小小的批斗会罢了。"

她的声音是那么悦耳,态度又那么热情真诚,鲁彦周的心顿时放松了。她叫他跟在她的身后。他便默默地跟着她走着。走着走着,他的腰杆竟然开始直了起来,因为他觉得她并不喜欢他弓腰的样子。他跟她到了一块场地上。场地上已经坐满了人,周围是一些用红绿纸写的小标语。他在一阵口号声中被丁师傅领上台。有人便拿了一块大牌子挂到他的脖子上。他又听见他耳边响起一个低低的关切的声音:别紧张,站在那儿,低低头就行了。

鲁彦周站到了台前,他只低下头,但并没有弯腰,也没有人来搞他的"喷气式",没有人来按他的脖子。他听见有人宣布开会,批判开始。他听见有人在念大批判稿,中间照例插上一些"打倒鲁彦周"的口号。果然如丁师傅所说,不需要紧张。此时他一点也不感觉紧张。他只觉得太阳很暖,他胃里的红烧肉又开始散发热量。他身上竟开始出汗了,但并不是平常被批斗时那种紧张的出汗。他竟然有点睡意,大批判和阵阵的口号声,正是一支很好的催眠曲。唉,他真想倚靠到什么木板上、草地上或墙角里睡上一觉!

他竟然进入一种甜美的境界。

批判会只开了一个小时就散了,他也从迷糊中醒了过来。他看见有不少人朝他这边望着,那眼光中并没有多少恶意。他还看见有人竟然还朝他笑笑,是一种善意的关切的笑,甚至是对这场批斗会的嘲讽的笑。看着看着,不知怎的,他自己竟然也笑了一下。

丁师傅又让他跟着她,走到厂里,她招呼另外一个更年轻的工人,她对他说:"你领这个人到澡堂去洗个澡,再到理发室让他理一下发,两张票在这里。"然后,她又转过身对他说,"你理完发就在理发室等我。纸,我让人装车;回去的时候,你可以从家里过一下,看看孩子。"

鲁彦周静静地听着她的吩咐。他没有说一句话。他甚至都没有看她。他只觉得心里又热又酸,他怕自己一说话会忍不住要哭出来……

此后,还是这位丁师傅和其他工宣队商量后,特许他的香烟抽得好一些,因为那时"牛鬼蛇神"都只准抽"东海牌"以下的香烟,鲁彦周却可以抽"大前门"牌了,要知道"大前门"那可是县团级干部才可抽的呀!依然是这位丁师傅,在拉练途中,见鲁彦周脚上打起了泡、出了血,又帮他清洗上药,减轻他的痛苦。

鲁彦周在"文革"遇到的这件事,在别人来说,或许是一件小事。但对于他来说,却是终生难忘的一件事。它让他明白,在这个寒冷的世界里,毕竟还有温暖的风,有光明的眼睛和芳香的花儿!

事隔多年之后,鲁彦周得知,那位丁师傅除了上中学时读过他的小说外,还受到了她的一位亲戚的嘱托,那位亲戚对小丁师傅说,鲁彦周是个好人,要暗中关照他。这位亲戚想必也读过鲁彦周的小说,是从小说中认识鲁彦周的。

寒风中的两股春风

1981 年 5 月,鲁彦周写了一篇中篇小说《清澈如水的眼睛》,艺术地再现了他在"文革"中的这段经历,小说中庄灵的原型应是小丁师傅,而那位很有才华的记者周纯的原型则应是鲁彦周自己了。小说对庄灵和她的一家怀有深厚的感情,并描写了庄灵和周纯之间萌生了男女间的恋情。小说还写到,由于庄灵和她的父亲对"文革"中被批斗的人寄予深深的同情,被视为右倾、立场不稳,被调到远离这个城市的大山里去了,这当然也是一种惩罚。庄灵临别时,没有和周纯见面,只是留下了一封告别信,嘱咐周纯将她忘记,再也不要去找她了。

第十四章

新时期的经典：《天云山传奇》

在鲁彦周几百万字的作品中,读者观众喜爱的很多,但他的代表作还是要首推中篇小说《天云山传奇》。这是一部在中国文学史上称得上经典性的作品。《天云山传奇》发表于 1979 年 7 月的《清明》杂志创刊号上,后又由鲁彦周改编成电影剧本,由谢晋执导搬上银幕,影响更为广泛深刻。

据鲁彦周自己回忆,粉碎"四人帮"后,有一段时间在北京拍摄电影《柳暗花明》,所见所闻甚多,他对中国所出现的新的局势十分兴奋,最令他兴奋的当然是邓小平复出,党的十一届三中全会公报发表后,他更是备受鼓舞。但是他也感到,贯彻党的三中全会精神,实现伟大的历史转折,是一个十分艰苦的过程,来自各方面的阻力不小。作为一个作家他有责任用笔积极参与这场转折,

十一届三中全会后的鲁彦周

新时期的经典：《天云山传奇》

迎接新的伟大历史时期的到来,并要告诉人们,过去那些噩梦般的折腾不能让它们再发生了。这个意念产生以后,便时时缠绕着他的思维,使他不得不细细地思索下去。于是漫长的生活积累调动起来了,许多他熟悉的朋友,他们的遭遇,他们的坎坷,他们的一些意想不到的苦难和折磨,都一下子来到了他的面前,于是罗群出现了,冯晴岚、宋薇出现了,周瑜贞和吴遥也出现了。作家巧妙地将这些人物的生活、爱情、恩怨有机地融合在一起,展现他们的思想风貌,展现他们的道德情操,同时也展现那不堪回首的岁月,展现那极"左"的路线、残酷的阶级斗争,是如何夺走了人们宝贵的爱情和美丽的青春。1979 年初,鲁彦周就准备写这部小说,但到春末夏初才动笔,因为人物、思想、场景在脑子里转了不少时间,所以写起来极快,鲁彦周说,只用了二十三天就完成了,真可谓一气呵成。

写好后,鲁彦周给省文联几位老作家江流、乔浮沉等人看过,他们一面赞赏,一面担心,感到主题太尖锐,为鲁彦周捏了一把汗。刚粉碎"四人帮"不久,人们还心有余悸。但鲁彦周不为所动,他下决心打破自己为自己设定的一些禁区。这篇小说是为《清明》创刊号写的,所以完稿后很快交《清明》发表。

《天云山传奇》是粉碎"四人帮"后,最早抨击反右派斗争扩大化的文艺作品之一。小说发表时,中央还没有对平反右派做出明确的政策规定,那时正在积极为"文革"中的冤假错案平反。小说写了二十多年漫长的生活斗争,容量广阔,变幻复杂,非常不易驾驭。但作家凭借着运用自如的艺术手法,凭借着他对生活的深刻细致的观察,从容不迫地向人们讲述着那些积郁于胸的故事,时而哀婉欲绝,时而惊心动魄,时而义愤填膺,让你从这些故事中去领略人生,去辨别美丑,去吸取力量和教训。小说主要写了宋薇、罗群、冯晴岚、周瑜贞、吴遥五个人物,写了他们之间复杂变幻的关系,写了他们的曲折苦难和悲欢。作品以宋薇的回忆抒写人们美好生活的开端,用冯晴岚的书信描述生活的动荡、人物的坎坷,用周瑜贞那些不拘一格的谈话,揭示生活的不平、人物的冤屈。作家以强烈的感情使这些人物的经历和故事带上了浓厚的传奇色彩,增强了作品的艺术感染力。宋薇的叙述是小说的主线,也正是通过叙述使宋薇的形象凸现于读者的面前。天云山综合考察队里的年轻人宋薇天真烂漫,充满着青春活力。正是她的纯朴和无邪,使她讨厌那个轻视知识分子、老是官腔官调的前政委吴遥;而新政委罗群的全新工作作风、丰富的知识、火热的性格,使她的青春如同插上了翅膀,她感到了幸福,她喜爱这样的人,她和罗群有了真挚的爱情。然而,汹涌而来的反右派斗争,却把现实中的欢乐和美好撕得粉碎,党组织向她庄重地宣布:昨日的恋人是敌人,罗群是"极右分子",生活上也腐化堕落。宋薇也想挣扎,也曾处于极度的迷惘和痛苦之中,希望这一切不是真的。但她到底还是站到了党组织一边,并且将那褪了色的爱情以至一切,都给了虽曾讨厌过,却正成为代表党组织正确化身的吴遥。此后她又夫荣妻贵,终于丢掉了"做一个红色技术员"的最初理想,成了一个政工干部、组织部的副部长。她虽然感到了充当附属品和工具的悲哀,她虽然感到了和吴遥生活在一起的空虚和阴冷,但并没有想到去打破这虚假的平静。只是当周瑜贞将天云山的不平向她愤怒地诉说以后,她的胸中才又掀起了波澜。当她准确地得知罗群当年的所谓"右派"罪行纯属莫须有时,尤其是得知他的所谓腐化堕落就是和她在天云山的一段纯真恋情时,她几乎眩晕了过去,她不能不对当年的轻信和轻率做出无可挽回的悔恨。她愤怒的锋芒也同时直指负责"右派"平反工作的吴遥:为什么压住罗群的案子不办? 她决心帮助罗群平反伸张正义,这并非因为她和罗群曾经有段美好的感情,而是她的责任、她的良知使她必须站在正义的一边。然而,被极"左"毒素浸透了的吴遥,思想和感情并没有站到党的十一届三中全会精神的一边。为了维护他当年的所谓正确,同时也为了掩饰他的丑恶,更为了维护他现在的地位和家庭,他是不可能去为罗群平反主持正义的。这样,宋薇

新时期的经典：《天云山传奇》

1980 年在青阳拍摄《天云山传奇》时，鲁彦周和导演谢晋、演员施建岚在一起

与吴遥之间的矛盾与破裂，便不可避免了。在小说的结尾，作家似乎有意安排宋薇回到了她第一次与罗群见面、相爱的地方，她在怀念，她在憧憬，她重新燃起了爱之火，她爱的不仅是人，还有整个生活。她要告别旧的冷漠，她要寻找新的热情。然而悲剧就是将最美好的东西整个儿地撕碎给人看，宋薇与罗群已不可能有什么新的开始了。

罗群是《天云山传奇》的中心人物，是在那个令人颤怵的年代敢于向传统标准挑战的第一人，是作家在道德观念上赋予理想的主要体现者。罗群和宋薇一样，也是在革命怀抱中长大的，但又有所不同，作为烈士的儿子，他去过延安，还被送往国外学习过。在动荡的生活面前，他善于也敢于独立思考，他把未来的希望放在综合建设天云山上，而他又懂得建设山区必须靠知识靠人才。他担任考察队政委后，身体力行，将他的想法付诸实践，支持鼓励工程技术人员，批评政工干部的不正确做法，从多方面调动考察队队员的积极性，这一切再加上他丰富的精神世界和火热鲜明的性格，使天云山的一切都生机勃勃，人与人的关系也更加和谐美好了。在社会主义建设事业中，罗群是极为积极活跃的因素,从精神领域里来考察,他是真正体现了社会主义道德观念的一位领导干部。但是,这一切与当时的那些条条框框是格格不入的。罗群在某些所谓正统者的眼中是异端,是"怪人",再加上不排斥吴遥对宋薇另有所图的因素,罗群被打成"右派"也便理所当然。他是那个可悲时代的必然牺牲品。罗群的可贵,在于他身处逆境而自强。随着极"左"的不断升级,他的罪名也不断升级,"四人帮"当道时,他从"右派"变成了"反革命分子";他坐过牢,被开除了公职,险恶一步紧似一步地向他逼来。然而,在他的精神领域里没有悲观的色彩。他说:"有人把我开除了,但是我认为革命没有开除我,人民没有开除我,我自己也没有开除我自己","一个共产党员,不为自己的理想而工作,宁可去死"。他在最艰苦的条件下,念念不忘天云山的开发与建设;他利用一切机会去考察天云山的丰富资源;他大量寻找、购买、阅读有参考价值的书籍与资料,呕心沥血,在那风雨飘摇的小屋里,写下了极有价值的关于开发建设天云山的著作,同时也在思考着、论述着社会生活中困扰人们的许多重大问题。二十年来,罗群一直在贫病中、在微弱的灯光下、在颠摇的马车上、在满屋的书籍旁,为真理而斗争着。二十多年的大好时光蹉跎过去了,经过宋薇的努力和上级党委的干预,罗群得到了彻底平反,他又回到了天云山,担任了天云山区建设的总指挥。损失虽然是巨大的,但对罗群来说开发天云山是连续的,因为他的心、他的智慧一天也没有离开过天云山,可以相信天云山在罗群面前展现的将是一幅更为壮美的图画。这也是小说所描写的主旨,真善美必将战胜假恶丑。

冯晴岚是小说中一个极为感人的形象,小说对她道德观念的歌颂,主要体现在她的爱情观上。冯晴岚对待爱情是高尚的无私的,她曾为她的密友宋薇与罗群的爱情诚挚地祝福过奔走过。当宋薇由于幼稚无可挽回地离开罗群后,冯晴岚又毫不迟疑地将自己的全部挚爱与关切倾注到戴着"右派"帽子的罗群身上。因为她在无数艰难困苦的磨砺中,确认了罗群是生活中不可

新时期的经典：《天云山传奇》

1980年鲁彦周和电影《天云山传奇》罗群的扮演者石维坚合影

多得的强者,他的光芒是无法掩盖的,他的才华和品格的可贵也是不可多得的。由此可见,冯晴岚所忠诚的不仅仅是爱情,还是一种信念和理想,一种新的道德观念。她对罗群的爱,是对真理、正义事业的爱,因此她才能骄傲地宣告:"即使今天我离开了人世,我也敢骄傲地宣告我是幸福的,是对得起养育我的人民和这个世界的。"冯晴岚不仅是《天云山传奇》里的一个典型形象,也是整个新时期文学创作中的女性典型。鲁彦周在谈到关于这个形象的塑造时说过:"冯晴岚绝不是我凭空杜撰的人物,也不是我理想化的人物,她是深深扎根于我们祖国的生活土壤里的。我想到一个同志的妻子,她供养了失去公职被戴了'右派'帽子的丈夫,她负起沉重的生活担子,扛住了政治的、舆论的压力,终于使她的爱人获得了精神力量的支持,由一个一般干部变成一个学者。他们的情操是可贵的。我又想到我在大别山区里生活时碰到过的一位乡村女教师,她也同样以自己的力量支撑着她的爱人,她在一个大山脚下的茅草房里辛勤地教育着孩子。而她,本来也是可能而且完全有条件享受所谓物质文明的,可她完全自愿地放弃了那一切。"作家说,正因为他熟悉了解生活中许许多多类似冯晴岚的人,他才有条件塑造冯晴岚;没有现实中的冯晴岚,也就不可能有小说里的冯晴岚。

周瑜贞是一个年轻的女性,大方、开朗、毫无顾忌,因为关系很熟悉,她可以和宋薇随意交谈,她也可以调侃握有很大权柄的吴遥,她的尖刻常常使吴遥十分尴尬。她之所以能这样,因为她是干部子女,她父亲或母亲的职位比吴遥还要高,因此即使触犯了吴遥,吴遥对她也毫无办法。这一类青年人的最大特点和最宝贵之处,是他们不受传统偏见的束缚,面对生活,面对现实,敢于发表自己的见解,并且能大胆地为自己的理想而奋斗。作品写了周瑜贞的天真和幼稚,也写了周瑜贞善良而可贵的同情心,同时又写了她对底层的陌生和无知。然而她到天云山从冯晴岚那里接触到罗群写的那些书稿后,立刻被惊呆了,"读着读着,感到一股热力直冲脑际",她认定这是一部不可多得的非常有价值的著作。"它的价值,不仅在于它的占有的资料的全面性,而且在于它的严格的科学性,这种科学性也不仅是表现在自然方面,更重要的是社会方面。"周瑜贞的这些分析,又表现得非常成熟,她所表现出的幼稚和成熟所形成的反差,恰恰表现了她这个干部子女的特点。在小说中,周瑜贞并不是一个只起穿插作用的人物。她的出现使整个作品的基调明亮起来、鲜活起来,使整个作品充满着阳光和活力,也可以说在周瑜贞身上寄托着时代的希望。冯晴岚去世了,周瑜贞和罗群走到了一起,她和罗群使我们看到了天云山的未来和明天。

吴遥是小说塑造得极为成功的品质恶劣的"领导干部"形象,也是后来引起争议的焦点。在我们党内,确有相当一部分领导干部把自己不恰当地当作党的化身、组织的化身,并被相当一部分人所承认。谁触犯了他,谁就是触犯了组织触犯了党,他就得打谁,吴遥便是其中的一个。然而周瑜贞却看到了吴遥们的苍白和危险:"精神食粮那么少,又那么单调……又自以为高人一等,决定别人的命运。"吴遥们善于观察气候趁风而起,生活中的不正常动荡

新时期的经典：《天云山传奇》

又使得吴遥们有更大的空间和市场。因此吴遥们便得心应手，左右逢源。罗群那么有根基有能耐，还是一棒子被他们打下去了，成了"右派"。也正是在打人的过程中，吴遥们被喻为政治上强，"工作有能力，政策水平高"等等，不断得到宠信和重用。吴遥迫使宋薇就范，明明暴露了他个人品德的卑鄙，人们却不从这个角度去想，即使这样去想也不敢公开提起。这样一个被"左"的汁液浸透了的吴遥，到了党的十一届三中全会以后，思想立场转变不过来也不足为奇，他要阻止罗群的平反也是很自然的。他所想到的，当然不只是维护他自己，他也想到了维护组织的"正确"，因为曾几何时，他便是代表组织的。多少年来，我们常常警惕着把敌人引为同志，却很少警惕把同志当成敌人，几十年的教训，集中起来就在这一点上，这也是极"左"的最顽固最难清除的根深蒂固的根源。吴遥在这个问题上就丝毫也没有想过，罗群是否属于自己的同志被错误打倒，这样他和三中全会的精神距离便很大。吴遥形象的塑造，反映出作家对现实生活观察的深度和卓绝的艺术概括能力。当吴遥和宋薇因为对罗群平反问题发生激烈冲突，他撕碎宋薇起草的文稿，将纸屑掷在她脸上加以污辱以后，又让她到会议室去听取他的"原则性"批评，这样既显示了自己的原则精神，也制止了别人为罗群翻案。作品中有一段绝妙的描写：

> "宋薇同志在处理这个申诉材料上是有错误的……用庸俗的家庭关系，代替了严肃的组织关系，竟然打印了这个材料，使它得到了扩散……当然啦！宋薇同志是我的爱人，这是谁都知道的嘛！"

> 他哈哈大笑了！有的人也跟着笑了。他的笑声又忽然戛然而止。他说：

> "但是我不能因为她是我的爱人，就不进行批评，我们不能助长这种作风，宋薇同志的毛病就出在感情上，因为……那个姓罗的老婆是她的

113

同学……现在宋薇同志已经认识到这一点了。她准备在适当时候写出她的检查,对这种态度,我们还是应该欢迎的。"

而当宋薇忍无可忍,推开椅子愤然而去的时候,他又加了两句:

"女同志嘛,她心情沉重,她要回去歇歇。现在我讲讲今后的工作……"

真是世情练达,化凶狠为浅笑,使严肃变油滑,淡淡几句,既解除了困境,又压下了案件,既开脱了自己,又好像很富有人情。然而他所毁坏的是一切不利于自己的因素,也包括毁坏他的妻子。小说对此人落笔不多,却能入骨三分,抓住灵魂,在同类人物里,是描写刻画得较为突出的一个。

《天云山传奇》是一部勇敢而真实地面对现实的作品。这部作品之所以能得到许多读者的赞誉,重要原因之一,就在于它真实地再现了1957年至1978年"我们的生活中发生了许多不应该发生的事",它让读者和观众痛哭。人们看到,罗群和宋薇的宝贵青春和纯洁爱情,就那样人为地被断送了,冯晴岚的生命就在那样的贫病中被无情地夺去了,人们为他们而痛哭。然而这一切又只不过是一个象征,它象征着美丽的天云山耽搁了二十年未开发,它象征着我们年轻的共和国蹉跎了二十年。二十年啊,我们应该迈开怎样的步伐,创造多么巨大的物质财富和精神财富!然而,这二十年,我们所做的,却是许多无谓的争斗和消耗,除了伤害自己的同志之外一无所获,这多么让人痛彻心扉。然而痛哭不是哀伤,不是绝望。眼泪化作了愤怒,化作了火焰,我们从痛哭和警醒中获得了力量。我们将天云山的一切,将罗群、冯晴岚、宋薇和吴遥印在了心里,也就是将那些人生的美好和沉痛的教训印在了心里,这便是更好地前进的动力。人们记住天云山,绝不只是记住了那一曲曲哀婉的

新时期的经典：《天云山传奇》

让人泪下的故事,它让人记住的是一个时代,一个不能再重复的时代。

《天云山传奇》发表后,立即产生了广泛的社会反响,北京第一个打电话给鲁彦周的,是中国作家协会原党组副书记,在文艺界很有权威的冯牧,他对鲁彦周说,你胆子真大呀!又说,我个人认为小说写得好,但是我还是为你担心。鲁彦周说,三中全会都开过了,大概不会有什么了吧。鲁彦周的潜台词是,当年打了那么多"右派",整了那么多人,肯定是错了的。"反右"刚结束,他就怀疑过,哪有那么多人反党,哪有那么多人是反革命呢?

但冯牧还是不无担忧地说,好多情况你不知道哟!

果然,围绕着这部小说和由小说改编拍摄的电影,引起了一场激烈的争论,焦点是如何评价1957年的反右派斗争,如何评价吴遥这个人物。袁康、晓文在1982年《文艺报》第4期发表题为《一部违反真实的影片》的文章,认为《天云山传奇》"完全歪曲了反右派斗争的历史真相",还认为刻画吴遥丑恶的灵魂,"就给广大观众一个印象:党的领导干部大都是吴遥式的品质不好的人","而且影片还引导观众把对吴遥的憎恨转化为对党组织的不满和埋怨","毁坏党的形象"。文章得出结论:"我们觉得《天云山传奇》所存在的这些问题并不是孤立的,它是资产阶级自由化在文艺上的反映。"鉴于问题提得如此尖锐,《文艺报》决定公开讨论。此后大中学校教师、社会科学工作者、青年学生、干部、工人、农民等怀着极大的热情参加讨论,在很短时间内,《文艺报》收到稿件一百八十多件,大多数来稿从各方面支持并盛赞《天云山传奇》在思想内容和艺术创新方面所取得的成就。著名经济学家孙冶方当时正住院疗养,他在病榻上用八天时间写了五千多字的文章《也评〈天云山传奇〉》参加讨论,他说他本应"少管闲事",但读了袁康、晓文的文章后,"总觉得喉头有什么东西鲠着,必须吐出来才好"。他结合自己看过电影后的感受写道:"这是一部宣传落实党的政策的好电影,怎么说是玷污了党的形象呢?"他奉劝那些自比吴遥的人不要"对号入座"。他严正指出:"给《天云山传奇》戴上'毁坏党的形象''资产阶级自由化'等大帽子是不公平的。我们要切记,'反右派''反右倾''文革'等多次运动的教训,乱飞帽子、乱打棍子的做法不能再来了。"孙冶方后来高兴地称他是为《天云山传奇》打了一次抱不平。

原中顾委常委李一氓还专门写诗支持《天云山传奇》,诗曰:

情深未必苦缠绵,

颇耐风尘又几年;

红叶缤纷灵幸鉴,

何人长忆天云山?

一氓老还用宣纸将这诗写成条幅,下款特意标明:"题《天云山传奇》后,录奉彦周同志,即乞面改。"值得说明的是,李一氓、孙冶方和鲁彦周素不相识,他们出来讲话,完全是为了贯彻三中全会精神,清除"左"的毒害在各个方面的影响。

《天云山传奇》还未发表时,上海电影制片厂即得到了鲁彦周写了一部很尖锐的小说的信息,厂长徐楚桑即派一个编辑来合肥看稿。那时复印机很少,上影厂的编辑只得将原稿手抄一份带了回去。小说发表后,徐楚桑厂长立即决定拍成电影,并将鲁彦周请到上海,改编电影文学剧本。到了上海后,鲁彦周问徐楚桑,拍电影,你们可有顾虑? 徐楚桑说,我看没事。并说,现在好多事不提出来不行! 徐楚桑指的是1957年的反右派扩大化问题。鲁彦周又问,你准备让谁出任导演呢? 徐楚桑回答说,准备让谢晋出山,他在"文革"中导演了《春苗》,社会上对他有些看法。意思是让谢晋出面,平抑一下"文革"中的负面影响,可见徐楚桑对谢晋的信任。可是,谢晋夫人反对,说谢导刚刚好一点,万一再出个事,你就没有翻身之日了。谢晋夫人的话,反映

新时期的经典：《天云山传奇》

了她一是余悸未消,二是对《天云山传奇》心存疑虑。徐楚桑拍胸脯说,老谢你接本子,你在艺术上努力,政治上我绝对负责。徐楚桑是上影厂的党委书记兼厂长,他是当年抗战时国防部郭沫若领导下的三厅演剧队队长,老资格,有他的支持,谢晋的腰杆子很硬。当时电影局长张骏祥,对鲁彦周很了解,也很支持,说《天云山传奇》拍出来一定会很感人的。有这么多人坚定地支持,鲁彦周很快完成了剧本的改编,很快投入了拍摄。但开拍以后,也并非一帆风顺。出演罗群的著名电影演员石维坚回忆说,拍完外景回到上海拍内景时,厂里正传说《天云山传奇》要下马了。虽是传说,但也不是空穴来风。然而,摄制组上下是一致的,绝不动摇拍下去。石维坚自己也暗暗下了决心,即使为此遭到什么不测,也在所不惜,因为这是自己的人生选择。《天云山传奇》坚决地顶住了各方面的压力和观众见面了。

电影《天云山传奇》最早是在文化部电影局试映,那天有夏衍在,鲁彦周一点也不紧张。试映范围大一些的是在北京一个部队的礼堂,鲁彦周也出席了,他说放完的那一刹那,鸦雀无声,他的心情有点紧张,可是过了一会儿,掌声雷动。最使鲁彦周感动的是,一个解放军军官走到他的面前,向他行了一个军礼。

试映之后,即拿到国际俱乐部去招待各国使节,那天鲁彦周也去了,放完之后,鲁彦周观察到,反映强烈的,是当时苏联和东欧国家的一些使馆人员。也有一些外国记者向鲁彦周提问,你这部片子可有什么阻力? 你怎么敢于接触这样的问题? 鲁彦周只是笑笑,表示无可奉告,他知道,外事有纪律,面对外国记者,还是少说为佳。

影片在全国公映后,剧组人员收到四面八方的许多来信,表达他们对影片的支持之情。石维坚曾收到哈尔滨工业大学一位三年级学生的来信,他在信中附寄了三枚奖章,是他大学三年中所获得的,他在信中表示,送给石维坚一枚,另两枚请石维坚转赠给作者鲁彦周和导演谢晋。1981 年,《天云山传奇》获得了政府奖，在北京颁奖时，石维坚将那两枚奖章分别转赠给二位，并向他们说明来由。鲁彦周拿着这枚奖章仔细看了好一会，慢慢地动情地说："这是最高的奖赏！"

电影《天云山传奇》公映之后，反映普遍强烈，但也有例外，四川禁映，西藏禁映，《西藏日报》还整版地发表文章批判，那当然是当年的事。

鲁彦周和《天云山传奇》主要演员合影，左起：王馥荔、鲁彦周、石维坚、施建岚，后排左起为洪学敏

多年之后，石维坚偕夫人李玉英来合肥寿春路鲁彦周家樱榴居做客，谈到朱镕基总理在元宵节联欢会上见到他时说："看《天云山传奇》，我很是激动啊！"还谈到多年来关于《天云山传奇》的一些逸闻趣事，鲁彦周即手书李一氓当年为《天云山传奇》所写的那首诗送给石维坚夫妇，题款曰："以上七绝诗一首，系革命老前辈李一氓同志为支持影片《天云山传奇》而作。己卯冬，石维坚、李玉英伉俪来我处做客，谈及当年《天云山传奇》遭遇，颇有所感，遂书此赠之。鲁彦周。"石维坚接到这幅字，亦感动地说："这也是最高的奖赏啊！"

《天云山传奇》不仅在国内引起很大反响，在国外也引起很大反响，小说

新时期的经典：《天云山传奇》

是苏联、东欧国家先翻译过去的。那时柏林墙还未推倒，东德、西德是两个国家，西德翻译家扎尔西翻译成德文出版，东德是买西德的版权出版的。后来，鲁彦周到东德去访问，东德的朋友告诉他，东德和西德以前来往较少，你的这部小说却成了我们东西德之间的桥梁呢！苏联是一个名叫"虹"的出版社翻译出版的，鲁彦周随中国作家代表团到莫斯科后，苏联作协的人对"虹"出版社的负责人说，《天云山传奇》的作者来了，你们也不给人家一点稿酬啊！于是"虹"出版社送来八百卢布，当时相当于一千六百美元。那时，中国和其他国家没有版权协议，翻译过去的作品不付稿酬，所以作者去了，只是象征性地礼节招待。日本是请吃饭，西德虽付了一点马克，但也不是作为版税。

《天云山传奇》公映后，正好赶上第一届金鸡奖开评。评奖章程规定，不评并列奖，每次只评一个一等奖。如果只评一个一等奖，谁也评不过《天云山传奇》。夏衍出于爱护鲁彦周和《天云山传奇》，有些担心，如果太突出了《天云山传奇》，反而可能会造成一些负面影响，因为他知道，高层还有人不赞成这部作品，当时主管意识形态的领导人胡乔木就反对。为了掩去一些锋芒，就将《天云山传奇》和叶楠编剧的《巴山夜雨》并列为一等奖，一开评就打破了不准并列的规定，还是为了掩去一些锋芒。第一届金鸡奖未给《天云山传奇》评最佳编剧奖，上海《文汇报》不太了解内情，有些不服气，给评了最佳编剧奖。后来《天云山传奇》还获得了百花奖。

小说也获得了最佳中篇小说奖。

王达敏教授在他的著作中曾这样评价《天云山传奇》："《天云山传奇》传达了作者的意图：通过叙写罗群的悲剧命运，达到对反右斗争和'文化大革命'的批判与否定，揭示政治性灾难对人的摧残，以及人性的扭曲。鲁彦周是一位悲悯的人道主义者，具有道德的崇高意识，他写苦难写悲剧，但不限于苦难和悲剧。在他的作品中，苦难和悲剧是通向人性的美好和崇高的一个过程。人性的美好和崇高是一种超越一切的恒定性的精神向度，所以他会充满

119

鲁彦周1981年在安徽大学为学生签名

激情地抒写罹难中的罗群执着于信念和理想的崇高精神。"(《中国当代人道主义文学思潮史》)

1999年,新中国成立五十周年,中央出了一系列的电视片,宣传五十年的成就,其中有一章《春风化雨》,讲述粉碎"四人帮"改革开放的成就,一开篇就是介绍十一届三中全会,接着就播放了一些《天云山传奇》的片断和镜头,鲁彦周想,这该是中央的结论了吧!

《天云山传奇》发表并搬上银幕至今,已经三十多年了,但它给予人的影响、感染力和历史借鉴是永恒的。

第十五章

《呼唤》：《天云山传奇》的姊妹篇

中篇小说《呼唤》，是鲁彦周正面书写"文化大革命"的一部文学作品，写的是支"左"部队在"文革"中的故事。这篇小说的初稿，据作者自注，是1979年10月20日在合肥完成的，当年的12月4日，在上海修改定稿，相隔一年，发表于《收获》1981年的第1期。这一期《收获》还发表了谌容的《人到中年》，但《呼唤》以头条推出，可见编辑部对这部小说的重视。从时间顺序上可以得知，《呼唤》是在《天云山传奇》发表后，作家以连续作战的精神，很快写出来的。由此可知对于"文化大革命"，鲁彦周确有说不完的话，他迫切地用他的笔，用文学艺术的形式，将他想要说的话表达出来。

《天云山传奇》彻底否定反右派运动，《呼唤》彻底否定"文化大革命"，这两部作品互相呼应，是鲁彦周中篇创作的姊妹篇。

《呼唤》写作时，粉碎"四人帮"刚刚三年，很多在地方各机关单位担任领导职务的部队支"左"人员，也刚刚陆续撤离。用较长篇幅的中篇小说，来描写刚刚发生在眼皮子底下的人和事，足见鲁彦周在艺术方面的才思敏捷。而小说中所写到的部队支"左"人员中，有军队的高级领导干部、支"左"部队领导人、军副政委洪副政委，描写的对象有一定的敏感性，勇于面对这样的主题,足见鲁彦周超群的艺术胆识。

《呼唤》,是一部从根本上否定"文革"的作品,它的思想意义体现了人类生存发展的根本话题,即"以人为本"。所谓"呼唤",即是"呼唤"人类应有的"以人为本"的良知。"文化大革命"的严重危害,正是以极"左"的形式,无视"以人为本"这个崇高的课题。三十多年之前,鲁彦周便在他的作品里深刻地提出并艺术地表现了这个人类社会必须严肃面对的课题,可见他的高尚的人文主义精神。《呼唤》体现了鲁彦周的一贯创作风格,那便是人物形象鲜明生动,情节跌宕起伏,故事曲折感人,有很高的思想价值和艺术价值。

《呼唤》描写的是某部师政治部主任尹飞在"文革"中奉命支"左",并担任某省科委系统党的核心小组组长,科委下属农科所的党委书记韩越芳,被造反派以种种莫须有的罪名打成了叛徒、内奸、反革命分子。作品的矛盾焦点,集中在尹飞和韩越芳这两个人物身上。围绕着这两个人物,作品展开了波澜壮阔的宏大叙事,可歌可泣、扣人心弦。从这两个人物身上,从他们所走过的道路,可以清晰地看到我们这个民族所经历的磨难曲折的历史。

作家在小说里所讲述的"呼唤",是韩越芳对尹飞的两次呼唤,是两次人性的良知的呼唤。

韩越芳是个什么人呢? 她本名陈青莲,父亲是一位教授,她自幼跟随父亲上学,有较高的文化修养,有自己的理想和抱负,她被当时的社会黑暗压得透不过气来,对于中华民族的苦难,她忧心如焚。向往光明、向往进步、向往未来,成了她的坚定的梦想。于是她十六岁时就在上海参加了地下党,她认为共产党的奋斗宗旨,是中华民族的唯一希望。十七岁时,她奉命留在根据地做发动群众工作时,被叛徒告了密,落入了还乡团的手中。敌人用尽种种刑罚,想从她嘴里找到党组织的消息,但她坚贞不屈,尽管被折磨得死去活来,但决不吐露有关党的机密的一个字。坚定的革命信念,使这位不满二十岁的女性经历了一次严峻的生死考验。敌人本想处死她,但还乡团有个头目

《呼唤》:《天云山传奇》的姊妹篇

看到她年轻漂亮,有了歪心思,想娶她做小老婆,于是将她秘密关押。地下党组织得到这些情报后,暗中派人处决了那个心存不轨的还乡团头目,救出了陈青莲。然而,逃出魔掌的陈青莲因重伤未愈,身体极其虚弱,在敌人追捕她的时候,她跑不动,只得躲到一个水塘里。在水塘里水草的掩护下躲了一夜后,第二天刚一出现,又遇上了保安团到处抓新四军的家属贩卖,不由分说,她被当作新四军的家属和许多被抓来的妇女塞在一起,运到溪前镇插标出卖。刚到溪前镇,她便高烧昏迷不醒,敌人以为她快要死了,便以两瓶酒、两条烟卖了一个姓蔡的老板。蔡老板又转手以三石六斗米卖给了前来赶集的尹飞的父亲。那时,尹飞已经十七岁了,他的父亲之所以舍得三石六斗米,是想为尹飞买个媳妇。然而,蔡老板派人送来的女子重伤在身、昏迷不醒,尹飞的父母叫苦不迭,大呼上了蔡老板的当,因为蔡老板指给尹飞父亲看的是另一个身体健康的女子,而现在用轿子送来的女子却奄奄一息。尹飞的父母毕竟心地善良,并不嫌弃这个病歪歪的未来媳妇,而是尽其所能,精心调养,使她慢慢地从昏迷中清醒过来,伤病也慢慢地得以好转。病愈的陈青莲,和尹飞渐渐地密切交往起来。

那时的尹飞,虽然是个接近成年的青年,但他家居深山,又整年整年地跟舅父上私塾,只知道子曰诗云,对于山外所有的大事,如抗日战争的胜利等,都一无所知。陈青莲在和他的交谈中,深感封闭的社会给年轻一代造成的摧残伤害,她觉得她有责任启发他们的心智,使他们成为社会的有用人才。于是,她决定给尹飞上课,讲社会发展史,讲中国近百年来的大事,讲五四运动,讲阶级和阶级斗争,讲中国革命和中国共产党。她没有书本和笔记本,完全凭记忆讲解,给古文做得不错的尹飞印象却非常深刻。尹飞佩服她的记忆力,佩服她的崭新的思维,在尹飞看来,她的讲解只要记录下来,便是一篇篇很好的文章。这是陈青莲给尹飞的第一次呼唤,这一次呼唤很成功,尹飞从内心佩服并认同她的讲解,在行动上,对她唯命是从。于是,在陈青莲的指引下,尹飞走上了革命道路,她派他到湖东根据地去找党组织,他便认真地按照陈青莲的吩咐,带着她写的信,以去看望老丈人的名义开了路条,去湖东和党组织接上了头,还带回了许多进步书籍和一支箫。书籍是毛泽东、高尔基、鲁迅和郭沫若等人的著作,尹飞废寝忘食地阅读,从中吸取了充分的有益的营养,他将他的阅读心得和陈青莲的讲解融为一体,形成了他强大的精神动力,而那支箫则是陈青莲的心爱之物。陈青莲的第一次呼唤,所给予尹飞的,不只是走向光明的未来的道路,还给予了他美好而纯洁的爱情。小说特意写了尹飞如下的一段回忆:"我们就在这一晚上定情了啊!她的火热的真诚的爱情,就是到死,我也忘不了这个晚上。这天,我们回到家,我们没有睡,她拿出那支箫,倚在我的身上动情地吹了起来,这是我平生听到的最美的箫声,我从这美妙的箫声里感觉到我真正的人生开始了!"他俩因当时斗争形势的需要分手时,陈青莲将那支箫送给了尹飞,实际上是给了他定情之物。尹飞也非常珍视这支箫,在此后的日子里,他不管走到哪里都带着这支箫,遇到人生的烦愁和思念之情难以排解时,就默默地吹起这支箫,箫声里饱含着他对陈青莲的浓厚的深情。

尹飞人生道路的新起点,是从陈青莲的帮助、引导开始的,他自己一直真诚地将陈青莲视为他的老师、人生指路人和他的真正爱人。按照陈青莲的安排,尹飞于 1946 年夏天投身革命,后来又被输送到解放军部队,刚解放时还只是个连指导员,但他聪明好学,又灵活能干,且文笔很好,人也长得帅气,部队的领导很喜欢他,至"文革"前他已被提升为一个师的政治部主任了,这一切都和陈青莲密切相关,对此,尹飞是深深地记在心中的。但他和陈青莲分手后,天各一方,无法联系,又因工作的需要,陈青莲改名为韩越芳,并转到了地方,担任了农科所的党委书记,在"文革"中被打成走资派,成了批斗对象。这一切尹飞都无法知道,只是尹飞成了农科所上级单位省科委的支"左"核心组长后,在一次他主持的批斗韩越芳的大会上,才第一次相见,一个在台上

《呼唤》：《天云山传奇》的姊妹篇

耀武扬威，一个在台下苦不堪言。然而，当尹飞确认眼前受尽屈辱、折磨的韩越芳，就是当年他的老师、指路人、爱人陈青莲时，他的情感真可谓翻江倒海、无法自制。

韩越芳，也就是陈青莲的悲剧，当然是那个疯狂的年代所造成的，那时候，几乎所有的领导人都被打成了走资派而遭批斗，尤其像韩越芳那样的科研单位的领导人，更是无一例外。但韩越芳的遭遇，与尹飞的推波助澜有直接关系，他之所以向洪副政委申请前来支"左"，一个根本目的，就是想求得自己的飞黄腾达。他和洪副政委等人一样，批评他的老上级老战友、负责农科所支"左"的文化科科长任中思想右倾，认为任中同情韩越芳、批斗不力，而要通过狠批韩越芳，在报纸上大造舆论，推动整个斗批改，并树立尹飞的个人形象。尹飞是因为在批斗现场遇到了他心目中的偶像，才震惊，才感到绝对是批斗错了，因为韩越芳也就是当年的陈青莲，她的革命理想、斗争经历和对祖国对人民的忠诚，留给尹飞的印象可谓刻骨铭心。他坚信韩越芳是不会做出任何违背党和人民利益的事的，所以他决定要向洪副政委报告，希望他改变对韩越芳的看法，并试图撤销在报纸上对韩越芳的批斗的宣传，他似乎有些觉醒了。那么读者要问，如果尹飞所面对的不是他所熟悉所了解所尊敬的韩越芳，而是另一个同样无辜的人，悲剧不是要继续演下去吗！所以，尹飞的问题在于他的内心世界，在于他的良知被扭曲，这与他当年在大山里的蒙昧是两回事，那时他是单纯的清明的，像一块未经琢磨的璞玉。而现在他的思想深处被一些肮脏的东西、被个人的权欲所占有、所蒙蔽，而这也正是"文革"极"左"的根本原因。这一点，韩越芳看得非常清楚。虽然，她当时身处险境，但她还是不顾个人安危，毅然决定对尹飞发出第二次呼唤，她委托任中带给尹飞的那封信，真可谓感人心魄、掷地有声，她在信中写道：

你忘记我了！忘记我没有什么关系。然而你忘记的不仅是我，而是

你当初的誓愿,是对人民立下的誓愿!

揪我心的不仅是你我当时的相处,揪我心的是人民的命运。你来自人民,然而你忘记了人民。过去人民要摆脱压迫、剥削,你曾为之战斗。现在人民要摆脱穷困落后,你又为他们做了些什么呢!

我不想问你究竟做了哪些不该做的事,我要你探索一下自己的心灵。

在信的最后,她还饱含着当年的深情,她写道:

我还爱着我的小飞,那面对着群山而宣誓的小飞。我有什么办法呢,像对革命的信念一样,爱情也不许有片刻的动摇!

在这样险恶的时刻,还不改初衷,不忘当年赠箫时的深厚情分,是因为她坚信尹飞的良知还没有完全泯灭,她还有爱的理由,她的爱对尹飞也是深情的呼唤。

这是一封充满着人类良知与智慧的信,也是充满着正义与深情的信,是对那个疯狂的年代的尖锐批判,是对那些被扭曲的灵魂的有力鞭挞和诚挚呼唤。这封信与当年她在那个小山村不顾自己身体虚弱,专心致志地为尹飞上课一样,都是出于她对尹飞的爱护。她认为尹飞是一个有用之才,她要努力使他成为一个有良知的人,这也是她作为一个革命者的责任。

《呼唤》是一篇叙事宏大的中篇小说,震撼力十分巨大。它将人物的精神和灵魂,放在一个特定的历史时期去审视。美丽与丑恶,是那样的泾渭分明。它给予人的是,无论何时何地,都不应当忘记人类的良知,而应当将人类的良知作为自己的行为准则。失去了良知,便会遭到鄙弃,这是每一个人都会面临的人生考验。

《呼唤》：《天云山传奇》的姊妹篇

这部中篇小说,不仅立意高远,在艺术上也非常有特点,鲁彦周用他掌握得十分纯熟的现实主义手法,精心结构故事,巧妙设计情节,使他笔下的人物形象生动感人、故事起伏跌宕、情节引人入胜。

《呼唤》在艺术上的成功,主要是它塑造了韩越芳(陈青莲)这个人物形象,以及围绕韩越芳的其他人物形象。在鲁彦周的笔下,韩越芳是一个美丽、聪明、坚强的女性,她视野宽阔、情致高雅、无私无畏,有着革命者胸怀天下的远大志向,又有着普通人的绵绵情怀。韩越芳的形象是从两个时段来塑造的,即解放前的地下党员陈青莲和新中国成立后的农科所党委书记韩越芳,两个时段又融合得非常紧密、贴切,使韩越芳的整体形象立体、鲜明地活跃于小说之中,呼之欲出。关于解放前的地下党员陈青莲,小说写了她在对敌斗争中作为一个共产党员的本质表现,被捕后不畏酷刑,对党的机密一字不漏等等,但只是交代性的描述,不是小说的重点,重点是她在尹飞家养伤的那些日日夜夜。但前面那些交代性的描写也非常重要,不然,后面在尹飞家养伤时给尹飞上课的那些动人情节,便缺少了人物的思想基础和个性的链接。这种艺术上的前后呼应,是鲁彦周在他的小说作品中所一贯讲究的,他善于结构故事,又能使他的故事缜密动人、天衣无缝。陈青莲在昏迷中被贩卖到尹飞家后,鲁彦周别开生面,抛弃了一般的身体刚刚好转一点以后,便急着寻找党组织、急着接受新任务的写法,而是让她安下心来,倾其所能开导尹飞,因为她看出了眼前的尹飞虽然对大山之外的一切茫然无知,但他聪明、纯朴,他的良知深存于他的脑际,是个可造之才,只要耐心地去开启,循循善诱,必然会成为革命队伍的一分子。而那时候,夺取革命的全面胜利就在眼前,新生的人民政权需要自己的新生干部队伍,革命迫切需要补充新生力量,陈青莲在没有接到党组织任何指令的情况下,克服身体还很虚弱的困难,精心去做她觉得应当做的工作,说明她有着非常可贵的革命自觉性,而她的这种自觉性,是发自她的内心,发自她的人生责任,和她较高的文化修养也是联系在一起的。

　　值得一提的是,对于陈青莲,鲁彦周并没有将她描述得高不可攀。在展示她高尚的内心世界时,还充分展示了她作为普通人的那一面,有时还有点调皮,比如在尹飞家刚醒来不久和尹飞的对话,她问:"你今年多大了?"尹飞答:"十七!""十七岁忙着讨媳妇?"很有点调侃的意味,令尹飞大吃一惊,他不理解一个姑娘家为什么会有这样的问话。但这句话与陈青莲的身份又十分相符:第一,她作为一个革命者,将谈婚论嫁看作是人生中一件普通的事,用不着羞涩,也用不着遮掩;第二,在她眼里,尹飞还是个仅仅会几句子曰诗云的毛孩子,应当先忙别的事,忙着讨媳妇是不是太早了点,很有些大姐姐审视小弟弟的架势。其实她和尹飞岁数差不多,只不过她的经历远比尹飞丰富,所以有了大姐姐的自我感觉;第三,既然是大姐姐,当然是不会嫁给小弟弟的,吐露出她此时是不会和尹飞成亲的,她还有许多更重要的事要做。当她身体状况恢复得更好一些时,她即穿上尹飞母亲给她缝制的旧蓝布棉袄,围着青布镶红边的短围裙,头上戴着格子布巾,和当地的姑娘一模一样,让尹飞带着她在这个小山村前后走动、察看。她一刻也闲不住,想多了解一些风俗民情,多了解一些农民的生活状况。于是她看到了观音庙,看到了由十七八岁的年轻人组成的烧香拜佛的队伍,还有的为了表示虔诚而烧肉香,将佛像穿在耳朵上挂着,耳朵上的创口滴着血,或用铁丝穿透两只手腕,铁丝上挂着一只香炉,也是血淋淋的。她看到了尹飞就读的那个私塾,她还看到了老财主家在施粥,许多瘦骨嶙峋的手举着一只只碗伸到那个小小的窗口,等等。而这一切,在这个小山村,尹飞他们司空见惯的一幕又一幕,给予陈青莲的震撼无疑是巨大的,中国大地上的许多人,自己的许多兄弟姐妹,还生活在如此黑暗愚昧之中,她更感到自己的责任重大。她对着这个山村忍不住深沉地喊道:"多么壮丽,又是多么落后啊!"她向尹飞表达了要彻底清除历史给予的精神枷锁的决心。尹飞在她的感染之下,也不由得庄严地举起了双手,决心

《呼唤》:《天云山传奇》的姊妹篇

为改变自己家乡的落后愚昧而宣誓。

完成韩越芳的形象塑造,当然是在第二时段,即解放后她担任农科所党委书记并遭遇"文革"严酷批斗之后。对于这一时段,作家并没有更多地罗列韩越芳在农科所的诸多所作所为,只是选取了她在被关进"牛棚"遭批斗的那些人生不堪的片断。韩越芳一出场,就给人以强烈的不同凡响的印象,那是在一次批斗会上,批斗的主要对象是几个当时被定为"反动学术权威"的老专家,不是韩越芳,她是作为陪斗者出现的。但当她看到造反派头目于青等人对一位六十多岁的老学者拳打脚踢,罚他跪在台上,还强迫这位老学者自己打自己的嘴巴时,她忍无可忍,怒不可遏地一下子站到那位老学者的面前,置安危于不顾,用身子挡住那些行凶的人,保护那位老学者,并不顾自己的处境,厉声斥责道:

> "你们这些自称代表最先进阶级的,最最正确的马列主义的人,为什么在二十世纪的社会主义中国,竟然采用中世纪的封建法西斯手法,残酷迫害跟随党多年的学者?! 你们所搞的清队,究竟要'清'什么人,你们要把这些知识分子清到哪里去? 你们是扼杀人才,破坏科研,你们是不是想把中国仍旧推回到落后愚昧中去……"

韩越芳的果敢行为和仗义执言,真可谓石破天惊! 她是在用生命和那些失去良知的人进行抗争,她明知她的行为会带来多么严重的后果,但为了国家和人民的利益,为了捍卫人类的文明道义,她只有挺身而出,她甚至做好了舍身忘我的准备。在她看来,这与当年她在敌人酷刑面前坚持不说一个字,不吐露党的丝毫机密,是完全一致的。后来,当同情她的支"左"军代表任中找她单独谈话时,她不讲自己,也不要求任中为她主持公道,而是严肃地要求任中:"尽你的可能,替国家保存一些有用的人才吧!"还说:"如果说他们有罪,那就把罪过都加到我的身上,让我一人来承担吧!"作家将解放前的地下党员陈青莲,和现在的党委书记韩越芳的本质完全融合在一起,完成了一个真正共产党员形象的塑造。

对于其他人的描写,虽然有繁有简,但也非常逼真生动。如尹飞,解放前是那么纯洁、纯朴,他在陈青莲的具体指导下走上革命道路,也有过一番奋斗的经历,但他头脑里毕竟隐藏着名利地位等顽固私欲,所以他虽然内心并不怎么情愿,还是和副司令员的女儿结了婚。然而他又不可能完全舍弃对陈青莲的感情,所以他在烦愁之时,经常吹陈青莲送给他的那支箫,让箫声来排遣他内心的幽怨,但他又不能下决心去找陈青莲,他的纠结,完全是他的攀附之心造成的。小说通过一个个细节,将尹飞的内心表现得十分真实深刻。当尹飞清楚地确认眼前的韩越芳便是当年的陈青莲时,在众目睽睽之下的批斗会场,他无法控制自己的感情,很为失态,他知道是要冒很大风险的;当他读到韩越芳冒死写给他的那封措辞尖锐又感人至深的信后,他决定去见韩越芳,又通过关系决定取消在报纸上发表批斗韩越芳的版面,并毅然去找洪副政委陈述韩越芳革命经历以求给予她正常公平待遇,他知道是要冒很大风险的。但尹飞执意要这么做,固然可以理解为他还有些不成熟,有些莽撞,也可以看出尹飞的良知未泯,内心深处对韩越芳还隐藏着深情厚谊。当然,在那种极"左"高压的情况下,尹飞的种种努力只能是白费,洪副政委断然拒绝了他的要求,甚至连说都不让他说完,那个女造反派林宁,还对他心存爱意,幻想着建立他们的美丽二人天堂呢!尹飞面前存在着重重难关障碍,作品虽未明写他们的结局,但读者还是坚信,有韩越芳坚毅勇敢,有尹飞的良知回归,他们的结局一定会在一片晴朗的天空之下,显现出应有的美丽光彩的。

读者有理由相信韩越芳、尹飞的未来会有一片美丽的光彩,还在于鲁彦周塑造了一个富有良知的人物形象,这个形象便是任中,他是农科所支"左"工作的负责人,在部队的职务是文化科科长,他曾是尹飞的上级,此时已是尹飞的下级了,不过尹飞在危难之时,还能向任中一吐衷肠,算是能将他作为老上级、老朋友对待吧,这也说明任中为人厚道老实。在鲁彦周笔下,任中是一个低调、务实、善良、凡事都要问一个为什么的人,他一到农科所,面对的便是如何处理韩越芳的现行反革命行为的问题,造反派于青等人说她顽固地保护"反动学术权威"并发表猖狂反扑言论,必须批倒批臭。然而,韩越芳的所行所言,任中亲眼所见亲耳所闻,他觉得于青等人所说的只是一面之词,事实的真相或许不是那样。所以当造反派要求对韩越芳采取专政措施时,他态度却异常冷静,一面敷衍造反派,一面对韩越芳的言行认真思索起来:她为什么要这么做呢? 于是他调阅了造反派所整理的她的有关材料。材料虽然写明她是十六岁参加革命,加入地下党,但说她是"投机革命"、"混进地下党",还说她曾可能有叛变行为,因为她曾被俘虏过;漏网右派分子的帽子也加到了她的头上,因为她写了很多杂文,等等。任中读后觉得这份材料,除了大帽子,没有任何实质性的内容。他又读韩越芳所写那些被称为"毒草"的文章,作为文化科长,他是一个喜欢读书的人,他被韩越芳的优美散文笔调和尖锐见解吸引住了,竟"舒舒服服地欣赏起这本'毒草'来了"。为了更具体地了解韩越芳,他又找她单独谈话,虽然处于逆境之中,但她的风采气质却让人震惊。奇怪的是,韩越芳始终不谈自己的冤屈,更不为自己辩解。她所讲的只是一个主题,那便是要求任中要保护好所里的知识分子、科研人员,认为他们都学有所长,是国家的宝贵财富,祖国的现代化建设,是需要他们出力的。任中经过认真思考,得出了自己的结论:韩越芳不是造反派所说的那样,加在她头上的那些大帽子,是对她的诬蔑。他决定保护她,不让她住单独隔离室,因为那样随时会遭到造反派的暗算,他又让医务人员照料她的身体健康。任中的正义之举,立即引起造反派的不满,于青派人监视他、跟踪他,向洪副政委告状,说他同情"走资派",又暗中打小报告诬陷他。于是上上下下都对任中的立场产生怀疑,说他右倾,洪副政委是这样,尹飞也是这样。但任中对这一切都坦然处之,在尹飞明白真相后,暗中积极协助尹飞保护韩越芳。这说明支"左"人员并非铁板一块,并非都极"左"。任中这个人物形象,是《呼唤》的一个亮点,这个亮点告诉读者,不管在多么险恶的情况下,不管黑云压城有多么可怕,正义的力量都是坚不可摧的。

对于洪副政委和女造反派头目林宁,小说也没有简单化、脸谱化,他们的所言所行,都是那个特殊年代所决定的,很真实,跟那个不堪回首的年代很相符。

鲁彦周笔下的人物之所以如此真实可信又栩栩如生,是因为他亲身经历过那个年代,对那个年代的人和事都很熟悉,并对那些人和事都做了认真的分析过滤,然后再进行提炼、加工,所以生动感人。

《呼唤》的篇幅虽较长,但通篇委婉曲折、一气呵成、引人入胜。无论是正面描写、倒叙、回忆、情节设置,都非常顺畅、自然,尹飞回忆的那些第一人称的文字,更觉生动逼真,更能打动人。

和《天云山传奇》比较起来,《呼唤》在思想、艺术方面的成就并不逊色,也曾被改编搬上过电视屏幕,但《呼唤》的影响却远不及《天云山传奇》,这是鲁彦周生前所感到遗憾的。随着时间的推移,《呼唤》的思想价值和艺术价值,是会逐步被读者认可的,说它是《天云山传奇》的姊妹篇,可以与之相媲美,一点都不为过。

第十六章

《彩虹坪》：农村改革的一道彩虹

　　《天云山传奇》引起热烈轰动之后，鲁彦周接着出版了长篇小说《彩虹坪》。《彩虹坪》是农村改革题材的第一部长篇小说，堪称农村改革的一道彩虹。

　　1981 年夏天，鲁彦周到上海去领《天云山传奇》的电影奖，上海文艺出版社文学编辑室主任江曾培和编辑张森去拜访他。江曾培是安徽人，和鲁彦周早就熟悉，见面后无所不谈。闲谈中，江曾培和张森向鲁彦周约写长篇小说，鲁彦周当即答应，并说他有两部长篇小说的题材，一是历史题材，写辛亥革命的社会变迁的；一是现实题材，写安徽农村经济改革的。江曾培对安徽当时正在推行的农业生产责任制（也就是包产到户）很有兴趣，觉得这是个有现实意义的题材，希望鲁彦周能先着手写。鲁彦周说，他构思好以后再告诉出版社。虽然没有签订什么正式的稿约合同，但双方也就创作出版一部农村改革题材的长篇小说达成了一致。此后上海文艺出版社就将此事交给了张森，所以张森不断和鲁彦周书信、电话联系。

　　从上海回到合肥后，鲁彦周即全力以赴投入了长篇的创作之中。为了得到更多的第一手素材，他邀请著名诗人刘祖慈一起去肥西访问，因为刘祖慈是肥西人,熟悉那里的情况,肥西的山南区也是最早实行包产到户改革的。到了山南后,他们被安排在区政府后面的客房里,住下之后,他们便立即到农民家走访。山南农民家养的鹅较多,有一个农民家正在烧鹅,鲁彦周和刘祖慈就走上前去和这个农民交谈。为了不耽搁他烧鹅,就端个小板凳坐在灶间锅台边,一边看着他往灶膛里添柴火一边叙话,生产队长见鲁彦周、刘祖慈和那户农民交谈得如此投机,便将他俩安排在那家吃中饭,饭桌上还可以继续交谈。傍晚,回到区政府,鲁彦周突然问刘祖慈:"你看我有什么变化?"刘祖慈瞅瞅他,说:"没有啊。"鲁彦周笑着把嘴张开来,刘祖慈这才"啊"了一声:"你什么时候门牙掉了?"鲁彦周说:"中午吃饭的时候。"刘祖慈问:"流血了吗?你怎么不说呢?"鲁彦周说:"这有什么好说的。"刘祖慈又问:"门牙呢?"鲁彦周淡淡地说:"我丢到饭桌下面去了。"刘祖慈略有歉意,觉得对鲁彦周照顾有些不周,但旋即又开玩笑说:"老鲁,你的牙齿已留在这片包产到户的土地上了!"鲁彦周笑笑说:"那也很好嘛!"

1982年的春末夏初,鲁彦周在蚌埠南山宾馆完成了他的反映农村改革的长篇小说的初稿,他将这部小说定名为《彩虹坪》,一个十分亮丽又朗朗上口的书名。他带着厚厚的书稿回到合肥,很快给上海文艺出版社的张森写了一封信,希望他能到合肥来看稿。张森接信后,没几天便和他的同事马云赶到了合肥。但意想不到的是,他们却没有立即看到稿子,因为稿子已不在鲁彦周手里。原来南京有家刊物的主编来合肥,得知鲁

1982年的鲁彦周

《彩虹坪》：农村改革的一道彩虹

彦周有一部刚完稿的长篇小说，便登门拜访，并提出要看一看这部稿子，鲁彦周想，主编登门，机会难得，正好请他提提意见。谁想这位主编看过稿子后，在未得到鲁彦周同意的情况下，便将稿子带回了南京，到南京后又向鲁彦周表达了准备发表的意向。当鲁彦周向张森、马云二位和盘托出这些情况后，张森当面向鲁彦周表示：稿子是我们事先约好的，只要我们看得上，发表后便出书。如果发表和出书成了两个婆家，就很难办，希望您能理解，给予支持。见张森态度诚恳，鲁彦周表示一定按原来的约定办，并很快将书稿从南京要了回来。张森、马云二位读完稿子后，觉得是一部及时反映农村改革现实生活的好小说，也提了若干修改意见。当年 8 月，鲁彦周赴上海将书稿做了修改，很快在上海文艺出版社主办的《小说界》1983 年 1 月号全文发表，并于同年 11 月出书，初版就达十万册，还获得了优秀长篇小说奖。

《彩虹坪》是描写农业生产责任制的。但它既没有一般地叙述如何实现农业生产责任制的方法，也不是歌颂实行责任制以后农民丰衣足食的欢乐生活，而是深刻揭示了在全面推广责任制之际，党内实际存在着的一场严重的思想斗争，这种思想斗争的实质则是拥护还是抵制三中全会路线。这场斗争虽然是围绕回乡知识青年耿秋英在彩虹坪实行责任制为始发点，但作家却大胆地面对现实生活中的激烈矛盾，把自己笔墨的重点着意于党内，正面描写了县委、省委以至党的更高层两种思想的交锋，塑造了众多的改革者的艺术形象，它是我国农村大刀阔斧地实行改革的一个缩影，它以规模宏大的生活画卷告诉读者：改革也是一场革命。作家所选择的生活画面，正是农业经济全面改革前夕，那种令人振奋、又令人焦虑的时刻，他所描写的是党的决策者之间针锋相对的矛盾，有的是认识上的深刻分歧，有的则是意识上的差异。选择这种创作题材，不仅需要有较高的艺术能力，更需要作家具有艺术胆识。鲁彦周毅然做出这种选择，没有别的解释，只能说明他作为一个人民的作家，时刻在关心着国家和人民的命运，时刻在思索着如何把自己的艺术创造和社会的前进密切地联系在一起,这是十分可贵的。

《彩虹坪》直接刻画农村生活的篇幅也很多,然而令人感兴趣的还是远离农村而又和农村时刻关联的上层活动。它不是描绘农村生活的风俗画,它要告诉人们的是决定未来农村向何处去的政策的诞生。这种政策的诞生自然而然地成为作品的焦点和灵魂。作品以活生生的生活现实告诉我们,钟波、吕芹怀着真挚的深情支持耿秋英在彩虹坪进行试验并极力主张在全省推行的农业生产责任制,并不是某个人头脑里凭空想出来的,而是现实生活、人民群众向决策者们所提出来的强烈要求。作品描述钟波和吕芹深入彩虹坪考察,把这种要求深刻地表现出来了,具有相当深沉的艺术力量。彩虹坪虽然依山傍水,条件极好,然而它的凋零破败、穷困落后却令人战栗,农民只能吃"煮碎米糊加野菜",十几岁的姑娘都只有一条裤子,"一洗就没有换的了"。悲惨的现实当然是被"四人帮"发展到登峰造极的极"左"路线造成的。"四人帮"粉碎了,极"左"路线也得到了清算,彩虹坪按理该真的出现彩虹了。但可怕的是,面对着贫困和苦难,有些人却麻木不仁,他们把三中全会的正确路线搁置一边,仍然去鼓吹什么学大寨、阶级斗争、以粮为纲。省委旗帜鲜明地以生产为中心的决议也无人理会。在这种情况下,当一个年轻的姑娘耿秋英立志改变彩虹坪的面貌,实行责任制,发展多种经营,做了一些使群众看到希望的事情时,却从上到下引起了那么多人的惊慌。他们不惜诬蔑诽谤,甚至发文件,动用专政工具,来迫害这样一个孤女,把她变相关押起来。错误的政策把群众的希望之光扑灭了。作为实践三中全会路线的代表钟波,理所当然地要以改革者的全新姿态,制定正确的政策,去拯救仍然处于被禁锢中的农村和人民。一场激烈的斗争不可避免了,于是出现了省委常委会上激烈争论的情景。作品用一章的篇幅描述了这个精彩的场面:"各路诸侯"直陈己见的神态,副书记潘文安看似善意实则包含着逼人的威力,富有学者风度的常务书记透辟的见解,钟波驾驭局势的才能和坚持原则的立场等等,

《彩虹坪》：农村改革的一道彩虹

都写得颇有特色,跃然纸上。然而作者并没有把他的深思和有力的笔触,停留在这里,而是更深入一步,写到了党的更高层,中央人民广播电台播送的那篇反对责任制的读者来信,不是更使人感到斗争的复杂、严重,不是更加严峻地考验着钟波吗？由于作家严肃的现实主义态度和大开大合的艺术手法,使得作品波澜迭起,层层逼近,气势夺人,充满着真理和正气的生动活力。作品之所以能取得这样的效果,与作家敢于直面现实,把笔触伸入生活的旋涡,描写了当前发生的重大事件和重大政策是分不开的。

《彩虹坪》的成就不仅在于它真实地描写了牵动亿万人心的重大题材,还在于它为我们塑造了闪现着时代光彩的改革者群像。钟波是作品全力塑造的党的高级领导干部形象,这个上任不久的省委第一书记对人民群众是怀着那样的深情。在彩虹坪,他把队长耿德彪的小女儿、那个没有换洗裤子、只得在床上拥被而坐的小姑娘的头轻轻搂在怀里,眼泪再也止不住了："老爷爷对不起你们。我一定要给你们裤子,还要给你们花衣裳呢！一定给。"这虽然是一个微小的许诺,但它的艺术力量却那样强烈。透过这些深情的话语,读者可以看到钟波内心奔涌不息的感情的波涛。一条裤子、一件花衣裳所传递给读者的,却是要使广大农民尽快富裕起来的决心。还要提及的是,作者在这里抛弃了一般的暗察私访、解囊济贫的写法,钟波不是丢下几个钱解决眼前的这个令人吃惊的困难了事,而是通过这个怵目的事实,焦虑地思考着如何使人民群众摆脱贫困的处境。他不是细细咀嚼身边这小小的悲欢,而是从偏僻的彩虹坪看到了广大农村、广大人民,他的职责使他把人民的疾苦、国家的前途时刻挂在心上。这样,作为党的高级领导的艺术形象,他的光彩和力量也就更富有内在的深刻的含义。省委常委会上的交锋真可谓短兵相接,当钟波提出省委在责任制问题上要明确表态,支持试验而不能压制的时候,立刻遭到了坚决的反对,有人认为责任制是一股"反社会主义之风",这个口子一开,就要"把历史拉向后退,要倒退一千年"。他们甚至痛心得流泪。还有一些人则要钟波拿出中央文件来,否则不干,怕到时候吃亏。他们把中央人民广播电台广播的那封反对责任制的读者来信,当作中央精神和钟波相抗衡。在这种情况下,钟波本来是可以用汇报工作、请示问题等方式向中央报告,以待批示的,然而他没有这样做,而是毅然挑起了这副沉重的担子。作品描写他"有好几次想给中央负责同志挂电话,有好几次他的手已经按到那红色的专用电话机上了,可是他又几次把自己的冲动压制住了"。他不愿意把矛盾上交,他要为中央分忧。他深深懂得"各路诸侯"的支持多么重要,在这百乱待理的转折时期,他作为中央的一路"诸侯",负有不可推卸的职责,他必须在实践中闯出一条新路来,为中央制定大政方针提供可靠的依据,即使他失败了,也甘愿承担一切责任,这是多么忠诚的战士,表现了共产党人多么高洁的品德、多么广阔的胸怀。

和钟波相映衬的是吕芹,她是《彩虹坪》中刻画得较好的一个人物,这个自幼受到战火熏陶的中年女性,是那样的敏锐泼辣,才情横溢。她寡居多年,刚开始工作,便受到了事业和爱情的双重考验。她深知自己人过中年,"建立起一种感情是不容易的",她也努力试图把爱情和事业统一起来。但她毕竟"不希望建立起来的是一种庸俗的关系,是一种貌合神离没有共同语言的关系"。吴立中要求她做一个"平稳的人",反对她读小说,不喜欢她写的那些主张改革的文章,不同意她对于农业生产责任制所持的立场,这恰恰是她心目中所最宝贵的。吴立中在反对责任制上走得越远,他们之间的裂缝越是无法弥合,当吴立中主持起草正式下发的文件,使得耿秋英遭到严重打击后,吕芹对他已是不能容忍了。为了追求真理,为了人民的事业,她毅然抛弃了她好不容易和吴立中建立起来的感情。这对她来说或许不无痛苦,然而她的抉择,正显示了这个中年女性的正直与刚强。赴京上访,是吕芹性格中很有光彩的部分。为了和那封反对责任制的读者来信辩论,她毅然连夜进京。她是那样机智敏捷,闯报社、见总编,运用她实地考察所得来的丰富材料,更主要的是她以深切的忧国忧民的真挚情感,说服了总编,在报纸上以同等位置刊登她的支持责任制的来信。这对于钟波是多么有力的支持啊!对于那些把一封普通读者来信当作中央精神的人又是多么有力的震动!然而吕芹事先却没有把她进京一事向钟波报告。为的是一旦有什么风险,她一人独自承担,不使钟波卷入其中。这一举动,不仅使吕芹大义凛然的气节得到了极好的表现,也标志着她在政治上的成熟老练。

受到钟波和吕芹赞扬、支持与保护的耿秋英,是一个聪明、美丽、刚强的姑娘,虽然她亲人相继亡故,孑然一身,在感情上又遭到吴仲曦的玩弄,但她毫不沉沦,热爱彩虹坪、建设彩虹坪的决心毫不动摇,即使被变相拘禁,也无法抵制她追求真理的深情。她真的是彩虹坪的彩虹。当然,她还年轻,谙事未深,因而内心深处不免涂上较多的幻想与理想的色彩。她为她和吴仲曦所安排的未来,就带有较多的虚幻的成分,由此她也吃了苦头。作品竭力赋予耿秋英以聪慧颖悟,把她的童年、少年时代的闲适自乐和青年时代的苦难形成对照,加深了她在读者心中的印象。

作为与钟波、吕芹、耿秋英相对立的几个人物,在作者笔下也各具个性,分寸得体。省委分管农业的副书记潘文安虽然对农业责任制持激烈的反对态度,指责钟波是"新派",看不惯他打洋球(网球),甚至连他的笑声都觉得不能入耳。但他毕竟对党的事业一片忠诚,只是因为年迈力衰,不能接触实际,又长期受到"左"的思想影响,冲不破一些条条框框,使得他的美好愿望和僵死的认识之间形成巨大的鸿沟。吴立中则不然,作为农委主任,他精明强干,处事机敏,然而他的心地却缺乏应有的纯洁,他考虑自己太多,而考虑群众太少,用他自己的话来说,他是被头上的"乌纱帽"所约束,他的心也"给虫子咬碎了,损伤了,不是原来的心了"。由于他只顾自己的前程,一些本来看准了的问题,却不敢出来主持正义。周总理逝世,他为了怕表态,借养病为由,躲到医院里去了;在农业生产责任制问题上,他又那样反反复复,积极参与压制这一新生事物,迫害了一个年轻姑娘;在个人问题上,他为了追求腐朽的精神寄托,抛弃了曾救过他的性命的邓云姑,现在又企图让吕芹也成为他的附庸。作品对他灵魂深处的丑恶,做了无情的鞭挞,他和思想上有些保守、认识上一时跟不上形势的潘文安,有着很大区别。

《彩虹坪》是描写农业生产责任制的第一部长篇小说,的确是农村改革的一道彩虹。当然,由于作家对现实生活的积累还来不及深刻地分析,这篇作品也还存在着一些不足,如结构不够紧凑,有些人物形象稍欠丰满,作家的艺术想象也似乎还没有充分展开,等等。鲁彦周自己也说,这部小说写得比较大胆,创作风格上也有些转变,但在文学观念上,还没有完全摆脱文艺为政治服务的影响,带有一些图解性的色彩,不断地解释责任田制的重要性。他还说,大包干的重要性并不是你文学的任务,文学的任务是要写人物命运。

然而,奇怪的是,这部小说出版后,上海很重视,安徽却很冷淡,省委有个负责人竟说,你写农委主任(指作品中的吴立中)反对农村改革,我们安徽分管农村工作的领导人并不反对呀!当时,赖少其是安徽省委宣传部分管文艺的副部长,又是省文联党组书记、主席,他特地将《彩虹坪》读了一遍,很有些抱不平。他据理力争说,你们要作家反映现实,反映了你们又不满意,又对号入座。明明是小说你对什么号呢?你是大知识分子嘛,又不是不懂!赖少其到省委宣传部文艺处,问处里的工作人员:你们谁看过鲁彦周的《彩虹坪》?唐先田回答说:"我看过了。"赖少其立即指示唐先田:"你写篇评论交给《安徽日报》。"几天之后,唐先田即将评论写出来了,但迟迟未能见报。后来,时任省委副书记的袁振知道了这件事,他是改革的热心派,在他的支持下,这篇题为《描绘时代的风云——评长篇小说〈彩虹坪〉》五千多字的评论,于1983年的10月在《安徽日报》刊登出来了。那时,鲁彦周对唐先田并不怎么熟悉,文章登出来了,篇幅还较长,这在省报并不多见,所以他很高兴,带话给唐先田说:文章写得很有气势。多年后,他们彼此很熟悉了,交往也多了,但对于

《彩虹坪》：农村改革的一道彩虹

《彩虹坪》，却未在一起交流过。

　　安徽因农村改革而闻名全国、闻名全世界，最先反映农村改革的长篇小说《彩虹坪》印行十几万册，在读者中有热烈的反响，为什么在安徽遭到冷遇？《彩虹坪》公开发表在 1983 年元月，于当年 11 月出书，此时，正是党的十二大刚开过不久，鲁彦周是十二大的正式代表。能成为党的十二大代表，出席这次会议，是对他的创作成就的充分肯定，为什么回到合肥后却好像将他忘记了一样呢？说法很多，但鲁彦周自己没有讲过这些，对这些也不以为意，他只知道一个劲地创作他的作品，他坚信作家就是要拿作品说话。

第十七章

《廖仲恺》：实现了周总理的遗愿

    鲁彦周说，在他的电影创作中，有三部较为满意，那就是《凤凰之歌》、《天云山传奇》、《廖仲恺》。《廖仲恺》倾注了他自己和许多老前辈的心血，更重要的是，这是一部完成周恩来总理遗愿的电影，所以鲁彦周非常珍爱。

    1979 年第四次全国文代会期间，陈沂、张骏祥说，总理不在了，我们去看看邓大姐吧，于是和邓大姐的秘书约定好时间后，鲁彦周和陈沂、张骏祥、张瑞芳四人一起去看望老大姐邓颖超。1960 年，鲁彦周去过周总理家一次，现在总理的办公桌用塑料布罩着，落了一些灰尘，沙发也就是藤椅沙发，坐上去都吱吱作响。鲁彦周不好多说什么，心里觉得很凄凉。谈话之中，自然而然地谈到当时的电影创作，说写共产党领导人的本子多起来了，而写国民党左派的却还没有。这时，邓大姐说，她想起了廖仲恺，广州大革命时期，真正的国民党左派是廖仲恺，并说总理生前就想到应把廖仲恺写一写，可一直没人写，现在形势好了，你们能不能把他写一写？陈沂当场建议由鲁彦周来写。陈沂是个老革命，当时任上海市委宣传部长，他的提议立即得到邓颖超等当时在场所有人的赞同。鲁彦周别无选择，立即答应下来，并表示要努力完成好这个任务。张骏祥也表示参加。

《廖仲恺》：实现了周总理的遗愿

接受这个任务后，鲁彦周又有些担心，写好廖仲恺，是邓颖超大姐交代的任务，也是周恩来总理的遗愿，是一个很重大的课题。能不能写好廖仲恺、何香凝以及孙中山等革命先驱的形象，他感到担子不轻，难度不小，但他还是接下了这个任务。知难而又愿意迎难而上，是出于几方面的原因：一是那次邓颖超大姐谈话的情景他时时记在心里，在场的几个人都赞成由他写，是对他的信任，他没有退缩的道理。邓大姐还特意嘱咐，写廖仲恺还要写好何香凝，何香凝和宋庆龄一样，是一位很了不起的夫人。二是鲁彦周自己感到，从辛亥革命到第一次国共合作，这在中国革命史上是一个重要的关键时刻，这段历史还没有正面在银幕上出现过，他自己有让今天的观众知道这段历史的心愿。三是他曾在广州访问了一些人和看了一些历史资料之后，对廖仲恺这个人物的形象也逐渐由模糊而变得清晰起来。从廖仲恺长期的革命生涯中，从廖仲恺担任过的许多重要职务中，从廖仲恺忠诚、干练、清廉和任劳任怨的品质里，从廖仲恺忠于孙中山先生的联俄、联共、扶助农工三大政策坚定的胸怀里，从廖仲恺与军阀、国外列强以及当时国民党右派的斗争里，从廖仲恺的演讲、文章、诗词里，鲁彦周看到了一个为中华民族而献出自己一切的革命家形象，他觉得这是一个光辉的形象，这光辉的形象是应该和中国观众见面的。这些原因，使鲁彦周坚定地拿起笔来。

鲁彦周是一位严肃的作家。对这样一个历史人物，他不赞成有很多的虚构，尤其是重大历史事件，更不能虚构。他也不愿意偷巧，只是选取廖仲恺的生活琐事或表现他与何香凝的夫妻生活情趣来写。那样写比较容易写也会讨巧，但却不能很好表现廖仲恺在革命史上的重大贡献。经过反复思考，鲁彦周决定集中写廖仲恺革命生涯中的最后三年，即从1922年陈炯明叛变开始，至1925年廖仲恺被暗杀为止。鲁彦周做出这样的选材决定，是他觉得这三年是孙中山先生思想最成熟的时期。具体表现为决心改组国民党，确定了著名的三大政策。而廖仲恺正是忠实执行三大政策并在多方面推进了这段历史发展的关键人物。改组国民党也是受孙中山先生的委托,由他全权负责实施。因此这三年是廖仲恺一生中最光辉的三年。这一时期,又是中国共产党刚刚登上中国政治舞台,使中国革命形势发生了巨大变化的时期,是至关重要的时期。斗争错综复杂。鲁彦周觉得写这三年虽然会带来一些困难,但有利于集中地刻画廖仲恺的形象。

张骏祥后来因有别的任务,未参与《廖仲恺》的创作。但他给鲁彦周出了两个主意,一是向夏公汇报,让夏公和廖承志通通气,廖承志的支持很重要;二是到广州去搜集廖仲恺的资料,廖仲恺主要在广州活动。鲁彦周按照张骏祥的建议,很快向夏公做了汇报。夏公就是夏衍,文艺界的同人习惯称夏衍为夏公,既亲切又雅致。夏公非常支持创作这部电影,也觉得鲁彦周的创作设想可行。于是鲁彦周便在夏衍的带领下去采访了廖仲恺的长子廖承志。廖承志那时已是全国人大常委会副委员长了,但却和气可亲,又多才多艺。他谈了许多他父亲廖仲恺和母亲何香凝的往事,也谈了他对文艺创作的一些看法。他说,最了不起的人物也是人,也有喜怒哀乐,他从他的父亲说起。说我的父亲就有点怕我母亲。母亲画画,他常爱在一边插嘴,母亲便毫不客气地要他"别不懂装懂"。他又说,写大人物和写一般人物道理一样,首先要真实,要符合生活实际,别把自己拘束住了。廖承志的地位高,是党和国家领导人,但和夏衍的关系极好,夏衍在背地里喊他为廖胖子。廖承志虽然极力支持为他父亲拍一部电影,但他又说他自己不好出面。夏衍又出主意说,那就请王震挂帅,他是政治局委员。廖承志同意这个方案后,夏衍又带着鲁彦周去见王震。鲁彦周说,这是他第一次进中央政治局委员的办公室。夏衍和王震也很熟悉,当他说明来意后,王震开始打哈哈说,夏公你是专家,你负责就行了嘛,何必将我抬出来。夏衍说,这是邓大姐的意思,王震这才没话说了。鲁彦周说,夏公就是会办事,年纪虽大了,但脑子还是非常灵活。在夏公的周旋之下,就有了一个领导小组,王震是组长,夏衍是艺术顾问。除了采

《廖仲恺》：实现了周总理的遗愿

访廖承志之外,鲁彦周还在广州等地搜集采访了很多历史资料,在此基础上,他很快写出了第一稿。写出第一稿之后,鲁彦周因疲劳过度,在上海得了肺炎,高烧十八天,病情很严重。用他自己的话来说是"命都差点搞掉了"。当时经张骏祥介绍在邮电医院治疗,医院不大,但条件很好。院长是肺科专家,与张骏祥很熟悉,鲁彦周很快康复。一稿交给夏公后,夏公非常认真,对初稿做了仔细的修改。原稿每隔一两页就有他的批字,密密麻麻,批得很细,鲁彦周说这个稿本应是很珍贵的文物。根据夏衍的意见,鲁彦周出院后很快写出了修改稿,并送给廖承志征求意见,在吸收廖承志的意见后,又做了些补充和调整。《廖仲恺》四易其稿,完成于 1982 年 4 月,剧本发表在《当代》杂志上。这部影片按照夏衍的安排,先准备在上海电影制片厂拍摄,后来又改在珠江电影制片厂,导演也是夏公定的,由汤晓丹出任。开拍典礼规格很高,政治局委员王震出席。

《廖仲恺》集中笔力塑造廖仲恺和何香凝的形象,非常有光彩,歌颂了广州大革命时期国民党左派人物在孙中山先生的领导下,为国家、为民族奋勇斗争、不怕牺牲的大智大勇精神。廖仲恺不顾个人安危为改组国民党而奔走的场面,何香凝理直气壮面斥陈炯明的场面,都非常鲜明、非常深刻地留在观众的心中。影片的开头,非常突兀强烈,陈炯明叛变。廖仲恺被捕。广州城阴云密布。由于廖夫人何香凝和各方面的营救声援,更由于廖仲恺夫妇在陈炯明部队的崇高威望,陈炯明不敢杀害廖仲恺,被迫将他释放。白云山何香凝大义凛然,面对面地怒斥陈炯明的场景,真是荡气回肠。既刻画了陈炯明的虚伪、阴险,又描述了何香凝的大义、智慧。她对陈炯明的部下慷慨陈词:"廖仲恺不仅是我的丈夫,中国革命还需要他,我不能眼看着他被杀害。我今天是以一死的决心来找陈炯明的。"这充分表现了中华民族知识女性的博大胸怀和崇高节气。廖仲恺被释放后,一天也没有停下来,继续为革命奔走。他就任广东省省长时,政局混乱、百废待兴,他力挽狂澜,坚定地站在民众一边,站在孙中山三大政策一边。在中山先生的领导下,毅然决然和共产党人李大钊、林伯渠等共商革命大计,坚定地和苏共代表会谈,争取国际社会的支持。他将黄埔军校的师生视为革命武装力量,为了替他们筹集军饷,他冒着生命危险、不顾个人的尊严,去找军阀杨希闵,要杨上交截留的税款。他明知他和国民党右派胡汉民等之间的政见存在着很大的不同,他个人的生命安全时时受到威胁,但他全然不顾,不断地奔走于工人、农民、学生之间,宣讲革命,宣讲中国人必须站起来,动员各界民众在孙中山先生的旗帜下,使中华民族走出自己的新路。他明知反动势力的代表人物陈廉伯有外国人的支持,不好惹,但他还是查收了陈从境外运进广州的几千支枪械,还下令通缉陈廉伯。当他身边的工作人员得知右派势力要暗杀他的信息,劝他少外出、增加保卫时,他仍泰然处之,以当年陈炯明要杀他时他给女儿廖梦醒、儿子廖承志写的那首离别诗作答:"女勿悲,儿勿悲,阿爹去矣不信归!……阿爹若乐与前同,只欠从前一躯壳,躯壳本是臭皮囊,百岁会当委沟壑。人生最重是精神,精神日新德日新……"廖仲恺所终生追求的是祖国的强大和人民的自由幸福,为了自己的崇高理想,他早已将个人生死置之度外。然而,右派势力对他是不能容忍的,廖仲恺终于倒在了暗杀的枪口之下。这部影片在艺术上的特点也非常突出,一是选材精当。廖仲恺一生经历丰富繁多,影片只是选择几个场面,即将他的形象生动地呈现在民众面前;二是细节生动和谐。如廖承志介绍的他父亲有些怕他母亲,画画时不让他插嘴的场面;堂妹夫找他求差事,他打发堂妹夫的场面;每顿都吃一碗"云吞面"(光头面)的场面等等,这些细节穿插于激烈的政治斗争中,更好地体现了廖仲恺的思想精神风貌;三是真实可信。《廖仲恺》虽是一部故事片,但又有纪实的特点,主要人物情节都真实可信,有据可查,虽有一些虚构成分,但也符合当时社会背景和历史氛围。

电影《廖仲恺》由珠江电影制片厂摄制公映以后,社会反响很强烈,都认

《廖仲恺》：实现了周总理的遗愿

为是一部好电影。但也有些疑问,集中在廖仲恺这个历史人物的形象塑造上,认为写得太高了,是否符合历史真实? 为此,鲁彦周写了一封公开信,回答观众的疑问。信是这样写的:

××同志:

来信收到。关于影片《廖仲恺》,你讲了许多的好话,也提了一个问题,就是你信上说的:"廖仲恺这个形象是否太高了? 太左了? 他几乎像一个共产党人了。"你还问:"是作者拔高了他? 还是廖仲恺就是这样一个人?"

你这个问题提得很好,我估计,可能还有不少和你有相同看法的人,我觉得有必要公开讲讲我自己的看法。

我不认为我是离开了历史、离开廖仲恺的生活原型,用今天的观点或是作者自己的思想强加到二十年代的廖仲恺先生身上;事实上,我剧本里所写的廖仲恺,远不如历史上的廖仲恺。我觉得我是写得不够,还没能更深刻地展示他的思想境界。

使你产生上述感觉的可能是这几个方面:一是廖仲恺思想的坚定性,一是他的原则性,一是他的艰苦朴素,一是他的革命襟怀。你可能认为,一个大革命以前的国民党人,难道能有这样的思想作风和革命品质吗? 对上述问题,坦白地说,我在没有调查访问以前,也曾有过一些想法。我们多年来已经习惯于一讲像廖仲恺这样的革命家,就讲他的局限性、软弱性,这似乎成了一个公式,这个公式有时会影响到对一个人的公正的历史评价。局限,当然是存在的,但不能离开他所处的那个历史时代;软弱或动摇也是有的,但不是每一个历史人物都有。一定要具体分析,用历史唯物主义的观点去分析判断,不能先入为主,不能带框框写文艺作品。

廖仲恺作为一个革命的民主主义者,他在他那个时代,是站在时代前列的,他和孙中山先生一样,是在总结多次失败的教训的基础上,产生了改组国民党,坚定地推行"三大政策",把革命向前推进的思想的。他不是共产党人,但和当时我党的方向、任务是一致的。为此,他和帝国主义、军阀、买办、右派势力进行了坚决的斗争。历史上的廖仲恺是如此,影片中的廖仲恺也是如此,这里不存在有意拔高的问题。对于这个问题,我建议你看看廖仲恺的文集,看看何香凝的回忆录就会明白了。至于他如何支持工人罢工,支持农民运动,大声疾呼要划清革命和反革命的界限,影片中关于他这方面的描写,也完全是他所做过和讲过的。甚至有的台词,如最后的演讲,有的话就是他演讲的原话。我们不能因为这些话太接近于我们的口号,接近于我们今天仍在常用的术语,就怀疑廖仲恺是否能讲出那样的话,是否有那样的进步思想。这样的怀疑是没有根据的。

关于廖仲恺的为人,他的思想品质,他的清廉自守,他不任用私人,他和何香凝的夫妻生活,互敬互爱,……这许许多多方面,也绝不是我臆造的,是我在多次访问中得来的。廖仲恺这方面的高尚情操,是我们中华民族的优良传统的继承和发扬,我们历史上像这样的人物是很多的。这是我们民族的骄傲,我们应该继承发扬而不应该怀疑。遗憾的是,这方面我还没有写好。

这部影片,导演、演员和工作人员是尽了力的。但由于我的剧本仍存在着不少缺点,也给影片带来了一些问题。如某些章节的零乱,某些地方的沉闷,对廖仲恺这个人物思想感情展示不够等等。这些问题确实是存在的,我欢迎你对这方面提出宝贵的意见。至于在观点上,在处理历史材料上,我觉得我还是按照历史唯物主义精神去对待的。我当然有艺术加工,但我没有违背历史真实而去追求戏剧效果;不仅对廖仲恺,对

《廖仲恺》：实现了周总理的遗愿

剧中出现的其他人物，我也是按照他们当时的本来面目去描写的。我并没有因为有人后来变了，就给他涂上一个白脸。匆匆敬复。

      此致

敬礼

1983 年 9 月

鲁彦周为夫人张嘉的画题字

149

第十八章

用血与泪写成的《山魂》

对于中篇小说《山魂》，鲁彦周说："但也有的还没有被人注意，如《山魂》，如《乱伦》，我自己都是比较喜欢，也认为写得有特色。"（《鲁彦周文集·自序》）《山魂》是以大别山为背景的，它的创作时间，应是 1986—1987 年之间。

《山魂》是鲁彦周用血与泪写成的一部中篇小说。

1960 年秋冬之际，鲁彦周在六安淠史杭工程蹲了两三个月，是省里领导同志的安排，希望他熟悉那里的水利工程，积累创作素材，时任省长的黄岩说，将来淠史杭肯定要有人写的嘛。于是，鲁彦周到了龙河口、红石嘴、苏家埠，后又常到南溪、金刚台、燕子河等地，苏家埠是刘、邓大军挺进大别山的一个很有名的古镇，在那里曾打过一场大胜仗，消灭国民党的一个师。鲁彦周在水利工地熟悉水利建设生活的同时，还听到了许多革命战争年代的故事，他被这些可歌可泣的故事所深深吸引，1960 年底回到合肥后，时隔不久又去了大别山，到金寨、岳西。金寨是个将军县，当年有十万子弟在革命战争年代牺牲了年轻的生命，出了五十九位将军。岳西也是革命老区，鲁彦周在岳西的鹞落坪，遇见一个名叫余佑民的女同志，她是当地最早参加革命的小学毕

用血与泪写成的《山魂》

业生,也是年轻时长得很漂亮的一位女兵,但她在鹞落坪的大山里身染重病,不能随大部队转移,只得留下来。大别山空了,她找不到部队找不到党组织了,只得嫁给当地的山民。她当年所深深恋爱着的师政委,解放后在武汉工作,专程到大山里来看她,两人抱头大哭。余佑民还算幸运的,她一直活了下来。1961 年至 1964 年,鲁彦周挂职深入生活,全家都搬到了岳西的响肠公社,当年的清水寨起义就在这个公社。

在这一段时间,他搜集了许多革命英烈的历史资料,其中包括舒传贤、许继慎、高敬亭、周维炯的资料。

舒传贤(1899—1931),霍山人,1926 年加入中国共产党。1921 年参加组织安徽社会主义青年团,并任安徽省学生联合会会长,1922 年赴日本东京高等工业学校读书,任青年团中朝日学生东京特支书记、留日学生总会交际部长。回国后,曾任安徽总工会筹备委员会委员长、中共安徽省委临委工委书记、中共霍山县支部书记、六霍县委执行委员,霍山县委书记、六霍军事委员会书记、中共六安县委书记,1929 年领导六霍暴动,建立起安徽第一支正规工农红军——中国工农红军第十一军第三十三师。是皖西革命根据地主要创始人之一。1931 年 4 月,任鄂豫皖中央分局委员兼组织部部长。在 1931 年的"肃反"中被错杀。1954 年被追认为革命烈士。

许继慎(1901—1931),安徽六安人。1924 年加入中国共产党,军事家。黄埔军校第一期毕业生,毕业后留校任连党代表、教导第二团排长。北伐开始后,从 1926 年起,任国民革命军第四军叶挺独立团参谋长、第二营营长,参加汀泗桥、贺胜桥战役,胸部负伤仍坚持指挥战斗。同年冬,任第二十五师七十三团参谋长,后调任第二十四师第七十二团团长。1930 年,受中共中央军委书记周恩来委派,任鄂豫皖革命根据地红一军军长。不久,又担任鄂豫皖特委委员、红一军前敌委员会委员。1930 年 12 月,率部东出皖西,粉碎国民党第一次"围剿"。1931 年 1 月,红一军和红十五军合并为中国工农红军第四军,任十一师师长,后改任第十二师师长兼鄂豫皖军事委员会皖西分委主席。同年,在讨论粉碎国民党第二次"围剿"军事方针时,同张国焘发生严重分歧。在 1931 年的"肃反"中被错杀。1954 年被追认为革命烈士。

高敬亭(1901—1939),河南光山董店人(今属新县),1929 年加入中国共产党。历任鄂豫皖特区、鄂豫皖省苏维埃主席,中共光山县委书记、鄂豫皖中央分局委员,鄂豫皖省委常委、组织部长,豫东南道委、皖西北道委书记,红军第二十五军第七十五师师长,第二十八军政委、新四军第四支队司令员。1939 年在合肥青龙厂(今属肥东)被错杀。1977 年被平反。

周维炯(1908—1931),金寨县人。1924 年加入中国共产党。1926 年 7月,入黄埔军校武汉分校学习。大革命失败后,被党组织派回家乡,以教书为掩护,从事兵运和农运。1928 年初,当选为中共商城南邑区委委员兼少共区委书记,负责青年和士兵工作。不久,打入地方武装商南民团,在民团中发展党组织,扩大革命力量,开展革命活动。1929 年 5 月,中共商南地区特别委员会成立,被选为委员并负责起义指挥部军事工作。起义后,成立中国工农红军第十一军三十二师,任师长。1930 年 3 月起,历任红一军第三师师长,红四军第十一师副师长兼三十三团团长、第十一师师长。曾在反"围剿"中生俘国民党第三十四师长岳维峻及以下官兵五千余人。在 1931 年的"肃反"中被错杀。1954 年被追任为革命烈士。

在走访这些革命先烈所生活战斗过的地方后,鲁彦周的心情难以平静。他几乎是用颤抖的手,在他的采访本上,记下先烈们的战斗生活资料和传说的。他们是那么年轻,周维炯只有二十三岁,其他几位也才三十岁多一点,多么宝贵的青春年华,又那么功勋卓著,他们是民族的精英、国家的光荣,他们不是倒在敌人的枪口之下,而是死在自己人——曾是同事、战友、上级的手里。想到这里,鲁彦周内心无比悲痛,他觉得他有责任用他的方式去表现他们,表现他们英勇不屈又惨遭不幸的短暂一生,于是他创作了中篇小说《山

用血与泪写成的《山魂》

魂》,小说中的小师政委方声,就是鲁彦周采访本里所记下的那些革命先烈的综合形象,他是用血和泪来写这部小说的。

小说主要写了两个人物:方声和林远。这两个人都是主力部队突然转移后,在大别山区坚持革命斗争的领导人,他们建立了丰功伟绩,结局又都极其惨烈。

方声还不满二十岁,他十四岁便参加革命,原是少共国际师的,有位黄埔出身的师长当他的老师,当他的辅导员,教他的军事课,还有一位政治部主任,给他上政治课。方声虽然年纪轻,人也长得瘦小,但他的名声却很大,他的传奇般的战斗故事在部队广为传播,他是人们崇拜的英雄和偶像。小说是通过许多细节、从各个不同的角度来塑造方声的。

第一是从战士郝和尚的角度来塑造方声。小说一开篇便有这样一个细节:大个子兵郝和尚和一些战士在玩游戏比试摔跤,因他身大力不亏,许多人都败在了他的手下。正在这时,小政委方声出现了,这个瘦瘦的大娃儿对郝和尚明显摆出一副不服气的样子,郝和尚只知道有个著名的方政委,却不认得眼前的这个貌不惊人的瘦小子就是方声,于是,很有点瞧不起地冲着他说:"你这瘦小子也想来一下吗?"谁知瘦小子更是毫不在乎:"来倒是想来,就怕你这大块头跌倒了,闹地震。"结果可想而知,郝和尚虽然块头大,摔跤却不是瘦小子的对手,先是扑通一个"狗扒式",接着又是扑通一个"狗吃屎",郝和尚见眼前这个瘦小子一身破衣裳,邋里邋遢的,他有些糊涂了,怎么就近不了他的身呢!郝和尚哪里知道,瘦小子方声是经过专门训练的,光凭蛮力气摔跤当然不是他的对手。

真是不打不相识,方声喜欢上郝和尚了,经军政委林远批准将他要到方声身边来。郝和尚自跟了方声之后,便常在一起行军,但他这个大个子总是赶不上瘦小的政委方声,他走起路来像是射出去的一支箭,不仅走得快,行军的方式也很奇特,远远地走在前面,拉开一段距离之后,他便找个合适的地方,将随身带的小包袱往头底下一塞,两腿一伸,睡着了。有时还做梦呢,还在梦里笑呢!等大部队赶过来,他又箭一样地射出去了,然后再睡一觉。真是行军、休息两不误,总是精力充沛、生龙活虎。郝和尚不解,说:"哪有这样睡觉的。到了目的地再睡不好吗?"小政委笑骂了一句然后说:"到了地方,该同志们睡了,我可要忙别的事了。"郝和尚还听说,他就是凭这套飞毛腿的本事,带领二十多个精兵,猛追敌人八十里,敌人被追得一步也跑不动了,累得躺在路边喘大气,连举手投降的力气都没有了,敌人的一个团就是这样被他追垮了。敌团长跪在路边直喊:"方声不是打仗,是发疯!他是一个疯子!"从此,敌人一听说小政委方声来了,便吓得腿肚子发软。

这就是郝和尚眼里的小政委方声,他亲身经历的方声,亲眼所见的方声,亲耳所闻的方声,这是一个性格十分鲜明、行为十分独特的方声。当然,方声之所以传奇,还远不止这些,于是小说继续向纵深开掘。

第二是从大别山区领导人林远的角度来塑造方声。别看方声年纪轻,平时嘻嘻哈哈毫不讲究,不像个师政委的样子,但关键时刻却当机立断,十分老成。当主力部队撤出大别山时,留守的林远和方声并不知情,主力部队的领导人当然也没有向林远和方声做出什么交代,只是留下一封信,要方声迅速交给林远。拿到这封信后方声感到事关重大,于是,一刻也不耽搁,快马飞奔,经过几天几夜的寻找,终于将信送到了林远的手里。当林远看完信后,对眼前敌我力量悬殊的严峻形势有些忧虑,我军不足五百,敌军有十几万,各地党组织是否存在,又情况不明,他感到危在旦夕,没有信心。在这个需要精神支撑的时刻,方声帮他做了详尽合理的分析,说我们少共国际师有二百多人,长短家伙也有二百多,再把地方武装组织起来,成立一支正规的红军,定能支撑大好局面。正是他的战略头脑,使林远信心倍增。在那次成立领导核心的会议之前,林远心里本没有底,担心同志们不信任他,又是方声为他鼓了劲,使他脸上有了笑容。在会议上,当李跃如、肖非对林远身兼多职有所保留时,

用血与泪写成的《山魂》

还是方声据理力争、陈以利害,确立了林远的核心领导地位,由他担任临时省委书记、红八军军长兼政委并立即宣布,以稳定人心。这时,林远对方声是十分信任的,他虽然没有明讲出来,内心对方声十分感激。他不仅在战场上救他的命,在关键时刻又挺身而出,使他成为大别山区红军的核心领导,他委任方声为红八军红八师政委,也便理所当然了。实际上所谓红八师,就是由少共国际师那些渐渐长大的孩子们组成,他们的年龄都和方声上下差不了几岁。方声为自己的一番雄辩有力的说辞而确立了林远党的核心领导地位而高兴,他为自己得到林远的信任、重用当了师政委而高兴。他的表姐孔繁仪又和林远正式结婚,他自己也和那个一路陪伴他的年轻姑娘凌林也成了一家子,环境虽然十分艰苦险恶,小政委方声还是一个风风火火的乐天派。在其他人看来,林远和方声的战斗友谊友情,真的是坚不可摧,他和林远真的团结得像一个人似的。在林远的眼里,方声已长大成为一个红军的杰出指挥员了。

第三是从方声自己的角度来正面塑造方声。他指挥部队的独力作战能力更强了,一场大仗打下来,消灭了敌人的一个旅,又生擒了一名团长,使林远不得不到他们师为全师开庆功会。他的独立思考能力更强了,他隐隐约约地听说,林远在军部开展肃反,听说政治部主任肖非被杀掉了,他开始不相信,认为林远不会做出如此亲者痛、仇者快的蠢事来。但是军副政委李跃如突然来到了他们师,他自己说他也被林远打成了反革命,也在逮捕枪杀之列。这个千真万确的事实,使方声大为震惊,他坚信李跃如、肖非不是反革命,他为肖非之死而悲伤,他诚恳地将李跃如留在八师。因为他对林远还心存幻想,希望林远能醒悟过来。他也知道这样做要冒很大的风险,但他的直觉和他的善良之心要他这么做。他的战略策划能力更强了,战略眼光更远了,一次大胜仗打下来之后,他从俘获的五百多名敌人中,挑选出四百多人,准备给军部一百人,其余的三百多人分到八师的各连去,将八师扩大到一千人,壮大自己的队伍。如果军部不要那一百人，他便全部留下来。他相信这些人大都是拉壮丁拉来的，是穷人，是我们的阶级兄弟。其中还有许多人家在东北，有亡国之痛，有强烈的爱国之心。至于他之所以要将俘虏的敌二十三团团长保护起来，是要他写一份材料提供他所知道的敌我双方的信息，供对敌斗争参考。因为深居大别山腹地，对外界的情况一点也不知道。他和敌团长也交谈过，知道他有爱国之心。当林远厉声指责他"被胜利冲昏了头脑""你放肆"时，他明知自己的处境已非常危险，但还是仗义执言，要林远"不要用这种口气说话""我是共产党员，是师政委，不是谁的孩子！"并指出林远在大敌当前的处境之下，不是团结同志一致抗敌，而是搞肃反，杀害自己同志的错误。但林远并没有因为方声的严肃批评而有所悔悟，而是越走越远，他派出他的只会阿谀奉承的参谋长和警卫营的战士从红八师抓走了李跃如和那个敌团长，在一棵大树下将他俩处决了。方声听到两声枪响之后，清楚地知道下一个便是自己了。他果然被军部通知接受审查，他的罪名是窝藏反革命、私自和敌人接触、骄傲自大、自以为功劳盖世等等，这还了得，审查的结果必然是处决。方声对自己的命运再明白不过了。但他十分坚定，他打定主意，不能离开自己的部队，不能走出大山，那是逃兵，壮士之所不为也。他更不愿接受所谓审查，然后死在自己同志的枪口之下。于是他和敌人硬碰硬地展开了一场战斗，红八师一个排和国民党军一个营的恶战，本来仗可以不这样打，可以打得更巧妙些、迂回些、智慧些，大山里周旋的空间很大。方声不去做任何战术方面的努力，而是一个人登上高高的岭头，连发他的机关枪，机关枪打哑了，他又接着扔手榴弹……他是有意将自己暴露在敌人的面前，要用自己的鲜血和生命，让林远看一看：一个要受审查的反革命是怎样和阶级敌人拼命的！他要用自己的英雄行为，向林远证明：林远是错误的！他要用自己的年轻生命和鲜血向天下昭示：共产党人是坦荡光明的！结果可想而知，方声的鲜血染红了大别山的一个岭头！人们也许不太理解，方声难道没有别的选择？方声

用血与泪写成的《山魂》

知道,肖非、李跃如之死便是最好的说明,他只能如此。真是悲壮无限、气贯长虹! 方声倒在岭头之时,还不足二十周岁呀! 如果逃过了那一劫,如果活到了新中国成立之后,如果……人们正是这样去思考舒传贤、许继慎、高敬亭和周维炯的,但历史就是那样的严酷,并不存在什么如果。

方声壮烈地牺牲了,但他的形象与他的精神与巍峨的大山同在,永远活在人们的心里。

小说对于林远的描写也是很真实的,并没有脸谱化。林远从信任方声,对方声委以重任,到怀疑、审查并准备杀害方声,原因是多方面的,对敌斗争险恶,他将弦绷得太紧,以致对自己的同志做出了错误的判断,这是客观形势所造成的;他缺乏理论、思想的准备,气量狭小,见方声威望太高,盖过了自己,他担心被取而代之,这是他个人素质造成的;以党的化身自居,听不得别人包括妻子孔繁仪的解释和劝导,也不容许方声的申辩,只听参谋长的奉承之言,终铸血的错误,这是权力过于集中,在党内制造迷信、神话所造成的。

《山魂》在鲁彦周的中篇小说中是较长的一篇,叙事宏大,主题深刻,方声的艺术形象十分感人,在残酷的斗争环境里,还穿插了一些感情描写,如方声与凌林之间的描写,林远与孔繁仪的描写,都非常真实动人,和那个特定的时代也非常吻合。

《山魂》,非常值得一读。

第十九章

《古塔上的风铃》：《彩虹坪》的姊妹篇

《古塔上的风铃》是鲁彦周的第二部长篇小说。

《彩虹坪》出版后，鲁彦周便着手写《古塔上的风铃》，前者写农村改革，后者写城市改革，从这种艺术对称的追求中，也可看出鲁彦周的匠心。《古塔上的风铃》完成于 1986 年，1987 年上半年先由人民文学出版社出版的大型文学杂志《华人世界》发表，1988 年由人民文学出版社出版。

这部小说以芜湖为背景，鲁彦周很喜欢它，认为它描写了中国权力之争的要害，把着权力不放，是中国政治文化的死结，也是人类政治文化的死结。为了权力，为了地位，其他的一切都可以放弃，亲情可以放弃，爱情也可以放弃。《古塔上的风铃》是一部题材新颖、风格细腻、触及改革深层的佳作。

描写改革，反映时代的主旋律，是粉碎"四人帮"之后，鲁彦周所始终不渝的追求。他的长篇小说《彩虹坪》是第一部反映农村改革的长篇小说。如果说《彩虹坪》的线条还略嫌粗了一些，那么《古塔上的风铃》则浑厚得多、深沉得多。这部小说不仅写出了改革正在急速进行中的那种令人兴奋不安的氛围，那种不可逆转的必然趋势，也写出了改革过程中所出现的种种参差错落的矛盾和隐蔽在人们心灵深处的巨大阻力。作家是站在一个较高的制高

《古塔上的风铃》：《彩虹坪》的姊妹篇

鲁彦周 1988 年和《柳暗花明》女主角陈大妹（左二）
电视剧《苦竹溪》女主角薛淑杰在皖南，左一为鲁彦周夫
人张嘉

点上，通过对民族文化心理的鸟瞰，来理解和描绘现实生活中所发生的这一
切的，这无疑是使得《古塔上的风铃》容量宏大而又意蕴隽永的一个主要
原因。

　　《古塔上的风铃》，是《彩虹坪》的姊妹篇。

　　什么是改革？《古塔上的风铃》将改革归纳成为一种文化现象：新旧文
化激烈碰撞的现象。用这种观点去理解《古塔上的风铃》所描写的人和事，
让人觉得很有回味的余地。从戎是小说中的一位省委书记，着墨不多，留给
人的印象却很深刻。不但小说中的人物青苹认为他很有气魄、很有风采，读
者也感到他是一位很有震撼力很有吸引力的领导者。其实，作者并没有去描
写他的学识、他的业绩和他如何当上省委书记的过程，倒是详细地描绘了他
在年轻时代对李永珍那种不无突兀而又真挚、狂热的爱情，和二十年之后他
写给李永珍那封脉脉温情的信件。对于一个省委书记，作家用如此集中的笔

墨去描写他的恋爱和私情，读来仍感到顺理成章、淋漓痛快，并没有什么不贴切的感觉。这是什么原因呢？主要是作家给从戎这个人物注入了一种新的文化意识，赋予了他一种新的气质。他的爱，绝不是为了寻求一时的欢乐和刺激，而是受一种强烈的

鲁彦周和文学评论家江晓天在《古塔上的风铃》研讨会上

感情的驱使，所以爱得如此热烈，如此有力量，如此有冲决一切罗网之势。二十年之后，当这位省委书记看到深深地留在他心坎里的这位李永珍，在不断扭曲自己的漫长人生中变得如此庸俗和势利，以至于毫无掩饰地为自己伸手要官，他"心里腾地升起一团火，这团火把往日的温情，见面前和见面时的幻想，一下子摧残得干干净净"！在作家笔下，从戎是一个普通的常人，但他又是一个有着新的文化意识的人。正是这种新的文化意识，使得改革的欲望在他的精神世界里如此强烈，他不但要在他的事业中大刀阔斧地改革，他对他的凝注已久的感情，也毫不可惜地舍去。这是一种多么强大的驾驭力量啊！

李琢如来到 A 市，虽然有某种偶然性，但终究是历史的必然，起用年轻干部是改革的大趋势。从戎之所以如此放手地起用这位年轻人，将 A 市的重担托付给他，不能有什么别的解释，只能是对改革的热切向往，使他们的心融合到了一起。李琢如在学生时代便有着烈火一样的性格，果决、刚直、机智。时代风雨的剥蚀，他烈火一样的性格虽然变得深沉、内向了些，但时世的磨炼，却使他更为成熟了。对时代潮流的大趋势、改革的大趋势，他有着极清醒的认识。他来到 A 市之后，明知有许多阻力，也决不退让半步，而是致力于把他

的那些并不超越历史的设想付诸现实,他自信他有这个魄力。他不仰仗老书记肖牧的鼻息,也不去聆听他的姑母、副书记李永珍的教诲,而是面对现实,去寻求改革的宏图大略。正因为如此,所以他一来到 A 市便立即被推入了一个不妙的境地:肖牧不允许他以平等的姿态出现在他面前,不喜欢他打量他的目光,容不得他通电话时先放下话筒,对讲话时那种平等伙伴的口气大为反感,于是暗中派人跟踪他:“我们还要考察考察这个人呢!”并指示李永珍:“你和有关同志打一声招呼,看看他到底是来做什么的!”不但不信任李琢如,对从戎也不信任,把老干部们所坚守的组织原则也丢到一边去了,因为派李琢如到 A 市来,毕竟是省委的决定,并非从戎的个人行为。

肖牧和李琢如之间的格格不入,最终是两种不同文化心理的冲撞。时代的推进,使肖牧从一个农民转而成为一个市委书记,他心灵深处的意识当然也要发生变化,但这种变化在那种生死交关的战争年代最为鲜明和深刻,而一旦进入和平时期,一旦握有一定的权力,带有浓厚封建色彩的我们这个民族的种种传统落后意识,又浮现出来统治他的心灵。他意识中的 A 市“是他的家”,他虽然理性上否认他是 A 市的“太上皇”,但在哑然发笑中感到这个比喻“似乎也还贴切”。实际上,他就是 A 市的“太上皇”,他不容许别人染指 A 市。至于改革,嘴上说说而已,但没有认真想过,甚至把庸人政治也抹上了改革的光彩。所以李琢如的到来,很自然引起他心态上的不平衡,因此,他要哄他走,甚至不惜采取一些非组织的行为。他之所以无可奈何地要把李永珍推出来,最终目的是为了调整他的心理上的不平衡状态。他虽然压根儿瞧不起这位打着“烈士夫人”牌子的副手,但他在那种传统文化心理的压迫下,感到只有用李永珍来抵掉李琢如,才能得到某种安慰。对于这种传统文化心理的描写,作品不限于肖牧,还有省顾委主任秦冲、省妇联副主任孙大姐。他们在 T 市老樟树下那座亭子里的交谈,他们鼓励李永珍争权夺利时那种真切诚恳的情态,和我们这个改革的时代多么不相容!然而这又是现实,而且并不那么容易消失。这种古老的落后文化心理,正是改革所碰到的比任何一种阻力都要大的阻力,从戎和李琢如正是要在这种阻力面前受到检验。

这种阻力固然来自社会的各方面,但却集中体现在李永珍这个人身上。小说中的李永珍,二十多岁便失去了丈夫寒光而守寡。那时她年轻、美丽、青春勃发,守寡对她自然是一种煎熬。她的丈夫寒光曾是市委书记,有一大帮下级、战友在 A 市。寒光虽然不在了,但这一帮寒光的代言人,织就了一张很大的寒光的网,李永珍就被这张网笼罩着,这网虽然也发出美丽的光环,无比荣耀,但李永珍年轻的身心,毕竟寂寞难耐,她有着强烈的爱的生理的要求,她在海边遇见了和她年龄相仿的刚从国外留学回来的从戎,小说的第三章《闷热的海》,写的就是从戎和李永珍在海边游泳、相交、相爱、在小别墅里度过了一个难忘夜晚的故事。从戎俊美健强的体魄,和他热烈、真挚的爱情追求,使李永珍真正体会到了爱的甜蜜。但与此同时,她更体会到了权位的魔力,她虽然只有二十五岁,但已尝到了权力的滋味,对她来说,那是比爱更为吸引人的滋味。小说写道:

> 寒光是永垂不朽的,她也将是最稳固的!她已经是市委委员了!她才二十五岁,她在 A 市说话已经很响亮。开始有帮人围着她转,只要她愿意,她可以办任何事情。她若是跟着他(指从戎),到那人地生疏的工地,她能做什么?离开了党委机关,对她来说,犹如鱼离开了水,她能在那里生存、发展,像她在 A 市能达到的那样吗?不可能!

李永珍虽然年轻,但她很有心计,她默默地很认真地将爱情的甜美和权位的魔力,反反复复做了比较,经过激烈而痛苦的内心斗争,她舍弃了爱,舍弃了她由衷所喜欢的并将她的全部都给了的从戎,而紧紧地坚守她所拥有的并且会越来越大的权力。这一段描写,细致入微,既浪漫又真实,读后动人心

《古塔上的风铃》：《彩虹坪》的姊妹篇

魄。就是这样的一个李永珍，经过了二十多年的岁月磨炼，她的政治地位越来越高，她的权力越来越大，她是 A 市的市委副书记，当 A 市改革开放的浪潮汹涌扑面而来时，她的死守权力不放，死命抵制一切她认为有损于她权力的人与事，也便是她的政治文化的必然表现了。

李永珍作为市里的一个负责人，在她的文化意识里没有什么改革、开拓、创新等等因素。她甚至连一份关于 A 市改革的建议都读不懂，她对省里的改革理论论证会毫无兴趣，她看不惯知识分子，认为青年人是"永远长不大的一代"，她意识里的核心是一个字："熬"。作品把她写得很美，如今五十多岁了，仍然风韵犹存，有很好的仪表和风度，然而她的内心世界却被"熬"得越来越枯涩了。当初她跟寒光的勉强甚至有点粗野的结合，便是违背自己真正意愿的一种"熬"。寒光的牺牲，使得这种扭曲自己本性的"熬"更为漫长了，人们把"烈士夫人""原市委书记夫人""老政委夫人"这么多桂冠戴在她的头上，警告她："你要感到光荣和责任，你不能让人有非议，不能有差池，不能发生有损寒光同志的任何事情！"要她毫不动摇地"熬"下去，她自己也把正在燃烧着的青春之火一次又一次扑灭下去，甘愿"熬"下去，不无痛苦地一次又一次地寂寞地谛听那古塔上的风铃。"未亡人"的漫漫长夜使她痛苦，但"熬"的结果又使她得到了权欲的满足。她从一个市的组织部长上升到副书记，随着岁月的流逝，她从权势中得到的满足渐渐湮没了她对于"熬"的痛苦，于是她不再是去"熬"，而是要去争。年轻时她痛苦地将爱情"熬"掉了，如今五十多岁了，她更可以毫不犹豫地将亲情"熬"掉，她不怕担姑母挤侄儿的位子的名声，她甚至为肖牧压制李琢如而感到高兴。她内心明明还隐藏着对从戎的旧情，但她却不让这种旧情萌发，而是依仗这种旧情去作为伸手要官的资本。她的女儿鄙视她，她也想到她即将见到的哥哥会责怪她，然而这一切她顾不得了，她甚至想到"省委当然首先要考虑到我"来为自己打气。这种"当仁不让"的势态，使她和从戎之间的感情纽带彻底断裂了，也使得 A

市的改革陷入了一个极艰难的境地。

但是,尽管作者并没有明确写出谁来 A 市执政,但读者已明确地看到,像肖牧、李永珍这种文化心态毕竟是太古老了,封建色彩太浓厚了,太跟不上时代进步的潮流了。虽然他们还有强大的能量和从戎、李琢如较量,不自觉地为改革设置重重障碍,但唯有从戎和李琢如等具有新的思想、新的素质和锐意革新的人,才能推动我们这个时代的进步。改革越是深入地进行,新旧两种文化意识的碰撞也越是激烈。我们将看到新的改革思想、新的文化观念发出灿烂的光彩!

古塔上的风铃不时在发出沉闷的声响,只要有一点风吹过来,哪怕是极微小的风,它都会不甘寂寞。这就是改革开放为什么会遇到巨大阻力的原因。

多年之后,鲁彦周在谈到这部长篇时,仍难抑制他的高兴心情,他还将这部小说和《彩虹坪》做了比较,认为它比《彩虹坪》好多了,意境开掘得较深,人物塑造得比较完满,比较洒脱,也放得开,并坦言《彩虹坪》有图解政策的痕迹。他在回忆这部小说的出版情况时说,人民文学出版社拿到这部书稿后觉得不错,很高兴,书稿交给他们后他自己便到德国去了,时隔不久他回国后便已发排了,封面设计也不错。书出版后,在北京开了个研讨座谈会,会场在文化部礼堂,陈荒煤、冯牧和文艺界许多知名人士七八十人参加,评论家们给这部小说以很高的评价,认为是写城市改革和新老干部交接中矛盾冲突的难得作品。鲁彦周说,为一部小说的出版,兴师动众地搞了这么大的场面,使他很感动。

多家电台曾广播过这部小说,黑龙江电视台曾约请影视剧作家将《古塔上的风铃》改成了电视连续剧,但因种种原因,终未能拍成。

第二十章

艺术含量和审美价值都很高的《走出中南海》

因为创作电影剧本《廖仲恺》，鲁彦周走近、认识了廖承志，多次到他的办公室、到他的家，采访他，和他面对面地交谈，这其中，牵线领路的人都是夏衍。

鲁彦周与廖承志接触得不如和夏衍接触多，但对廖承志他也像对待夏衍一样，十分尊重，也称他为廖公。鲁彦周记得廖公的家是在北京一条不大的胡同里，外表气魄比夏公家要大些，因为他是党和国家领导人。鲁彦周说，第一次进廖公家门之前，感觉和到夏公家不同，多多少少有些神秘感，但是一走进去，一见到笑呵呵的"胖子"（夏公称廖公为胖子），那种感觉就迅速消失了。在他的记忆里，廖承志家里养了一条狗，那时家里养狗是极少的，可见廖承志对小动物的热爱。廖公很随便也很热情，他的身上有一种让人感到非常亲切非常普通的气质，绝没有大人物居高临下的派头。他的家里也没有多少华丽的陈设，他的办公室就是卧室，也是会客室。几把古旧的木椅，一张很破很破的床和一张写字台，就是他的起居室里的一切。他的办公桌上堆了许多文件、报纸，显得有些杂乱。鲁彦周还听说，廖公的床已经旧得不能承载他有些超重的体重了，以致有一天夜里突然断裂，把大名鼎鼎的副委员长摔倒在地上。但就这样,廖公也不同意为他换一张新床。

鲁彦周说,夏公和廖公一见面,就有说不完的话,他们从过去在香港一起的活动,从抗战到解放后一直谈到当前的文学艺术,无所不谈,鲁彦周从他俩的表情手势,完全可以看出他们之间的默契和相互理解,他们像一般人一样大笑、感叹和愤懑,真是喜怒哀乐溢于言表。他俩谈话,鲁彦周是个局外人,插不上嘴,但鲁彦周从一个作家的角度,听得也非常有情趣、非常入耳。他俩毕竟是长者,是大文人,人文情怀随处可见,即使他俩谈到情不自禁时,也常关照到鲁彦周,怕这位作家在一旁感到冷落。后来鲁彦周也自自然然地和他俩一起谈笑起来。鲁彦周当时最突出的感觉是:这两位,一个是文艺界宗师,一个是党和国家领导人,都是那么纯真、朴素、普通,有时还像孩子一样天真。那天廖公对文艺创作也谈了他的看法,也谈了他父亲和母亲,他对两位老人既尊敬,又觉得不神秘,更多地谈到他们也都有常人的一面。廖公对"四人帮"时期的文艺感到无比愤怒,他谈着谈着就激动起来,他望着瘦小的伤了一条腿的夏公,眼里流露出无限感伤和难受,鲁彦周清楚地听见他深沉地问夏公,你的腿现在还痛不? 夏公说,不痛了,就是走路不方便。夏公的一条腿,是在"文革"中被造反派打伤致残的。夏公在"文革"一开始,即作为文艺界的黑线人物"四条汉子"之一被造反派揪出来了。

后来廖公谈起了他在"文革"中被关在中南海里的经历,他和夏公也谈到王胡子(王震),说他怎么发现胡子也被关在那里……他还谈到他在他的人生困难时期观察事物的特殊本领,常常忍不住开怀大笑。面对眼前如此随和可爱的廖公,鲁彦周觉得他又完全有一个艺术家的风度了。

鲁彦周说,事实上,廖公也确实是一个多才多艺的艺术家。他的画画得极好,是他的绘画救了他的命;他还会唱歌,男中音极其浑厚。后来鲁彦周到王稼祥家去,王稼祥的夫人朱仲丽告诉他,廖公就常去她家放声歌唱,他爱唱外国歌曲,特别爱唱《西班牙骑士》这首歌,他唱歌当然有所寄托,事实上他的艺术家气质和他的现实地位有时是有矛盾的,他对现实有感慨有看法,又不能说,于是他只好寄托于画画和歌唱了。

为了电影《廖仲恺》,鲁彦周和夏公到过廖公家多次,他对廖公的感触因而也格外深,这种感触就是老一辈宗师式的人物身上的纯净和修养、坦诚和正直。鲁彦周说,和他们在一起,你便感到自己也变得纯净了。鲁彦周清楚地知道,《廖仲恺》这部电影始终是在夏公和廖公的关怀和指导下完成的,但是令人感到万分悲痛的是,在影片已经完成即将拿到北京放映时,廖公突然去世了。鲁彦周后来到北京时,夏公无比伤痛地告诉他说:我几次见到他,都告诉他,片子快完成了,很快就到北京来了,你很快就可以看到了。夏公还说:那时党中央已经决定他出任国家副主席了,人代会正在开会,就差没有投票了。夏公说:我在他去世前一天还看见他,他只穿了一件短袖衫,我提醒他,别着凉,他说:我身体好得很,哪知当天夜里就出事了。夏公说着这些话时,充满着悲痛和感慨,他像是在告诉鲁彦周,也像是在自言自语,胖子去了,他的工作是别人无法代替的,党和国家的损失是无法弥补了。

鲁彦周 1991 年和夫人张嘉、儿子鲁书潮在遵义

鲁彦周说,夏公的悲痛是为他与廖公的友情,也是为国家和人民的大局。因为廖公在日本,在东南亚,在世界的华侨心目中的地位的确无人可以替代!

廖公是 1983 年去世的,享年七十五岁。

廖承志是著名的广州四公子之一:廖承志、蒋经国、屈武(于右任女婿)、孙科。

廖公虽然去世了,但他的形象、他的雍容大度、他的才艺智慧、他的随和风采,在鲁彦周的脑际始终挥之不去。1991 年他写了一部中篇小说《走出中南海》,与别的小说所不同的是,他为这部中篇特意加了一个副题《廖承志一生中的二十四小时》。几年之后,鲁彦周自己也没记住这篇小说的主题,只记得它的副题了,他在一篇文章中说:"我后来写过一篇小说:《廖承志一生中的二十四小时》,就写到了这一点(指在朱仲丽家唱《西班牙骑士》),小说我自己觉得写得不错,但不知为什么,却没有引起人注意,也许是这家刊物发行太少很少有人能看到吧!"他所说的"那家刊物",是《大时代文学》,是《安徽文学》改的,之所以要改成这个刊名,或许是为了引起读者注意,可惜事与愿违,如鲁彦周所说,发行量还是很少。

鲁彦周对自己的作品,向来要求严格,即使到了晚年,对朋友、对同道、对评论界,总是希望对自己的作品多提意见,不要说什么溢美之词。在自己的文章里说"自己觉得写得不错",极为罕见。二十多年后,重读《走出中南海》,就会感到鲁彦周绝非有意抬高自己。《走出中南海》,在他的整个创作中,确属上乘。

《走出中南海》的结构非常精巧。作者在《鲁彦周文集·自序》中,对这部作品的题材、体裁做了如下表述:"《走出中南海》是浓缩了真人廖承志同志的生活的,严格地说,它不能算是中篇小说。但是在发表时,就是标明是小说的,所以也收在这里(指中篇卷)。"廖承志的一生,正是继承他父亲廖仲恺遗志的一生,是革命的一生,革命斗争经历十分丰富,也十分曲折坎坷。他自

艺术含量和审美价值都很高的《走出中南海》

已回忆,仅蹲监狱就有七次半,早年在日本早稻田大学上学时,作为一名学生,他就坐过日本人的监狱,原因当然是从事革命活动。后来在德国的汉堡、在荷兰的鹿特丹都蹲过那里的监狱。那时他是奉党的命令,在国际海员俱乐部做革命工作,他在日本被抓时就是一名共产党员了,最后都是被德国和荷兰驱逐出境。此后,他两次坐国民党的监狱,一次在上海、一次在广州。和蒋介石做过面对面的斗争,蒋介石曾是他父亲廖仲恺的部下。廖承志在自己的革命队伍里也曾被怀疑为"反革命"抓起来过,他到鄂豫皖苏区就有过这样的经历,他长征时是戴着脚镣的,在20世纪60年代的"文革"中,他再一次未能幸免……正是在这些磨难中,体现了廖承志坚贞不屈的品质风格和他坦荡磊落的广阔胸怀。但如何来结构这篇小说呢?鲁彦周构思了一个极好的办法,那就是将他的这些经历浓缩到一天二十四小时的时间内,用回忆、倒叙的办法,为读者尽情地去描述。而这种回忆、倒叙又非常自然贴切,绝不生涩和做作,因为选择的时间的契合点非常准确,只有在那个短暂的时段,廖承志才可能有时间有心情去做那样的回忆的。这就是他在走出中南海那间七八平米的隔离审查他的小屋之前:他被告知要离开这里。离开这里,到哪里去呢?一是可能获得了"解放"、获得了新生,他自由了,可以重新工作了,他有点兴奋。但没有任何迹象,门外的看守依然严密,他又拿不准;二是转移到其他地方去,继续他的隔离监禁生涯,苦难便不知何日是头了,他很忐忑。他干脆不想这些了,他整理起自己的简单日用物品来,他很熟练快捷地打好了背包,那是在鄂豫皖苏区学会的,到那里的第一课就是学打背包。背包打好后,他的心情孤独、寂静起来,他无事可做,脑海里的回忆很自然地出现了。何况那是在凌晨四五点钟的时候,宁静的黎明,也非常适于一个人的自我回忆。这个时间点的选择,从这个时刻去展开描写和叙述,正是鲁彦周对他所要描写的对象非常熟悉、了解之后的巧妙艺术选择。

小说鲜明地描述了廖承志的坚定信仰和崇高的人生追求。廖承志的家庭是革命家庭,他的父母是革命父母,他父亲廖仲恺是国民党的著名"左"派,是孙中山先生的战友和坚定支持者、诗人。他母亲何香凝是老同盟会员、著名画家,在廖承志的幼年、少年时期,父母虽常常为革命奔波忙碌、常遭各类变故和暗算,家庭环境并不宁静优裕,颠沛流离,吃的苦头不少。但父母对他的熏陶、对他的言传身教,令他终生难忘,所以他在青年时期便立下了为祖国、为人民的美好幸福而奋斗的宏伟志愿,此后便坚定不移,一刻也没有动摇过。小说写到 1946 年蒋介石被迫将廖承志从监狱里释放出来,并找他谈话,要他留在身边工作,并拿忠于孙中山先生、忠于他父亲之类的话来逼他就范。但廖承志一想到在老蒋的监狱里被关了四年多时间,现在老蒋又假惺惺地关心他,安抚他,气就不打一处来,对这种两面派,他毫不留情,尽管蒋介石在他面前自称"长辈",他也确实称蒋为"蒋叔叔",但他还是锋芒毕露地当面揭露蒋介石早已叛变了革命、早已叛变了孙中山先生和他父亲的丑恶嘴脸,明确地表示:"我要找我们的党,要到延安去!"断然拒绝了蒋介石的要求。当蒋介石很不以为然地问他:"你找你们那个党! 它给了你什么好处?"廖承志从容自若又斩钉截铁地回答:"那是我的信仰,信仰是不可改变的!"真是大义凛然、志存云天。

和当面怒斥蒋介石的情节相对应,另两个情节也鲜明地表达了廖承志的坚定人生信仰。一是长征过草地时,党内极"左"思潮给他定的罪名是 AB 团、是国民党大官的儿子、是打进红军的内奸,虽然保全了性命,但是是戴着脚镣过草地的。漫长的草地太艰苦了,可吃的东西太少了,看管他的人知道进入草地后谁也跑不了,后来便没有人看管他了。于是廖承志将一条腿上的链子弄断了、弄掉了,他感到轻松自由了许多,另一条腿上还留着半条,本来也是可以弄掉的,但他还是没有将这半条链子弄掉,他的内心想法是:"应该有一个象征性的链子,应该让它证明他是有组织观念的。他相信总有一天,组织上会来帮他取下它。"这个细节看似颇具愚忠的意味,但正是这愚忠的意

艺术含量和审美价值都很高的《走出中南海》

味之中,透露出了一个真正共产党人坚如磐石的崇高信仰。二是在"文革"中,也就是他以"黑线人物"罪名被关入中南海的这间小屋子之后,不断有人要他写材料揭发刘少奇、邓小平,还要他揭发周恩来、陈毅、王稼祥。他"感到震惊、感到愤怒,他一个字不写,他甚至把纸都撕掉了"。这种大无畏的胆识来自哪里呢? 回答只能是:一个真正共产党人的"大雪压青松,青松挺且直"的高风亮节。

小说还非常生动地描述了廖承志的才艺、智慧和善于应变的机智。1933年他在上海是被秘密逮捕的,他当时的身份是全国海员工会主席,是共产党的外围组织的领导人,国民党随时都可能秘密处死他。当时和他关在一起的还有陈赓。如何将自己被捕的消息公之于世以得到营救呢? 于是他和陈赓商量后,耍了一个聪明绝顶的小花招,他对看管的警官说:你们不是要我交出材料吗,要共产党员的名单吗? 都有,存放在一个秘密地方,我带你们去拿,那个地方怎么走我知道,但我说不出地名,我可以指路。警官担心他出狱后逃脱,有些犹豫。廖承志趁势追逼,你们不要便算了,那就以后再也不要找我要什么材料了! 警官怕失去领赏的机会,也怕挨上司惩罚,只好开车带上廖承志指路去找材料。廖承志故意领着他们在上海的马路上兜圈子,一会儿指这,一会儿指那,兜了一大圈后,才指着一条巷子把汽车开进去,在一座有漆黑大门的门口停住,说:"到了,就在这里。"警官和士兵立即将宅子包围起来,并冲进去搜查材料,可是一冲进前厅,他们立即傻眼了,原来宋庆龄和何香凝正坐在前厅叙话,这里是何香凝的家,正好那天宋庆龄来看望何香凝。此前,何香凝并不知道廖承志被捕,但见他戴着手铐,警官和士兵又气势汹汹地准备动手搜查,就什么都明白了。于是,宋庆龄、何香凝和柳亚子立即联名电报质问蒋介石。那时,这三个人在国民党内的声望很高,蒋介石怕下不了台,不得不下令放人。陈赓也一起获释。1942年廖承志又一次被国民党秘密逮捕,他知道他母亲这个老同盟会员这时在蒋介石面前说话已经不起作用

171

了。他得另想办法将他被捕关押的消息透出去,让党组织知道他的处境。想来想去,他又想到了画画。在长征路上,张国焘之所以没有杀害他,是因为他会刻钢板会画画,那时没有印刷设备,要靠他画钞票和其他票证,在钢板上刻好后印制使用。于是他又画了一幅幽默漫画,画面是一个胖子坐在马桶上,背朝外,没有画面孔,他的屁股上叮了一只大马蜂。画好后,他找到一个关在一起的国民党即将获释人员,托他带出去交给某街某号老板,并说带到后老板会给他好处的。那人不知道廖承志这个名字,也不认得他,左看右看这幅画,怎么也看不懂,就问廖承志是什么意思,廖承志说没什么意思,只是幽默滑稽罢了。于是这幅画很快被带出去了,党组织知道了这件事,周恩来反反复复盯着国民党不放,蒋介石才下令放人的。这就是廖承志。在紧急危难之时,总能想出各种办法,为自己解围脱险。

小说还描述了廖承志的随和率性不拘小节、在党内是个长不大的孩子的形象。小说中有这样一个细节:在新中国成立后周总理主持的一个重要会议,都是部一级的干部出席,廖承志那时已是中央委员了,也出席了这次会议。会上有个人发言,因为通篇套话官话,又长又臭的八股腔实在让廖承志听不下去,但又不好离开会场,总理坐在主席台上呢。他闲着无聊,便画起台上讲话那位的漫画来,几笔一勾,就将那个人的形态既夸张又讽刺地表达了出来,他自己看着看着忍不住笑了。他送给邻座看,邻座也忍不住笑了,一会儿周围都传开了、笑开了、议论开了,使会场有些失控。这一切,周总理在台上看得清清楚楚,知道是廖承志捣的鬼。散会后,总理批评廖承志不该随便画别人的漫画,那样不利于搞好同志间的关系,连说他是长不大的孩子!总理也知道廖承志的绘画天才,但从未表扬过他的画画得好。然而,正是这个长不大的孩子,对党内确实长期存在的党八股,是多么鄙视多么痛恨哟!

小说的结尾也非常精彩,就在廖承志走出中南海的那天傍晚,接到了周总理办公室的电话,总理已派车接他,有要事面谈。廖承志又要为国家的大事忙碌起来,他不会再有闲暇,对他走过来的往事,进行回忆。这个结尾,和小说所选择的时间契合点相应,在艺术上非常精到。

鲁彦周自己说,《走出中南海》不是中篇小说。他的意思是他写的都是围绕廖承志所发生的真实的事,他是不会去对这样一个他所尊敬的领导人去虚构故事的。鲁彦周要强调的是,这应是一篇关于廖承志的报告文学。重读这篇作品,你不管是从小说的角度或是从报告文学角度去读,它都是非常感动人的,它的艺术含量和审美价值都很高。

鲁彦周为夫人张嘉的画题字

第二十一章

《逆火》：鲁彦周的又一个高峰

　　《逆火》完成于 1989 年的年底，与《天云山传奇》的发表正好相距十年。《逆火》在鲁彦周的整个创作中占有十分重要的地位，它的思想价值和艺术价值，并不亚于《天云山传奇》，而且在它发表后的十多年间日益显示出其光彩。如果说，《天云山传奇》是鲁彦周创作的一个高峰，《逆火》则是他的又一个高峰。尽管《逆火》曾被改编拍摄成电视剧搬上了荧屏，并在德国获了电视大奖，还被改编成黄梅戏在舞台上演过，但评论界对《逆火》却显得有些冷漠，几乎没有引起什么关注，这不能说不是一个奇怪的现象。其中的原因，或许是因为《逆火》中所尖锐揭露的、所彻底鞭挞的那样一种丑恶，至今仍在中国普遍存在着，它触及了许多人的内心深处，触及了许多人的灵魂痛处。不仅如此，它所写的虽然是一个伦理道德问题，但那口头上宣扬的是一套，实际行动上却是背道而驰的另外一套，很自然地使人联想到社会道德的更多方面，说得冠冕堂皇，做起来却是丑恶至极，在现实生活中真可谓比比皆是，无奇不有，这便触到了更多的人而且很多是当权者的痛处，于是便有了对这部作品"不说也罢"那样一种圆滑的态度。然而这部作品却是深入到了读者心中的，人们非常钦佩鲁彦周对人性的终极关怀，对假道学揭露的入木三

《逆火》：鲁彦周的又一个高峰

分,更称赞鲁彦周在艺术追求上的不断努力和大胆酣畅。在彻底揭露假道学,无情地撕去封建伦理道德假面具方面,《逆火》是一部不可多得的作品。

在《逆火》中,鲁彦周非常强烈、非常鲜明充满无限同情地塑造了韵竹这个年轻妇女的形象,她对封建伦理道德的反抗是彻底的,是义无反顾的,她试图以她的年轻生命来唤起世人的警醒。作品下意识地将柴氏三人:即小爷爷、小爷爷的堂侄孙柴梦轩、柴梦轩的儿子在各个不同的时期玩弄年轻美貌的韵竹交织在一起,形成了一个极其奇特的伦理疙瘩,将封建伦理的虚伪与丑恶,彻底地暴露在读者面前。形同枯槁、病入膏肓的柴家小爷爷,仗着他的财势,对韵竹的凌辱,一是乘人之危,二是完全将她当作玩物,小爷爷这个形象只是在一般意义上显现了封建伦理道德的丑恶。柴梦轩则不同,他年轻,他在韵竹还是他小爷爷的使女时便爱上了她并使她有了身孕,还有山盟海誓和承诺,在他当了族长之后,在韵竹成为他的小奶奶之后,他虽然旧情难忘,他虽然知道韵竹对他有着多么深厚的感情和由衷的渴望,但他却被虚伪的封建伦理道德压得不敢抬头,将当年的承诺丢得一干二净,对韵竹不敢大胆地相爱,对韵竹为他生的儿子不敢大胆地相认。对此,韵竹内心虽然十分痛苦,还能理解。当小爷爷死后,韵竹对柴梦轩寄托着很大希望,希望能出现爱情上的转机,希望双双逃出柴庄,逃出这个封建的牢笼。然而,柴梦轩却继续道貌岸然,一本正经地要韵竹为他的小爷爷守节,为柴庄的声誉守节。柴梦轩的可鄙,并不在于他的胆小畏缩,而在于他的一方面正人君子,另一方面又偷鸡摸狗,他在雨夜摸黑与韵竹相会碰到柴水被柴水打得鼻青脸肿便是证明。更有甚者,柴梦轩一方面自己做着偷鸡摸狗的勾当,又将柴水与韵竹的幽会视为大逆不道,在暴雨之夜,利用族长的权力,利用族人的愚昧,将柴水五花大绑、残忍地沉入了柴溪河。柴梦轩是彻头彻尾的假卫道士,是一个内心非常残忍的人,他的残忍体现了封建伦理道德的残忍。如果柴梦轩还有一点人性,还有一点同情心,在小爷爷死后,他完全有可能对韵竹做出妥善安置,不至于将她的青春禁锢起来,强令她从二十二岁开始便为柴家的所谓名声守寡。他对柴水也完全可以不下那样的毒手,完全可以放柴水一条生路,何况柴水正在为柴庄人预防和治疗瘟疫,为柴庄做有功德的事呢。

小说里的柴水,是一个江湖郎中,柴梦轩并不认他与柴庄有什么关系。虽然都姓柴,但不认他是宗家。柴水无家无室,奔走四方,凭自己的经验和医术,为人治病消灾。他从柴五妻子的病情判断,柴庄马上有瘟疫蔓延,为了救柴庄人的命,他放弃了马上和韵竹一起逃离柴庄的念头,要等将瘟疫治好了再走。这一耽搁,丢掉了自己的性命,被柴梦轩等人抓住机会连夜沉了河。柴水这个形象反衬出了柴梦轩等人的凶残。尽管柴水说明了柴庄的疫情,但柴梦轩就是不听,结果柴庄人死去过半,他自己也未能幸免。

小说如果只是写到将柴水沉河为止,它的震撼力和它的穿透力,也还只是停留在一般意义上,逆火也还没有真正燃烧起来。鲁彦周之所以将这部小说命名为《逆火》,他是要燃起一场燃烧封建伦理道德的叛逆之火。同时他也非常明白,在这场逆火中遭到焚烧的绝不只是封建伦理的丑恶,还一定要焚烧掉一些最宝贵的东西与之殉葬。然而这是无法避免的。逆火是由韵竹点燃的,柴水被沉河之后,她为她年轻的儿子做好了安排,她深知她无法再活下去了,但她决不愿意无声无息地死去。小爷爷、柴梦轩、柴梦轩的儿子所给予她的,柴庄所给予她的,柴溪河所给予她的,实在令她刻骨铭心。她要报复,她要给封建伦理道德一个猛烈的回应。于是她在一个月光如水的夜晚,来到柴庄人心目中最为神圣的祠堂,点亮蜡烛,使得祠堂一片通明,又事先分别约好了柴梦轩和他那个色眯眯的儿子,他们虽然一个"小奶奶"一个"小太太"不离口,暗中却对年轻美貌的韵竹心怀叵测,尤其是柴梦轩的那个儿子那个洋学生,更是无耻地对她垂涎三尺。韵竹就是要将他们在他们的祖宗面前彻底撕裂开来,让他们的祖宗看看自己的后代子孙是一副多么禽兽不如的心肠。当韵竹和柴梦轩父子同时赤身裸体地出现在祠堂里时,真是令人惊心动

《逆火》：鲁彦周的又一个高峰

魄,当韵竹手持烛台对柴梦轩父子做出严正的宣判时,又是那样的义正词严!烈火焚烧起来了,这是正义之火,焚烧的是一切无知愚昧和残忍。它又是逆火,此前如同逆火一样的柴溪河水吞没了柴水,眼前的冲天烈焰那闪闪的火光,又将韵竹的全身裹住了,她用她的生命去呼喊去抗争。翻开古老中国的历史,一朝一代地过去了,逆火一朝一代地在燃烧,不知有多少韵竹在这烈火中化为灰烬。她们升华了,她们涅槃了,后人一次又一次地从中得到了许多警示。然而封建伦理道德的残忍仍然在不断地延续着,思想意识形态里,现实生活中,反封建的任务仍然是不尽的话题。在中国近代史上,戊戌六君子之一的谭嗣同有"中国变法而流血,请自嗣同始"的浩然正气。《逆火》里的韵竹自觉地为揭露封建伦理道德的虚伪而殒命,大有谭嗣同那种男子汉气概。他们的追求,同样有着不朽的光焰。《逆火》对现实的穿透力将延续下去,《逆火》的艺术生命力也将延续下去。

有人将《逆火》比喻为话剧《雷雨》的小说版、现代版。这样的比喻虽有一定道理,但也不完全准确。《逆火》对虚伪的封建礼教的揭露更为深刻,鞭挞得更为有力。《逆火》里的韵竹,不仅大胆追求自己的爱情自由,更可贵的是她从自己的亲身经历中,深深懂得,爱情和自由与虚伪的封建礼教水火不容,追求爱情和自由,是要付出巨大的代价甚至生命的代价的,所以她毫不犹豫地选择了自我牺牲。在《逆火》的结尾,鲁彦周是这样写的:

小奶奶已跳到神龛上去了。她手里端着烛台,她说:"让你们的祖宗看着,你们这一对父子,柴梦轩,你该把你的儿子投到河里,他才是真正的乱伦。他刚刚就在这里和我睡觉。你自己呢!你还是背叛了你们祖宗,你也该投河了。你们一道去向柴水磕头吧!"

她用蜡烛点着罩在神龛上的幔子,又把蜡烛朝那藏在神龛里的柴草扔去。

177

火焰很快起来了，她就这么站着，塑像一般地站着，一动不动。

火光熊熊，封建礼教的象征神龛烧垮了，火光冲出了祠堂，一切都化为灰烬，韵竹在火光中结束了她的年轻生命。她不是以身殉情，她是以身殉道。新的世界、新的人生、新的爱情和自由，正是在火光一次又一次的焚烧、生命一次又一次的毁灭中获得的。韵竹所殉的道，就是真正的爱情之道、自由之道。

《逆火》的深刻，在同类题材的小说中很为鲜见，《逆火》在艺术方面的造诣，也可谓炉火纯青。

第一人称的叙事方式是最佳的艺术选择。《逆火》的文本较长，鲁彦周所采用的是第一人称的叙事方式，小说中的人物、情节、人物心理变化和一些隐秘细微的活动，都是通过阿辛的观察表达出来的。鲁彦周笔下的阿辛，是一个十四岁的混沌初开的小男孩，他是柴梦轩的同父异母弟弟，又是柴梦轩的私塾学生。阿辛在柴家、和梦轩之间的关系是：若即若离、既亲又疏。他十四岁了，但个头较小，在大人眼里，他是一个什么都不懂的孩子。但他很聪明，又断文识字，大人之间发生的许多事，他眨巴眨巴眼，就能弄个一清二楚。凡是他不清楚的，他又可以利用他的小孩身份，很迅速灵活地搞清楚。比如，他可以悄无声息地躲在一株大树之后，听柴梦轩和小奶奶韵竹的对话，他还可以钻进韵竹的家，躲在隐蔽的角落，观察柴梦轩偷看韵竹洗澡、观察柴水与韵竹之间的私情。这些，在一个瘦小的男孩是易于做到的，而在一个成年人则难以做到。阿辛在小说中的作用，当然不只是将他的所见所闻告诉读者，鲁彦周还赋予他更为重要的表现人物内心活动的作用，那就是韵竹的内心活动。韵竹作为一个二十二岁的年轻女子，随同她的丈夫，也就是那个骨瘦如柴、形同槁木的小爷爷来到柴庄，她虽然处处受到尊敬、衣食无忧，但她的内心世界却是十分孤寂的。她唯一的安慰就是那个正在吃奶的儿子，这个儿子

《逆火》：鲁彦周的又一个高峰

是她和柴梦轩生的私生子。她一见到这个幼小的儿子，又想到柴梦轩的无情无义，不仅不能给她带来欢乐，还给她生出些许悲伤。在这种寂寞无奈的情况下，阿辛这个瘦小男孩的出现，确实给她枯涩的内心，引来了一丝丝甘甜。小说多次写到，小奶奶，也就是韵竹不避别人，将阿辛搂在怀里，并且搂得很紧很紧。还有一次，阿辛因为学唱韵竹唱的一支带有控诉负情郎的情歌，被柴梦轩听到后一顿痛打，皮破血流当晚就发烧了。正在哺乳期的韵竹立即当着阿辛母亲和柴梦轩的面，解开上衣，用一手托乳，一手挤出乳汁为阿辛疗伤，并说这样做是"不要瘀血攻心"。随后，小说写道：

> 她愣了好一会，突地抱着我（指阿辛），在我身上亲着。她的嘴唇好烫人，母亲以为她在舔我的伤口，只有我知道不是。她抱得我太紧，吻得我太热，我不由得全身直哆嗦，要知道，我早自认我不是小孩子了，我感到她的胸部压迫，我不由得伸手在她的背上摸索着。我的抖抖索索，使她抬起身子望着我，我却把眼闭上了。

通过阿辛的这些经历和感受，将韵竹这个青春勃发的少妇的性心理，非常准确地描写出来了，非常细腻，也非常优美。

柴水这个人物的出现，堪称神来之笔。柴水突然出现在柴庄，绝非可有可无，也绝非单单为了满足韵竹私情的需要。柴水置个人安危于不顾，对柴梦轩的胆怯残忍，是有力的反衬。小说里有一段柴水和韵竹的对话：

> 我（指阿辛）听见小奶奶在说："走吧，带我走，我恨这个地方。"
> "我是打算带你走的，我柴水浪迹江湖，终于碰上你，我恨不得立即就把你抢走，让我们自由自在，相亲相爱一辈子，可是我们不能马上就走。"

……

"……柴五家的得了病,可能是瘟疫要在柴庄流行了,我正在为柴五家的看病。这个时候我跑了,良心不安,万一真是瘟疫呢?柴庄人要大遭殃了。"

当然,柴水可能还没有意识到,他已处于封建礼教的残忍屠刀之下了。但他从他的职业良心出发,从他对柴庄人生命安全出发,他决定暂时不走。他要用他的祖传医术拯救柴庄人,并且上山采了许多草药,做了许多治疗瘟疫的预案和准备。然而,柴梦轩在柴水猝不及防、正在努力拯救柴庄人性命的情况下,迅速地下手将柴水沉河了。柴梦轩如此急不可待,打的是维护柴庄声誉的旗号,内心更多的则是绝不容许柴水染指韵竹,他是绝不为韵竹的青春考虑的。

柴水的死,是柴梦轩一手策划并直接实施的。柴梦轩的可鄙和凶残,正如韵竹对他的评价:"你像……像一条公狗……你又充正人君子。你……"

柴梦轩的儿子柴云路着笔很少,分量却很重。一个在城里上学的洋学生,曾在城里他的小太爷爷家见过韵竹,按辈分,韵竹比他长三辈,他应当称韵竹为太奶奶。从当初他十五六岁在城里见面时,韵竹对他就没有好印象,因为他看韵

鲁彦周1990年在岳西

《逆火》：鲁彦周的又一个高峰

竹时的眼神总是色眯眯的。此次他回到柴庄老家，一见到韵竹，便垂涎欲滴，韵竹一眼便看穿了这个纨绔子弟肮脏的内心世界，也看清了柴氏一家的一脉相承的丑恶灵魂。所以她下决心在柴氏祠堂里以死殉道，以死来审判柴梦轩、柴云路父子俩的罪恶行径。作为柴云路，一个由十五六岁到十七八岁的小青年，情窦初开，去爱一个他所爱的人，本是情理之中的事。然而，柴云路与韵竹之间，完全没有爱和情可言。他有的只是动物性的肉欲，这与他的祖传家训完全背道而驰，与他的父亲柴梦轩的假道学完全不一样，与他所接受的新教育也完全不一样。柴云路是新旧文化交替碰撞时所出现的丑陋的渣滓，他遭到韵竹的唾弃，也为阿辛所瞧不起，是理所当然的。

《逆火》是一部难得的作品，它对于至今还残留在中华民族某个角落里的那些见不得阳光的虚假道学，是无情的揭露，无情的鞭打，鲁彦周更诚挚地盼望，逆火将这些丑恶统统烧掉。

第二十二章

《阴阳关的阴阳梦》—— 一次重要的突破

早在构思长篇小说《彩虹坪》的同时,鲁彦周就和上海文艺出版社的张森先生说,他还在准备写一部辛亥革命后中国社会历史变迁的长篇题材。《彩虹坪》出版后,张森曾不断和鲁彦周联系,催促他将那部历史题材的长篇早点写出来。直到1991年的春天,张森才收到鲁彦周寄给他的这部历史题材长篇的书稿,编者和作者几经交流后,又做了一些较大的改动,至1992年的12月,这部历史题材的长篇,才由上海文艺出版社出版。从构思到完成初稿,时间跨度将近十年,对此,张森感慨地说:"这中间耗费了他好几年的时光,由此也可见他创作态度严谨之一斑。"

但张森并不知道,鲁彦周创作《阴阳关的阴阳梦》的过程,是一个多么痛苦的过程。1990年,安徽省文联在滁县组织了一次采风活动,活动结束,他便留在琅琊书斋写《阴阳关的阴阳梦》,当时陪同他的是作家周志友。周志友在为电视台写一部专题片。令鲁彦周感到痛苦不是别的,是他正在戒烟,他一边写作,嘴里始终咬着帮他戒烟的薄荷烟。那时,滁县地委书记陆子修也在戒烟。鲁彦周笑着对陆子修说:我看你决心不大,戒不了。陆子修反问:那你能戒得了? 鲁彦周说:我要么不戒,只要我下决心戒,肯定戒得了。果

《阴阳关的阴阳梦》——一次重要的突破

鲁彦周1991年与刘祖慈（右）、周志友（中）在霍邱县
洪灾地区

然,小说写完了,他的烟也戒掉了。了解鲁彦周的人,都知道他戒烟多么不容易,是一个多么痛苦的过程,因为他抽了几十年的烟,烟瘾很大。每天早晨醒来的第一件事,是先坐在床上抽两支烟,然后再下床。但他的健康状况不容许他再抽烟,他有哮喘病、肺气肿,肺功能不好,医生对他说:必须戒烟,于是他痛下决心。戒烟对于他这个老烟民来说,的确不容易。以前写作时,烟不离手,现在没有烟了,他感到无所着落,写着写着,常常写不下去。但他毫不动摇,写不下去,就暂时搁笔不写,让周志友陪他去散步。他一边散步,一边对周志友说,人只要下了决心,便没有做不成的事。他戒烟是如此,学电脑也是如此。他六十多岁才学电脑,硬是背下了五笔字型的字根表。由于他手书一直写繁体字,简体字的笔法给他带来了不少的难题,但他不畏困难,一边翻字典,一边向子女们学习。有时为了一个字,还打电话向周志友请教。最终他两件事都成了,烟戒掉了,电脑也学会了。周志友目睹这一切,颇有感慨,他由衷地称赞:鲁彦周是一个很有毅力的人。

《阴阳关的阴阳梦》是鲁彦周在长篇创作中的一次全新尝试,他所描述的是一幅资产阶级民主革命遭受残酷挫折的悲惨图景。小说以第一人称的叙事方式,采用梦幻和现实交替出现的表现手法,跨越时空的局限,错落有致、想象奇特地铺排情节,细致入微地刻画人物心态,文学性和可读性都很强。它是鲁彦周在小说创作中的重要突破。

一、作家变换了手法

这不是鲁彦周,但又确然是鲁彦周,只是不同于《彩虹坪》的鲁彦周、《古塔上的风铃》的鲁彦周,而是一个饱含了新意的《阴阳关的阴阳梦》的鲁彦周。如他自己在这本书的卷首所说的那样:"过去对于我永远是过去,我的心总是盼望着明天。"鲁彦周是不懈的不倦的,他所获得的果实是新颖的硕大的诱人的,这部《阴阳关的阴阳梦》,无疑使他的创作生涯显现出了新的光彩。

这新的光彩,与作家的功力、才情、兴趣相关联,与其说是信手拈来,还不如说是刻意追求,呕心沥血。从鲁彦周众多的短篇、中篇、长篇来看,他所遵循的是现实主义的创作方法,他的叙事水准是炉火纯青的,第一流的,进入他为我们所娓娓道来的那种境界,能使人痴迷而物我交融,或兴奋或震怒或惊恐或赏心悦目,自然而流畅,不露一点痕迹。然而作家不满足于这方面的造诣,越是进入他的创作的后期,越不满足于他长期以来所营造的轻车熟路,他要另辟蹊径,他要追求另一种柳暗花明、另一种高雅的格调。打破一个旧的格局是不难的,建立一个新的格局却是一件极不容易的事。鲁彦周可贵的创造精神,正在于他用他的全部精力去建造一个新的格局。翻开《阴阳关的阴阳梦》,读者不难发现鲁彦周变换了手法,他在原有的传统的现实主义的叙事手法之中,融进了比例不小的梦幻的描写,他用梦幻的方式将他笔下的人物、场景带入了许多奇异境界,因此在时间和空间上给予读者以更多的联想和思维的余地,使读者和作品中的各色人物有更多的更曲折的更畅通的交流渠道。这无疑对作品的艺术价值和思想价值是一个丰富和提高。全书 27 万字

《阴阳关的阴阳梦》——一次重要的突破

21章,所出现的较完整的梦幻描写有15处,也就是做了15个较完整的梦,平均1.8万字一个梦,差不多每一章就有一个梦。这些梦主要是作品的女主人公杨星仪梦见她的母亲白衣女人的梦,也有杨星仪梦中和肖思、方郁林、寒冰云、水静相处的一些场景。除了这些梦之外,还有诸如牛月余、芹芹头上所发出的蓝光等幻觉的描写。穿插这许多梦,是不是只是为读者增添一些扑朔迷离,增添一些荒诞离奇,给作品造成一些现代派气象呢?如果是这样,那便不是严肃而严谨的鲁彦周了。他的这些梦幻的描写,并不是为了追求某种虚无缥缈、捉摸不定的氛围,完全是为了作品主旨的需要。杨星仪的母亲梅荪女士,作为残酷的封建伦理道德的牺牲品,她临死时是坦然的,视死如归的。她当然知道尽管维新、革命等新词满天飞,但阴阳关意味着什么、包藏着什么,那是使人不寒而栗的,所以当她的女儿即将启程去阴阳关而对阴阳关又毫无了解的前后几天,自己反复出现在她的梦境中。她再三警告女儿:"我的女儿,我的好女儿,别回去,千万别回去。"区区数梦,当然抵不住杨星仪的丈夫徐明清和那个曾经十分显赫的三爷爷的决定,杨星仪终于踏上了去阴阳关的恐怖征途。由于小说的主人公一开头就和梦境里的警示背道而驰,这在她虽然是不自觉的或者不情愿的,但却给读者造成了强烈的悬念,时时担心女主人公和她的那一行,此去阴阳关到底会怎么样?这个梦境所产生的艺术效果是其他方式的描写所无法达到的。到了阴阳关之后,白衣女士梅荪又反复在梦中焦虑地劝她的女儿:"看你的朋友去,读你的新书,离开这里,走你的路。"这些梦中语言,把阴阳关的险恶环境渲染得令人毛骨悚然,把这个阴冷古堡的阴森肃杀以最简洁的形式传递给了读者。

《阴阳关的阴阳梦》中的梦幻描写,是否就是借用西方现代派的魔幻之类的手法呢?毫无疑问,人类创造的各种艺术成就,都可以共享,但极注意追求艺术个性的鲁彦周是不愿意去简单地搬用前人的他人的某种手法的。他不仅在艺术上精益求精,在创作方法上也力图有自己的个性。他所运用的梦幻描写,显然不同于西方某些作家所采用的那种魔幻方式。他的线条、脉络是清晰的,而不是混沌不可捉摸的;他所叙述的人物和事件是统一的协调的,而不是分裂的变态的;他所交代的时间和空间虽然有所跳跃和交叉,但层次是分明的。他既吸收了外国小说创作方法的某些长处,也继承了中国从庄周梦蝶以来的文学创作中的梦幻描写的传统,所以既使人感到新鲜、有较强的可读性,又有艺术方法的协调感,毫不使人感到生涩和矫揉造作。

变换了手法,成功地变换了手法,便是艺术上的一种突破。所以《阴阳关的阴阳梦》令人欣喜,说它是鲁彦周长篇小说创作的一个新的高度,说它为中国的长篇小说之林增添了一朵新花,都是不为过的。

二、他们往哪里走?

到阴阳关去,是作品一以贯之的一条主线,作家将这漫长的里程分为两段,先是徐明清、杨星仪,还加上一个方郁林,到徐家老宅晋见三爷爷。后是队伍里增添了寒云冰、肖思、凌辉和一伙仆人等,向阴阳关的关署进发。他们坐轿、骑马、泛舟,可谓前呼后拥,占尽风光。

他们到阴阳关去干什么? 小说以辛亥革命前后中国这块古老土地上所发生的轰轰烈烈、残酷血腥的事变为背景,汪洋恣肆,挥洒自如,浓墨重彩地画出了一幅又一幅的人生图画。曾是革命党后来也一直未被革命党除名的徐明清,他到阴阳关是有他的使命的,而且这个使命是孙中山身边的人交给他的。他是要去说服一位下野的大清旧臣、北洋军阀的老总,也是他的三叔爷爷,让这位三叔爷爷下令他在南方掌握兵权的下属归顺革命党。这个使命当然非同小可。小说一开始就将这个重大课题提到了读者面前,使读者分明感觉到了沉甸甸的分量。杨星仪去干什么? 这个读过新书、有着朦胧的新的思想意识的才十八岁的年轻女性,她只是跟随她的丈夫徐明清先做少奶奶后做关长夫人罢了,她不是很情愿的,因为有了白衣女人梦中的警示,又在南京路上看到女革命党人赴刑的悲壮场景,对于此行她一直感到不安。那么方郁

《阴阳关的阴阳梦》——一次重要的突破

林呢？只是应朋友徐明清之邀，去看看远离闹市的阴阳关的神秘，然后搜集资料为报馆写点文章。严格地说，杨星仪和方郁林去阴阳关是没有什么明确的目的，看看热闹观观风景而已，阴阳关的原始生态，森林、山石、河流，还有男女山民的随意野合，也确实曾让他们惊喜若狂和不知所措。处于这么一个动荡激变的时代，没有明确的思想准备，又有着一些新的意识，一旦卷入激变的旋涡，他们的命运当然是十分令人担忧的。至于肖思，他以为只要把公路修到阴阳关，在阴阳关办些工厂，办些学校，这个顽固的封建古堡就可以撞开，就会展现一派新的风貌。套用一句话来说，他要在阴阳关实践所谓"实业救国""教育救国"的理论。寒云冰投水被救起"护送"回徐家老宅，又从老宅去关署，她的目的是明确的，那便是去一路享受山林之乐、自然之乐、人情之乐。她所要寻求的是她的自我解放、个性解放。在作家笔下，这些人一路走来，尽情铺写他们的所见所闻，淋漓尽致地叙述他们的一举一动，似乎漫不经心，实际上他们和那个时代是紧紧地联系在一起的。大清皇帝退位、革命党要维新、顽固派拼命地守旧，真是风云涌动、复杂多变。

阴阳关是作家独具匠心地设计的一个地名，它既具有讽喻意义，又很鲜明地是一种象征。一踏上通向它的路程，一草一木、一山一石、一沟一壑，那桥那雾气，是那样的诡谲，那样的奇特，阴冷而有杀机。尽管风景秀丽，使久居闹市的人们大开眼界，但它又使他们明显地感到忐忑不安。他们预感到要为它所吞没，时刻担心着进得去出不来。环境氛围的描写，极具时代特色，虽然维新了，革命了，已是民国了，但那积淀几千年的封建思维定式却难以撼动。它随时都可以将那些致力于推动时代前进的人俘虏过去，或溶化掉，或扼杀死。阴阳关这个名号曾是清末皇上所敕封的，它是顽固的封建势力的象征，它的九镇十八乡，相当于一个县的建制，也是旧中国的一个缩影。正如当时的北京皇帝还在，皇宫还在，在那个小天地里大清的一切典章制度、礼仪法规还在起作用一样。这很滑稽，也很现实。滑稽的现实常常使得善良的人们

187

哭笑不得,无所适从,最终以付出惨重的代价为了结。

这些人到阴阳关之后,各有各的表演,各有各的结局,每个人都可以称得上是一个典型。徐明清表面上虽然没有忘记他的使命,很快地得到了三爷爷的一封信,但三爷爷之所以郑重地派牛月余去接他来此,并不是接他来为革命党效力的,而是要让他继承徐家列祖列宗的遗训,接替他担任关长,维护这个封建堡垒的残酷统治。三爷爷经过再三思考后的刻意为之,说明了封建势力是那样顽固地不肯退出历史舞台。虽然杨星仪劝过徐明清,虽然朋友们影响过徐明清,徐明清却几乎毫无抗争之意,欣然接受了关长的委任。然后是一切都按旧制进行,盛大的就职典礼,让众人瞻仰、礼拜,而且就职便杀人,以杀人来显示他的威风和典礼的隆重。接着便是公开地养小妾,强奸女僧人,并在三爷爷的首肯指使之下攻打、火烧肖思的太阳洼,下令砍了他的朋友也是他邀请来阴阳关做客的很有些浪漫的方郁林的头。他完全忘记了他是革命党。他整个儿地被他的三爷爷、阴阳关、阴阳关关署里的威仪、那种无形的魔力所征服所融化了。他很习惯于那种说一不二、至高无上的权势。他虽然在大都市接近过革命党人和新的思想,有过革命、维新的冲动,但他的内骨子里却是被封建礼教所浸透了的,几千年的封建积淀都在他身上体现出来了。不能说他是假革命、投机革命,但他却软弱得可怜,对革命的艰苦性残酷性严重地认识不足,以为三爷爷的一封信便可以解决问题,最后是完全地走向了革命的反面,连颇有新思想的朋友的头都被他断然地砍了,他是彻里彻外的阴阳关的孝子贤孙。徐明清的软弱、叛变,完全走向了时代的反面,揭示了当时的革命、维新,思想上的准备是那样的不足,他显而易见要败在老谋深算的三爷爷手下。这是十分发人深省的。杨星仪始终想劝她的丈夫一起逃出阴阳关,当然不可能,她也曾真诚地救护方郁林和寒云冰,让他们奔向自由,但结局是血腥的人头落地。她虽然也被关署里的魔力所征服过,也摆过关长夫人的谱,但毕竟言不由衷,残酷的现实使她认清了她丈夫的内核本质,她不得

《阴阳关的阴阳梦》——一次重要的突破

不痛苦地和他分手,只身逃出阴阳关。杨星仪的阴阳关之行,不啻一次炼狱之行,她的心始终是提在嗓子眼里,她和阴阳关的氛围始终格格不入。她接受不了她目睹的那些人和事。她不能容忍本来和她有些同床异梦,来阴阳关之后又猛然变成了另一个人的徐明清。阴阳关给杨星仪如此深刻地上了一堂课。她虽然只有十八岁,她的经历却不平凡,小姐、少奶奶、关长夫人、逃出阴阳关后成为自由人,她该是成熟多了吧。肖思的"实业救国""教育救国"理论,不能说是不对的,但是提前量太大,超前意识太强,和阴阳关的现实相去太远,结果只能是挨围攻挨火烧,只得落荒而逃,最后不明不白地死去。比较起来,凌辉受到的伤害小些,因为他来阴阳关只是为了做些社会考察,并未触到阴阳关的痛处,小说对这个人物着墨不多,给人的印象是他对于变革的艰难看得清些。小说告诉人们,凌辉最终与杨星仪结合,是理所当然的。方郁林以天真烂漫而结束了他的短暂的一生,殊为可惜。寒冰云痛快淋漓地享受了人生,她的视死如归也早有思想准备。

一群人逶迤而来,各有各的梦,结局是他们有的死了,有的逃了,有的变了,阴阳关依旧是那样高深莫测。清除它的魔力,撞开它的门户,需要继续地付出牺牲。小说的寓意极为深刻。

三、美人的命运

评论家们早就注意到了,鲁彦周善于在他的小说中描写女性,而且写的大多是美人。这部《阴阳关的阴阳梦》,确然是美女如云。

展示美人的动人风采,固然能为作品增色,然而读者最为关心的却是美人的命运。鲁彦周笔下的美人命运和时代风云是密切相关的,他绝不是为写美人而写美人。梅荪女士、杨星仪、寒冰云、水静,她们都是作品中的美人,她们的命运怎么样呢? 有的早被沉湖了,有的壮烈殉情了,有的逃奔荒野了,有的当了尼姑了。她们都只有十八九岁二十几岁,青春烂漫,光彩照人,然而她们又那么不幸,美人的命运正是时代的命运,美人的悲剧正是时代的悲剧。

寒冰云是作品中最富有色彩最富有个性的一位美人,二十七八岁,能诗善画,高雅热烈漂亮,穿一身白色衣裙,"真是一身白火焰",然而却被行将就木的三爷爷从京城里带到了阴阳关,做了填房,三爷爷打出的是爱她的旗号,其实是要她充当他的玩物。按理说,维新了,革命了,如寒冰云这样的有知识的高雅而美丽的女性,是可以求得自身的某些解放,获得某些个性的自由的。然而很奇怪,她却逃不脱一个老朽的旧清下野大臣的严密掌控,只能在牢笼一般的阴阳关百无聊赖地打发她的光阴。一场轰轰烈烈的革命的成果在哪里?除了许多革命党人抛了头颅洒了热血外,旧清大臣照样可以顺理成章地蹂躏扼杀如此美丽的女性,这是多么深刻的嘲讽!寒冰云的性格中常常有些怪异,这完全是三爷爷扭曲的。阴阳关扭曲的,这个新旧交错、旧势力仍很残酷的时代扭曲的,她对于她的丈夫也就是那个老朽三爷爷所采取的性报复或性虐待的极端举动,是她对于这个时代最强烈的抗议。当她见到方郁林之后,生命的火花顿时放出了夺目的光彩,然而她又是悲观的绝望的,她虽然做过逃出阴阳关的努力,但她失败了,又被抓回来了,此后,特别是她与方郁林结识、相爱之后,几乎没有过什么逃出阴阳关的设想,或许她深知这里是禁锢得不能让人有什么逃离的余地的,或许她早就估计到等待她的结果是什么。刑场的描写是一个美丽而刚烈的蒙太奇:行刑已毕,方郁林的头颅滚到了一边。寒冰云出现了,她没有哭,依然是白衣裙,她捧起郁林的头,把它安放在他的脖子上,然后撕开白衣,把郁林的脖子裹起来,热烈地吻他,裸露出雪白的而丰满的乳房,让她的乳房紧贴着郁林的脸,紧紧地拥抱在一起,然后是猛然抽出利刃刺向自己的心脏。"血,把两个人的身体浸在一起。"这便是美人诚挚而坦白的控诉。如果说当年梅荪女士被沉湖也是一种控诉,但充其量是鲜为人知的控诉。寒冰云的控诉旗帜则十分鲜明。她在人们心灵里引起的震动,犹如群山中的激烈爆炸,其轰鸣是经久不息的。比较起来,杨星仪没有寒冰云那样热烈过、那样酣畅淋漓过,她记得徐明清对她说过的话,一会儿当

《阴阳关的阴阳梦》——一次重要的突破

新女性，一会儿当旧式的少奶奶，她始终在压抑中度过。心灵的摧残对于她如同黑云压顶，从未散去，求伸展而不得，自由也不可能。这是什么样的难熬景象，维新与革命给杨星仪带来的就是这些。人性的自由在哪里？她之超出寒冰云之处在于她有勇气逃出阴阳关，而不是引颈受戮，既有救助他人之心，也有逃离黑暗之意，并且获得了成功。

这便是《阴阳关的阴阳梦》中的美人命运，把最美的给摧残了、撕裂了、践踏了，小说告诉我们，那个时代应该如何去诅咒！

这部小说的梦幻手法和细致的人物描写，在文学界得到广泛好评，在合肥的一次研讨会上，已故老作家曹玉模曾当面请教鲁彦周，他说：老鲁，你的人物描写那么细致，如寒冰云、杨星仪在温泉里那些细微感受，既具体又新奇，你是如何得到这方面的素材的呢？鲁彦周笑而不答。

二十多年后，重读《阴阳关的阴阳梦》，仍被它的艺术魅力所吸引，其中的人物、故事、自然景观，如梦如幻，让人赞叹不已，尤其是对那个社会转型期各种思维的描述，深刻、真实，栩栩如生，读后不由得令人倒吸一口冷气。《阴阳关的阴阳梦》的审美价值和认识价值都是上乘的。历史常常有许多相似之处，当鲁彦周正在写作直至《阴阳关的阴阳梦》出版之时，中国又处于一个新的转折时期，当然这次转折和鲁彦周在小说里所写的转折，有许多不同的表现形式和内涵，但转折时期各种人物各种思维的碰撞则不可避免，其激烈和尖锐的程度，也是常常令人倒吸一口冷气的，读读《阴阳关的阴阳梦》，对人们如何理解和面对中国新时期的转折，也许具有某些启发意义。

第二十三章

寻找精神家园：鲁彦周早就提出了这个课题

从 1993 至 1996 年这四年间,鲁彦周虽已年近古稀,但创作力仍然十分旺盛,接连发表了四部中篇小说,即《乱伦》(1993 年《中国作家》)、《孽缘》(1994 年《清明》)、《天问》(1995 年《海峡》)和《迷沼》(1996 年《人民文学》)。四十多万字的长篇小说《双凤楼》也在这期间脱稿。《乱伦》《孽缘》《天问》和《迷沼》这四个中篇虽内容各异,但都体现了作家对人生、社会的深刻思考,那便是他对人类精神家园的关注,这四部中篇都完成并发表于 20 世纪 90 年代初期和中期,从时间段也可以看出,作家的观察和思维何等精锐何等敏感。

一

自 20 世纪 80 年代、90 年代至当前,中国社会发生了深刻而巨大的变化,改革开放、转轨变型、商品经济,使广袤而古老的中国大地,焕发出蓬勃的朝气和青春。这热烈热闹充满生机的时代氛围,吸引了许多作家,振奋了许多作家,有的"下海",投入生活的旋涡以求更深更广更丰厚的生活积累,为将

寻找精神家园：鲁彦周早就提出了这个课题

来的创作进行准备；有的"下海"、创作两不误，双肩挑也有声有色。鲁彦周说，我不会"下海"，但我时刻关注着我的周围，关注着我们这个社会、这个时代所发生的一切，我要努力用我的笔去描述这一切。

鲁彦周对时代的切入，不是一般地描述和渲染那些轰轰烈烈的故事，他的视角在于深入时代的更深层次。这四个中篇给予人们的昭示是清晰而意味深长的。乍一看，鲁彦周的这四个中篇虽然写的是当代的人和当代的事，却看不到改革开放的风起云涌和改革人物那种敢作敢为的大无畏气派。《乱伦》写的是粉碎"四人帮"初期褚玉和雪荔之间压抑、幽深、残缺而动人的爱情故事，《孽缘》中的邱立人和郑瑞玉那种曲折坎坷纯洁真

1994 年鲁彦周在海南

挚的夫妻情意，更足以打动更多的读者。这两部中篇都只是写到 1977 年前后，没有涉及改革开放。《天问》虽以改革开放以后的银柳岗林业发展公司为依托，但作家的笔墨不在银柳岗林业发展公司，更不在林业开发，作品所浓墨重彩地描绘的是银柳岗林场场长香林和林业技术员志林之间非同一般的悲欢离合和生离死别。在《迷沼》中读者不时可以感受到改革开放的热浪和城市生活的现代气息，但作家所精心刻画的却是一对以拾荒为业的青年男女的心理精神世界，与改革开放轰轰烈烈的大场面似乎离得也较远。那么作家是如何切入我们这个时代，我们应当如何来理解这四部作品所包含的时代内涵呢？

当今社会的发展、时代的进步，给人们带来了许多喜悦和震惊，同时也给人们带来了许多不安和忧虑。人们忧虑和不安的是物欲、金钱、市场，等等，

它们正以其不可估量的魔力,冲击着几千年积累下来的经过过滤的道德文明,正在改变着生活中的一切。物质与精神、感情与理性、金钱与道德的冲突越来越激烈,越来越明显。文化的冷漠、亲情的疏远、人与人之间的隔膜、金钱的腐蚀力,不得不使许多社会成员做出选择和思考,从有识之士到普通百姓,无不痛切地感到呼唤良知、道德与人伦的重要,无不痛切地感到寻觅精神家园和灵魂栖息场所的重要,政治家们和哲学家们也都发出了坚守道德理想和寻求精神超越的呼吁。鲁彦周的这四个中篇,正是这种寻求和超越的强劲折射,无疑是对金钱这个被炒得热之又热的热点的一种非常强烈非常有韧力的反逆。

鲁彦周 1994 年在广州赖少其家做客

鲁彦周的这四个中篇,有的有其生活原型,如《乱伦》和《孽缘》,作家构思酝酿已久;有的是作家从对现实生活的观察和体验而得来,如《迷沼》。但这四部作品同时展示在读者面前的是同一题旨:爱情的残缺美。通过对完成这一题旨的委婉曲折的叙述,给予读者以昭示的是:心灵的相通是最珍贵的,只有寻觅到了真正的精神家园,生命才最有价值。褚玉与雪荔、香林与志林、束素贞与冯升志,都没有法律认可的正式婚姻关系,但他们都爱得深沉,精神

寻找精神家园：鲁彦周早就提出了这个课题

世界能得到真正的理解和相互交融,他们的心灵是真正相通的,他们的生命价值和生活乐趣也正是在他们心灵相通中体现出来的。邱立人和郑瑞玉虽是法律认可的夫妻,但同样得不到保护。为了这婚姻,邱立人被降职被查处,郑瑞玉更是被关押、被逼得寻死觅活终于成为不可治愈的精神病人。他们虽然为爱付出得太多太沉重,爱的光环也不时地放射出五彩缤纷的色彩,但实际上他们应当受到法律保护的爱情也被摧残成为残缺的爱情,留在读者的印象中也只是爱情的残缺美。从这个意义上说,这四个作品和风行一时的《廊桥遗梦》有着某种相似的风采。但由于作家是从不同的社会层面去揭示他对社会对人生的理解,又有着可信的生活依据,因而更动人更丰厚更带有时代的印记。应当说,围绕同一题旨,在四部作品中作家笔下的主人公都是找到了他们的精神家园的,他们为此付出过巨大的代价,也找到了人生的价值。

为了强调精神的可贵,作家笔下的人物对金钱、物欲采取了低调、冷漠的淡化态度。《孽缘》自不必说,那时候物质生活本来就贫乏,也没有什么灰色黑色隐形的收入,所以作品很少涉及金钱这类话题,邱立人与郑瑞玉将他们二人所拥有的精神财富视为一切;《乱伦》里的褚玉是文化人,原本是一个领导干部,虽然落魄潦倒,但对物质生活既无什么过高要求,也没有什么过不去的,同样很少涉及金钱这个话题。《天问》和《迷沼》则不同,不少的篇幅浸透着作家对物欲和金钱的理解。银柳岗成立林业发展公司,这是个时髦的新事物,但作家对此却有着他大胆而独特的看法。这个公司成立庆典的铺张和豪华,作家是不以为然的,在公司成立庆典的鞭炮声中,银柳岗一片一片的树木也随之被锯倒,作家通过他笔下的人物香林场长的哀婉和叹息,表达了作家自己的"一种劫后的凄凉的感觉"。尤其是对公司经理松生,通过物欲和金钱夺走他弟弟湖生的恋人琴韵,以及琴韵由追求艺术到追求享乐与浮华的描写,都表达了作家对于物欲过分膨胀、对拜金主义的忧虑和不安。在《迷沼》中,一对到城里谋生活拾破烂的青年男女,本来就是奔赚钱之后的好日子而来的,但却看不到这两个年轻人如何为钱而动脑子想点子,他们所追求的同样是精神上的愉悦与快乐。由此,我们便不难看到,作家如何为强化作品的精神价值所做的努力,看似四个浪漫而执着的爱情故事,实则充溢着作家的时代感和使命感。这四部作品从 1993 年开始一年一部,在作家来说,或许并非刻意安排,但它们却给读者一个明晰而深刻的昭示:"迷沼"是什么? 迷沼不是城市,也不是农村,更不是光怪陆离的现代生活,而在于理想、精神、道德的失落。这一警示的提出,将人类精神家园的重要,鲜明地提到了读者面前,这正是鲁彦周的敏锐和深沉可贵之处。

<h1 style="text-align:center">二</h1>

寻找精神家园和灵魂的栖息场所,并非一件轻而易举的事,不付出代价是不行的。于是作家用他的全部笔力,委婉曲折地描述爱情残缺美的艰难过程。来自社会的世俗的伦理的重重压力,常常把美好的东西扭曲了摧残了破坏了。这也告诉人们,对于美好的精神世界的追求,固然需要每一个人调整好自己的心理状态做出不懈的奋斗和牺牲,同时也需要整个社会观念、意识形态以及法制、权力的认同和保护。

《孽缘》里邱立人和郑瑞玉之间的悲剧,是极具中国特点的,作家非常愤怒而尖锐地揭示了极"左"的政治观念所形成的势力对于美好爱情的残酷无情的摧残,塑造赞美了邱立人这一极富政治色彩的人物勇敢大胆、百折不挠地冲破这种摧残而保护自己的精神乐园的大无畏形象。邱立人对于新中国的建立是有功勋的人,战争年代他打了许多胜仗,又剿灭了残匪,经过了战火的生与死的考验,所以刚一解放,尽管他只有二十岁,但这个年轻的老革命便当了一个县的代理县长,并且很快又提升为省里办公厅的副主任,权力、地位在他的面前已经铺了一条平坦而闪光的道路。然而因为他爱上了郑瑞玉并

寻找精神家园：鲁彦周早就提出了这个课题

且跟她结了婚，更因为郑瑞玉由于父母的逼迫和国民党伪县长的威胁曾经在很短时间内是伪县长的小妾，从此以后，不管郑瑞玉怎样坚决地划清界限，怎样地拥护革命投身革命用实际行动为革命效力，并经实践证明是为革命做出了贡献的，但这一切都无法摆脱她曾经短暂地是国民党伪县长的小妾这一阴影，她被认定是坏人、特务，有意地腐蚀党的干部。肃反期间和"文革"期间，她三番五次被关押，遭到精神和肉体的痛苦折磨。郑瑞玉所面对的是一种不从客观实际出发，不容许事物发展转变，讲不清、道不明的蛮不讲理僵化了的政治观念，我们许多人也曾面临过这种政治观念。邱立人更是被认定为"英雄难过美人关"，组织上出于爱护他挽救他，命令他"尽快办理离婚手续"，省里的书记、秘书长，地区的朱政委反复出面晓以利害、施加压力，可谓机关算尽，还特派一个名叫红裳的年轻女子去做他的工作、亲近他，试图以她去取代郑瑞玉，则又显出了这种极"左"的政治观念的庸俗和丑陋。然而邱立人却坚定地表示，不能失去郑瑞玉，若是失去她，"他就会觉得失去了生命的意义"，他的儿女柔情、儿女真情比钢铁还要坚韧。他也不是那种一见钟情的风流情种式人物，他是在了解了理解了郑瑞玉之后做出这种选择的。可是那种"左"的政治对他不能理解，等待邱立人的只能是责骂、不信任、降职和数不清的世俗嘲弄，但他无怨无悔，和郑瑞玉厮守在一起，呵护着他们共同营造的精神家园。完整的美好的爱情被摧残了，但仍然闪耀着美丽的光彩。作品告诉人们的是只要对中国过去几十年的政治稍有常识的人都能理解的故事，却非常典型，非常有警示意义。美满的婚姻自然是人的精神世界里的一块珍贵的乐土，甜美的爱情为夫妻双方所拥有，但社会因素、政治因素也常常闯进婚姻这块伊甸园。是保护还是践踏，其力量都是不可估量的，经过反反复复的历史风雨之后，人们是否会逐渐意识到保护的意义呢？这也是老作家由衷的心曲。

如果说《孽缘》是冲破政治的社会的禁锢去追求精神的价值，那么《乱伦》则是向伦理和世俗的大胆挑战,当然,也是向权力的挑战。小说着意标题为《乱伦》,实乃鲁彦周强调褚玉和雪荔之间,丝毫不存在乱伦,所谓乱伦只是偏见和欲加之罪。一般来说,公公与儿媳之间的私情,无论如何是不能为社会所容忍所理解的。褚玉和雪荔不属这种范畴却又担着一个这种范畴的名声,所以他们进退维谷、谨慎异常。褚玉法律上的妻子是个有权力而不懂感情或许是她认为她不需要感情的人物,是她用权力迫使褚玉就范而结为夫妻的,这在褚玉这个以书画艺术为生命、富于感情的人来说,无疑是一种苟合,谈不上任何精神上的意义,所以早就分居了,并且无所依恋地为逃避她而来到另一个城市,这也是为了逃避那死亡了的可悲的婚姻。婚姻虽然死亡了,却有一个患有精神病的儿子,于是他的妻子又动用权力,诱骗乃至逼迫雪荔就范,使她成为精神病儿子的妻子,这无疑又是一起苟合的婚姻,雪荔自然无法忍受。褚玉出于正义,关心、帮助雪荔,雪荔出于需要依靠褚玉,在依靠的过程中理解钦慕褚玉,并在解除了不合法(精神病患者按法律规定不能结婚)、不合理的婚姻之后走向褚玉,原本合情合理,但只是因为他们曾有过那种畸形公媳关系,所以那么艰难,权力借仗着伦理可以大打出手,伦理和世俗混合在一起,几乎要把他们湮没掉。褚玉是坚韧的又是坦荡的,他以他一个文化人的品格,去对待世俗的一切,无所顾忌地迎接挑战,他不去寻求理解,他懂得这种寻求是徒劳的。褚玉比《廊桥遗梦》里的金凯更深刻,金凯只是在小镇上耳闻目睹一些当地风情之后,便实际上是劝说弗朗西丝不要去廊桥,对于世俗金凯远不如褚玉勇敢。褚玉则不然,他觉得需要抛弃的便大胆地抛弃,需要珍视的则像珍视他的书画艺术一样默默地珍视,倾心地去感受。他与雪荔在精神世界上是相通的,虽然短暂,却异常有光彩。作家是通过褚玉这个形象,鼓励人们要大胆地勇敢地去追求去领略精神领域的无穷乐趣和无比价值,去大胆地呵护属于自己的爱情,去大胆地珍视自己的精神家园。

《迷沼》的可贵,在于它描述了两个社会地位低微的青年人为寻求精神

寻找精神家园：鲁彦周早就提出了这个课题

乐园所做出的努力和付出的牺牲。束素贞和冯升志虽然生活在合肥城里，但既无城市户口，又没有固定单位，还没有取得市民资格，只能算得上在城里谋生的游民，加之他们没有什么手艺专长，谋生的手段只是收破烂，并非应聘于某个废旧回收公司，职业非常不起眼。按世俗的眼光看，谈论生命的价值和精神的追求，等等，似乎还轮不到他们。然而作家对这两个社会底层人物注入了他极为真诚的爱心和真挚的热情，对他们的精神世界做了细致入微的描述。他们地位虽然低微，心地却晶莹坦荡。束素贞和冯升志第一位的追求是人与人之间真正的理解和心灵感情的真正相通。束素贞在她的流离生涯中曾经结识了方为民，并跟他私奔共同生活了一些时候，这是她的第一次寻求；冯升志在他的农村老家还有一位从小一起长大情意深厚的杉妹，然而这一切并不等于心灵的相通。方为民梦寐以求的"就是在老家盖一幢像模像样的房子，要在乡里能显出威风，显出一个男子汉的本领"。在他看来，"房子就是一种荣耀、一块招牌、一件光宗耀祖的大事"，他的一切努力都是为了房子，盖好房子以后再将束素贞带回农村去生儿育女并充当"烧锅婆"的角色。为此，他将他与束素贞的共同积蓄以及属于束素贞个人所有的钱财席卷而去，去圆他自己的那个梦。这对于束素贞来说，当然是明显的同床异梦。束素贞是无论如何也不能接受的，她的理想是"跑码头，逛大城市，而后找一个城市安家"。由于各自的追求大不一样，他们之间的破裂也是必然的了。冯升志虽然对杉妹也情意绵绵，但杉妹只是希望他和她一起在农村"平安过日子"，他虽然知道这其中也有许多安宁和甜蜜，但他却无论如何也无法满足"老婆孩子热炕头"的老式做派。他也曾试图去适应"种田的老本行"，但"城里的那种欢腾、喧闹，合肥长江路上的车水马龙，音箱里传出来的女歌手诱人的歌声，工地上粗鲁的玩笑和机器的轰鸣，都一齐钻进他的心头"。他的希望和寄托都在欣欣向荣生机勃勃充满着现代气息的城市中，他不顾各种艰难与尴尬来到城里，是讨生活，更是寻找他的精神寄托。他和束素贞对于未来的描画如此相似,所以一见钟情,也便顺理成章了。但正当他们为自己找到了共同的精神世界而欢欣而奋斗的时候,方为民伸出了罪恶的手谋杀了束素贞,冯升志只得形单影只地过着他的暗淡的日子,美好被扼杀了,精神家园被毁灭了。方为民出于什么动机?可以理解为他出于对束素贞的占有欲,出于报复,还可以理解为出于他对别人创造美好的一种仇视一种妒忌,这种阴暗的心理很是可怕,值得世人警惕!

《天问》则不同,银柳岗林场的年轻女场长香林爱年轻的林业技术员,那是真正的生命之爱。但她同时又是一个"被荣誉和红花包裹着"的女人,她在小心地选择着她的精神家园的模式,一旦发现志林是一个"反革命的儿子","是一个台湾国民党匪帮的儿子",她便不得不舍弃她的真正的爱,而嫁给一个又干又瘦的没有任何感情基础的姓卞的党委副书记,香林的直接目的是希望入党,那个党委副书记在这方面是关键人物。香林没有冲破自己,没有走出浅层的功利,虽然她的精神家园就在眼前并且已有了雏形,但却无法到达那里,所以她的内心世界始终是贫瘠的。她之所以"恨那个卞家的也是她的老房子",是因为她在那里的回忆是非常不堪的。在那所房子里她和卞副书记成婚,在那所房子里造成了她的精神贫瘠、失落和痛苦。在《天问》里,作家还写了湖生、松生与琴韵之间的三角关系,松生是香林的大儿子,是一个势利人物,他当上了林业发展公司经理,有钱有势,夺走了他弟弟湖生的恋人琴韵。琴韵是一个满脑子物欲的年轻女子,她和湖生都是学美术的,他们都有过献身艺术的理想,但她禁不住松生的五光十色的金钱诱惑,她的心灵的窗户彻底地被金钱蒙住了。作家正是通过两代人对幸福的理解来警示人们,精神家园的构建不仅需要冲破社会的伦理的世俗的种种障碍,还需要冲破自我冲破物欲金钱的迷惑。作家的苦心,也正是人们经常遇到的课题。

三

对于小说创作,鲁彦周一直都在进行艺术上的探索,他并不满足于一个模式、一种方法。在这四部中篇之前,他的长篇小说《阴阳关的阴阳梦》便大量地运用了魔幻、梦幻的手法,扑朔迷离、恍恍惚惚,很有一些新鲜的意思。但是很快地鲁彦周又回到了他走了很久的现实主义的路子。不知道是他自己还不太习惯魔幻这种新的写法,还是读者还不太习惯接受他的这种写法,

1995 年鲁彦周与夫人张嘉、女儿鲁书妮在岳西响肠

总之在这四个中篇中现实主义写法是贯穿始终的,鲁彦周在这方面可以说是驾轻就熟。

经过各种苦心探求和思考的艰难历程,作家和理论家又郑重地提出了现实主义的重构。当然重构并不等于重复,而是赋予这种方法以新的内涵和活力。鲁彦周非常理解,无论现代社会的高科技如何迅速地改变着人们的生活方式,如何为人们提供丰富的物质享受,但人们精神世界中永远无法消除的痛苦,人们的灵魂因为这样那样的原因而被扭曲,始终是需要得到抚慰的。人们需要寻找精神家园来平衡这物欲横流的社会现实,人们需要终极的关怀。现实主义文学必须大张至爱精神的旗帜去关注这一切,因为这是人类最关注的现实。在这四个中篇中,鲁彦周的至爱之心体现了他对现实主义文学新的理解。邱立人与郑瑞玉之间不可分割的感情维系,既是夫妻之情,又是一种崇高的至爱精神,在爱情和前途的严峻选择面前,邱立人不是掂不出其中的分量、看不到险恶的后果,但他的至爱之心战胜了理性的评估,也战胜了红裳的缠绵之情(他对红裳也并非没有好感)。他是深知他和郑瑞玉相互之间感情的真诚投入的,谁舍弃了谁都意味着只能毁灭对方也将毁灭自己。至爱精神战胜了权力、地位等等显赫的诱惑,对"左"的政治势力也采取了强烈抗争和极度冷落的态度,他无疑是人们精神家园的一个楷模。在《迷沼》中则是另一种表现方式,作家安排冯升志去看望束素贞,带去的礼物是一束鲜花,那么亮丽、鲜艳、夺目,却是到那种租用的民用草房,去看一个年轻的捡破烂的女子,手持鲜花的自己又是一个无业青年,这是多么的不协调,形成多么强烈的反差。周围的人们用奇异的眼光看着冯升志,冯升志自己也自感不协调而手足无措,但是一片诚挚之爱驱使他这样去做,他别无选择。正是在这强烈的反差中,作家将他笔下人物的内心世界彻底地交给了读者,读者也不认为作家的描述有什么不真实。至于褚玉,那是一个书卷气十分浓重的人物,既爱又要压抑内心深处的爱,那是何等的痛苦。随着作家的描述,我们似

寻找精神家园：鲁彦周早就提出了这个课题

乎听到了那强烈的如诉如泣的琵琶声,也只有他才能以这种方式来传递他内心世界的风暴,也只有雪荔才能真正懂得这琵琶声的分量,爱和恨是交织在一起的。在生命的最后时刻,褚玉何等的宁静、何等的从容,这是一代知识分子的高雅格调。他明知自己不久于人世,他明明知道雪荔在向他隐瞒他的病入膏肓的真实,但为了自己和雪荔都能真正地享受生活的赐予,哪怕是短暂的一次,所以,还是决定陪雪荔去南方做一次旅行。这是何等宽厚、何等广阔、何等博大的爱,也只有褚玉才可能采取这种方式去抚慰雪荔,这不但震惊了作品中的"我",也震惊了许多读者。

如果说鲁彦周在重构他的现实主义时有什么新的招数,应当看到的是,他对他笔下的人物有了新的理解,他是用至爱精神来驾驭他的整个篇章的,这便使得他的作品与社会的真实与生活中许多人更为贴近,作家的心与读者的心也就更为贴近。

1995 年鲁彦周夫妇与 92 岁老母亲合影

一些现代派作品如调侃文学之类,虽然将读者引入无谓生活琐事和所谓的现代情趣之中,造成了与交织着各种矛盾、旋涡的社会现实的隔膜和远离,但这些作品也还是有一定的读者和观众,原因何在? 很重要的一条是这些作品的叙事方式、叙述语言和以往的小说有很大的差异,活泼、调侃、轻松,有时还融汇了东西方的语言的一些特点,给人一种新的感觉,有了一种吸引

1996 年鲁彦周与汪曾祺在四川都江堰

力,虽然内容空洞贫乏,但领略一番活泼的语言也可以得到一些乐趣,这便是许多读者阅读和观看时的心态。作为一个严肃的有着时代感、使命感的作家,鲁彦周十分注意小说的语言。他曾反复说过,小说要有文采要让人喜欢读。在这四个中篇小说中,在语言运用、叙述方式上各有特点。《乱伦》的通篇,作家营造了一种相当浓厚温馨的书卷气语言氛围,这和主人公褚玉的身份、职业、文化素养是十分吻合的。褚玉是一个书画艺术家,又长于乐器演奏,一切都很随和,唯独对"他的纸墨笔砚都很讲究,在写字台上,他是一丝不苟的"。作品写到褚玉与雪荔经过许多磨难终于走到一起之后的欢乐,有这样一段话:"春节,我们两家决定合在一起过,雪荔和我妻子做下手,我和褚玉

寻找精神家园：鲁彦周早就提出了这个课题

献艺,各做几样拿手菜,雪荔把炉子生得旺旺的,我又出去买了鞭炮,妻子还剪了几幅窗花,给褚玉窗上贴的是一对火凤凰,窗花贴上了,褚玉衔着烟斗和雪荔同看,他转身对我妻子说:'谢谢你! 真的,我和雪荔是一对火中的凤凰!雪荔,你说是不是?'他也不等雪荔回答,扭开录音机就和雪荔跳起舞来! 我看他俩跳也搂着妻子跳起来。然后,又弹奏起欢快的琵琶,又唱歌,欢乐直过深夜两点。"这段描写所显现的文化氛围和高雅的精神氛围,真是扑面而来。类似这样的描写在《乱伦》中比比皆是。《迷沼》给人的则又是另一派气象,在这部中篇中作家以合肥市为背景依托,主人公在合肥的活动,从哪里到哪里,地名线路都按照现实生活照实写来,这给熟悉合肥的人、长期生活在合肥的人以许多亲切的实感,这无疑是在做一种尝试。在《天问》中,作家则将全篇划为"雾""雨""雷""云""风""虹""天"几个段落,时空交错,跳跃起伏,以自然景观作为几个段落的命名,既和"天问"这个大题目相一致,又给读者造成一种苍茫的气象,命运、人生难道真的像这大自然一样的不可预测么?

对于这四个中篇,鲁彦周本人所喜欢的是《乱伦》。他说,褚玉是有生活原型的,经过他的艺术处理之后,这个人物更有风采,似乎衔着烟斗站在我的面前,他的悲剧性中包含着许多典型意义。他在《鲁彦周文集·自序》中说:"《乱伦》曾在《新华文摘》上转载过,但评论界则没有反应。我很希望这部文集出版后,读者和评论家对这几部小说能给予关注。"他所讲的"这几部小说",除《乱伦》外,还有《山魂》。

第二十四章

《双凤楼》：丰富多彩的人生画卷

1995 年的秋天，鲁彦周正在创作一部长篇小说，就是后来由江苏文艺出版社出版的《双凤楼》。

有一天他突然接到一个电话，是江苏文艺出版社一位名叫周鸿铸的编辑打来的，询问他是不是正在写一部长篇小说。那时，鲁彦周并不认识周鸿铸，但他还是很明确地回答道："是的，我正在写一部小说，写得还算顺利。"鲁彦周觉得有点奇怪，接着问道："你是怎么知道的呢？"周鸿铸回答说："是杨楠告诉我的。"鲁彦周轻轻地"噢"了一声说："你是她的同事啊。"周鸿铸连忙答道："不。她是我的夫人，我是她的先生。"鲁彦周在电话里大笑起来："是这么一回事……"杨楠是江苏科技出版社的编辑，前不久曾到合肥向鲁彦周约稿，并得知鲁彦周正在写一个长篇，回南京后便向她的先生周鸿铸透露了这个信息。周鸿铸是个很有专业敏感度很有责任心的人，又是安徽老乡，所以立即打电话和鲁彦周联系，并表达了他很想编发鲁彦周的这部小说的愿望。鲁彦周稍稍停顿一下，然后在电话里用平和的口气说："这部小说我虽然酝酿了很长时间，但也不敢说能够写得令人满意。很感谢你来约稿，我一定记在心上，慎重考虑。"

《双凤楼》：丰富多彩的人生画卷

此后,作为编者和作者,两人便电话、书信往来不断。1995 年 9 月 22 日,经周鸿铸多方协调,江苏文艺出版社向鲁彦周发出正式约稿函,鲁彦周欣然答应下来。一锤定音,周鸿铸说,他落下了心中的一块悬石。

时隔将近一年,1996 年 9 月 17 日,周鸿铸与鲁彦周通电话,得知长篇小说《双凤楼纪事》已经完稿,9 月 19 日他即赶赴合肥,与鲁彦周会面并商谈有关出版事宜。

最让周鸿铸感动的是,鲁彦周非常爽快地将他刚刚写完的长篇原稿交给了他,并且对他说:"实不相瞒,前不久曾有三家出版社来联系这部书稿,但我没有答应,理由是已经有主了。我告诉他们,人家江苏文艺出版社的老周从一开始就关注我的这部长篇,而且热线联系,从未间断,你们现在来摘果子,为时已晚,我当然不会去做'一仆二主'的事。我对他们说,你们要好好学习人家的编辑精神。"鲁彦周的这番表扬,虽然使周鸿铸有点局促不安,但周鸿铸也看出了鲁彦周是一个十分讲诚信的作家,一个值得信赖的长者,很庆幸能与他合作。

周鸿铸与鲁彦周虽是编者与作者关系,但鲁彦周毕竟比他长十二岁,又是名气很大的著名作家,初次见面还是有点拘束。为了打破这种拘束,周鸿铸记得鲁彦周曾对他说过一句十分贴心的话:"我写《双凤楼》,你编《双凤楼》;我是安徽人,你也是安徽人;我属龙,你也属龙——咱们这是二'龙'相会《双凤楼》哇。"这句话给他留下了极为深刻的印象。从此,周鸿铸与鲁彦周之间便和谐随意、无话不谈,他俩成了朋友。

周鸿铸住在宾馆里阅读书稿,很快便读完了,认为这是一部非同凡响的作品。并说,这与鲁彦周做本色人、说真心话、内心充满人文关怀的人格力量紧密相连。

当他将这些想法和他的修改意见,和鲁彦周交流后,鲁彦周笑了笑说:"没想到你这么性急,一来就不停地看稿子。关于修改意见,我同意你的看法。不过,好像把我说得高了点。"

　　周鸿铸又问鲁彦周,有没有把这部小说改编成电影或电视剧的想法。鲁彦周说:我年纪大了,已经没有这个精力了。如果你能找到合适的人,就请他改编好了。

　　从合肥回到南京后,周鸿铸与鲁彦周的联系更加密切,主要是讨论书名和有关细节的修改等问题。

　　这部小说原先有两个待定的书名,一是《双凤楼纪事》,二是《青藤古屋》。经过再三推敲,周鸿铸与鲁彦周取得了一致的意见,即将"纪事"二字去掉,简单明了地就叫《双凤楼》。

　　在此期间,鲁彦周也经常给周鸿铸写信并附寄修改稿,1997年元旦的一封信是这样写的:

鸿铸兄:

　　你好!今天是九七年元旦,你是我今年第一个写信的人,希望我们今年合作顺利,并祝你和杨楠幸福如意。

　　《双凤楼纪事》我动了一下,引言和尾声都改写了,主要是想增加一点说明,特别是燕朋和季素开始时的事,我在尾声里让他自己说了。这是弥补,也只能这样了,说多了反而不好;另,二十五章燕朋和况蓉一段重写了,一是为了去掉你们所说的那种描写,二是把燕朋写得更高尚些。改后,我自己看了觉得好多了。以上三处改动部分,打印寄上。书的其他部分我不动了,若有不妥之处,请你在编稿时动动,没有关系的,反正清样还要看。

　　现在,我唯一要求就是希望书能快些出版,最好能在上半年出来。此事要请你多多辛苦了!

　　匆匆,敬祝

健康

鲁彦周
一月一日

《双凤楼》：丰富多彩的人生画卷

周鸿铸是 1 月 8 日收到来信及修改章节的。他解释说,信中说的"去掉你们所说的那种描写",是指的男女私情。修改后,鲁彦周"自己看了觉得好多了",周鸿铸也感到十分贴切。

关于《双凤楼》的封面,周鸿铸邀请装帧设计家速泰熙先生设计,并提出"清幽深邃,世俗民风"的八字建议。现在我们看到的封面是:一座徽式门楼,点缀一条青藤枝蔓,依稀可见深深的庭院,封底是黑色墙体上的花窗,也是一枝攀缘而上的青藤。这种前门后窗的呼应,布局精巧,意味无穷,似在告诉读者,在这个幽深的大院里,曾经发生过许许多多惊天地泣鬼神的故事。对于这个设计,鲁彦周在电话里对周鸿铸说,他非常满意。

《双凤楼》于 1997 年 4 月 22 日发稿,周鸿铸说中间经过五次校对,于当年 8 月面世,印行一万册。

1997 年 9 月 27 日,鲁彦周曾偕夫人张嘉应邀到南京签名售书,《双凤楼》受到了广大读者的欢迎和好评,签售活动十分成功。

《双凤楼》是鲁彦周出版的第四部长篇小说。鲁彦周曾说过,在他的长篇中他比较珍爱《古塔上的风铃》,但新出版的《双凤楼》思想内容上更为丰厚扎实,艺术手法上更为圆熟老练,是充分体现了作家宝刀不老的一部长篇。

《双凤楼》所描写的时间跨度很长,"文革"前的 20 世纪 50 年代到改革开放之初将近三十年,作家展现在读者面前的,正是这一历史时期的形形色色的人生画面。这一切又都是以古老的双凤楼为基点,以一个县城为依托,描写了双凤楼内人与人之间的恩恩怨怨,描写了一个县城一个县委"文革"的全过程。但作家的笔墨不是写事件,而是写人,写人的追求,写人的精神世界,剖析人的灵魂,鞭挞丑恶,褒扬美好。有时让人惊心动魄,有时让人灵魂震颤。这部长篇和作家近年间发表的其他中篇作品形成一个丰富的系列。在这个丰富的系列中,体现了作家对美好的精神世界的渴望与追求。这也是作家对当今世界物欲横流、精神贫乏的一种抗击,是作家强烈社会责任感的体现,也是一部丰富多彩的人生画卷。

这部作品里的人物,如燕朋、季素、况蓉、季小纯、宫珍、杨秀、燕载、宫为安,还有那个王瞎子及奶妈,等等,笔墨有轻有重,出场有多有少,都给人留下了鲜明的印象。正因为有了这样一群鲜明生动的人物,这部小说也更丰富多彩了。燕朋在这些人物中是主角,作品中的所有情仇恩怨、所有起伏跌宕,都和他密切相连。按燕朋的出身、经历和地位,他应是一个一帆风顺、青云直上的职业革命家,但他感情丰富的内心世界和刚直不阿、求真务实的品格,却给他带来了数不清的磨难和曲折。《双凤楼》的故事从报复开始。因为双凤楼的原主人曾玉雪凌辱了燕朋的未婚妻小莉,燕朋曾在小莉坟前发过誓,要对曾玉雪的妻子季素施以报复。报复在于他的钟情。正是在燕朋不忘在小莉坟前的誓言对季素施以报复的过程中,却对季素产生了烈火一般不可遏制的爱情。蓄意报复当然是浅层次的,但他从报复开始,转而和季素进入那样一种如醉如迷的境地,则是燕朋真实精神世界的表露。在作家笔下,那暴风雨之夜,那青藤树底下,那小镇上的招摇过市,是炽烈的、隐秘的,也是美丽的。燕朋与季素不是合法夫妻,但又至诚至爱,作为一个县的县委书记,应当说是焦虑不安的,但作品除了描写燕朋在行动上尽量避开别人耳目外,在内心里又是义无反顾的,这体现了燕朋大胆地追求至高的爱情的果敢,同时他的妻子杨秀对他的冷漠和羞辱,也使他找到了一条与季素相爱的勉强的理由。那么,燕朋与季素由报复突然转向挚爱,有生活依据吗?生活中的偶然多得很,但追求美是必然的,从灵与肉来追求爱也是必然的,正因为燕朋的行为融入了必然之中,所以他对于季素的彻底逆转,便也不足为奇了。从燕朋的角度看,如果说他与季素的相识相爱充满着暴风雨式的浪漫和珍贵的诚挚,那么季素则是为爱做出了巨大的牺牲和奉献的。她在百般拷打污辱诱惑面前,至死也不暴露她与燕朋之间的隐私,全在于维护燕朋的尊严和安全,她的以死殉情是十分壮美的。季素在这部小说里死得最早,笔墨当然也就不多,她不

《双凤楼》：丰富多彩的人生画卷

仅有美丽的形体，更重要的是她有美丽的灵魂，读后像一道闪耀着美丽光芒的闪电一样，长长地留在读者心中。如果说作品对燕朋与季素之间的息息相通主要是通过性爱来表现的，那么他与另一位女性，他的部下、县委组织部长况蓉之间的交往，则充分显示了他的坦荡光明的男子汉风采。况蓉是一位能干而美丽的女干部，燕朋喜欢她尊重她，也真诚地关心她帮助她，"文革"中他冒着风险大胆地救助她逃离非法监禁，是正义的、勇敢的，也是智慧的，燕朋的确非同凡响。此后，他与况蓉天各一方，断了音讯，但况蓉却把她对他的爱埋在了心里。"江城会"写得非常精彩，是作品的闪光之笔、神来之笔。况蓉知道自己不久于人世，她必须在病榻前了却她对燕朋的诚挚倾慕，这是非常动人和真切的，尤其是这一切是在况蓉的丈夫关权的引领之下和理解之中进行的，更为动人心弦。"江城会"的全部意义还在于燕朋去江城赴会是处于全然不知的被动之中，他不知道谁要见他，也不知道为什么要见他，直到见到况蓉后才知道是况蓉安排的约会，他也十分震惊自己为什么没有领悟和得到这位女同志对他的感情，由此不仅澄清了杨秀和社会舆论说燕朋与况蓉有私情的攻击，同时也告诉读者，不能因为燕朋与季素的关系，就断定燕朋是一个行为不轨的人。"江城会"是作品为燕朋这个人物所做的第一层铺垫。如果说这一铺垫还处于柔性层次，或者叫柔性铺垫，那么燕朋拒绝接受省农业学大寨办公室主任的提拔任职，则是刚而有力的了。这一举动如同石破天惊，它不是燕朋心血来潮的贸然之举，而是表达了燕朋对农业学大寨的真正认识。他认为那不是发展农业而是破坏农业，他从切身行动中感到，凡是他所做的对老百姓有利的事，如防洪防灾，等等，都受到老百姓的欢迎与爱戴，唯有学大寨农民接受不了，他不能去做背离农民心愿的事，他的拒绝任职是因为他心里装着农民。当燕朋决定不顾一切地搭救小纯，不顾世俗不计前途不计个人的一切与季小纯父子相认，实际上是承认他和季素的那种不合法的爱情时，他的风采和气概，便血肉丰满地出现在我们面前了。燕朋是党的领导干部的形象,又突破了过去对领导干部的塑造格局,是《双凤楼》的一个重要收获。

《双凤楼》所全力塑造的另外两个人物,是季小纯和宫珍。作品赋予这两个人物以无限的青春活力,季小纯的才华横溢、宫珍的纯洁美丽,寄托了作家对年轻一代对未来的热切希望和美好憧憬。在"文革"那样残酷的情势下,季小纯仍孜孜不倦地追求他所珍爱的绘画艺术,画出了那么多被诬之为"黑画"的美好作品,在季小纯和刘德身边还聚集了一群热爱艺术的青年,这一切都显示了人们渴望美好、渴望未来,人们对生活的崭新境界的追求在任何逆境下都是不可抗拒的。对于季小纯和宫珍之间爱情的描写,非常有层次,非常生动美丽,尤其是作品将宫珍与季小纯进行比较描写时,更为深刻细腻,更为真实贴切。宫珍将密室里的画册悄悄地送给小纯,小纯在海边为宫珍画像,宫珍那种初恋的萌动、宫珍在小纯眼前踏着海浪翩然而来的美好情景,都写得非常精彩传神而浪漫。季小纯遭到厄运被捕之后,宫珍一改弱女子、娇女子的形象,大胆探监,在监狱里与小纯山盟海誓,又单枪匹马、走南闯北地为小纯奔走,使这些可爱的天真烂漫的年轻人一下子成长起来了、成熟起来了。他们充满着青春的气息,又闪着未来的光彩。在《双凤楼》中,青年人的形象比上一辈人的形象写得更好,青年人中尤以小纯和宫珍最丰满。在塑造这些年轻人的形象时,鲁彦周已年近古稀,将青年人写得如此栩栩如生,将他们的内心世界描绘得如此惟妙惟肖,的确难能可贵,充分显示了老作家在艺术上的青春活力。

其他人物,如宫为安和杨秀,也各有个性,他们互不服气又互相利用,他们与燕载联合起来攻击燕朋和季小纯,他们的分工合作,发生在"文革"那个特定的历史时期,这对人们认识"文革"那样一场灾难是很有价值的。从这些人物身上,可以看到口头革命派们是如何将自己的私欲、个人的恩恩怨怨,加以巧妙包装,然后在冠冕堂皇的旗号下去攻击别人的,可以看到他们是如

《双凤楼》：丰富多彩的人生画卷

何为达到个人的可鄙目的，而不择手段地陷害别人以至于连骨肉之情都不顾的。作品警示人们，这样卑鄙的小人不仅在"文革"那种特定的历史情况下有，在现实生活中也还会不断地出现，道义和良知他们都毫不顾及，他们所刻意追求的只是一己之私利而不惜损害他人和社会。杨秀的病态心理作品写得很逼真，作品中屡屡出现的满口白牙的小老头，只是在杨秀的幻觉中出现，这是杨秀在权欲和情欲不能满足的情况下所产生的一种意识变异，这种变异正是由百无聊赖、焦灼不安又想入非非等种种非正常情绪所致。所以看似与整个作品风格有些不协调的满口白牙的小老头，与杨秀的不健康内心世界却是非常吻合的。

这部作品里的人物，包括王瞎子、奶妈、王小芍、军代表和卫琳、宫为友和画家汪寒等，都非常生活化，他们都是生活中的人，作家通过他的笔让这些人物一个个走到读者的面前，不仅展现他们的外貌风采，也展示他们的内心世界，呼之欲出，可亲可信，他们的命运、他们的吉凶常常系于读者心中。这些人物的塑造，表明了鲁彦周的创作进入了一个新的境界，即摆脱了按照某种模式来写人的那种格局。如果说《天云山传奇》是他的中篇代表作，那么这部《双凤楼》则是他的长篇代表作了。

当然这部《双凤楼》也还有一些不足之处，一是性描写略多了一点，虽然经过了作家的删削处理，还觉得应当淡化一些，在这样一部近40万字的长篇中，出现某些性描写的场面是合乎生活逻辑和人物性格逻辑的。读者也并不一概地反对性描写，但应有所节制，让性描写和人物性格有机结合起来，恰到好处。二是结尾处用了较大篇幅去描写宫珍如何化妆、如何在众人的帮助下准备和被处决（实际上是陪斩）的季小纯举行婚礼，有些落套，也很累赘，如果略去这些描写，让季小纯和他的父亲燕朋各自奔向改革开放的未来，就更简洁有力了。

第二十五章

新时期的短篇：一串亮丽的明珠

　　鲁彦周的文学创作成就，主要在中篇、长篇和电影剧作方面。然而他也写了不少的短篇小说，由于只注意了他的长篇、中篇和电影剧作，短篇没有引起应有的重视。其实他的一些短篇写得非常精彩，这些短篇放在一起，犹如一串亮丽的明珠，灿烂夺目。

　　1989 年鲁彦周连续发表了《于笙的浪漫史》《流泉》《叶子》《秋》《月夜》。此后他又发表了《春日梧桐》《丁香大院里的春暖》和描写华人在国外的人生景象的《纽约的冬雨》《九重葛》《方博士夜行》和《乐极生悲》等短篇，真可谓精彩纷呈。鲁彦周的这些短篇，虽然写的是现实生活的各个侧面，但作家从各个不同的角度描写、提炼的一个主题却是对人和人性的关怀，他写了人性的张扬、人性的扭曲、人性的泯灭，归结到一点，他是在呼唤人性的尊严，呼唤人性的纯真。他的字里行间都在颂扬人性的尊贵。作家的人本精神和博爱情怀，使他的这些短篇有了一个新的境界，和他在 20 世纪 60 年代所写的短篇迥然而异。

　　《于笙的浪漫史》，是一个非常凝练、精粹而深刻的短篇。它所揭示的是一个较为高层的社会生活层面，细细地咀嚼这个短篇所包容的内涵，真有让

新时期的短篇：一串亮丽的明珠

人不寒而栗之感。年已五十的单身知识女性于笙,因为一个有身份的大姐撮合她与政协常委郑惠中的婚事,于是她很用心地观察起郑惠中来。这个六十五岁的民主人士倒也不显得老,然而观察的结果,于笙得出的结论却是很失望的:"一个窝囊废,见人就讨好,'拥护'不离口的角色。"在于笙的眼里,这个瘦高挑个的老头儿,"仿佛对他的高身材不好意思,把腰弓着",似乎只会鞠躬,"对台上鞠躬,对台下鞠躬,走下讲台,那弓着的腰好像还在鞠躬",他大会小会都发言,始终是一副庄重、严肃地表示他的"拥护""赞成"之情,他不曾有自己的见解,更不曾有自己的建言,而这两条正是政协委员、政协常委所必须做到的。郑惠中难道真的与生俱来便是一个只会弓着腰的唯唯诺诺的人吗? 小说通过了解他的女学者之口,对他有这样一段描述:"郑惠中年轻时可英俊了,性格也豪爽得很,很有点风尘英侠的派头。他是他们上司的宠儿,是同辈的嫉妒对手,是许多小姐佳人的偶像。他十八九岁就当连长,不久当了营长团长,他的部队作战很有名,他跃马横刀,杀鬼子,打伪兵,并深入虎穴,单枪赴会征服过一个山区有名的盗匪,人家给郑惠中起了个外号'郑扑天',说他能青云直上,直扑蓝天。抗战一胜利,他果然当上了师长,那时也才二十几岁。他在 1948 年冬起义,投奔了共产党……"一个是曾经叱咤风云的铁铮铮的"郑扑天"郑惠中,一个是眼前只会弓着腰鞠躬的郑惠中,真正的郑惠中到底是个啥样子呢? 于笙在另一个场合的亲眼所见,让她耳目一新。那是在清晨的林子里,"她在一棵丁香树下站住了,她看见一个穿红运动衫的人,背对着她,正在那里晨练舞剑。这人身材也很高,但腰杆挺直,肌肉结实,他手中的剑寒光闪闪,是一把真正的宝剑。他舞着这把剑,腾挪跳跃,忽急忽缓,一片白光闪得于笙心头发跳。于笙呆呆地站在那里,她忽地大吃一惊,舞剑者的身体转过来,她看见那是郑惠中"。生活中的郑惠中,自然人郑惠中,为什么和正规场合如会议上的郑惠中,反差那么大,判若两人。是谁使郑惠中一到正规的会议上便弓着腰只会鞠躬只会说拥护呢? 他舞剑时那"腾挪跳

跃"的英姿哪里去了？当然,现在谁也不会强令郑惠中弓着腰,把腰弓下来的
是郑惠中自己,开始时他可能很不自然很不习惯,但又不得不把腰弓下来,弓
的次数多了,也便习惯成自然了。细细观察一下,如同郑惠中这样的两面人,
现实生活中并不少见,并不是郑惠中们情愿做两面人,他们也向往潇洒豪侠,
他们也不愿意将真实的自我扭曲掩盖起来。然而一种氛围,也或许是一种欲
望,更可能是多少次的严酷教训,不得不使他们这样做。这氛围、这欲望、这
教训,到底是些什么,作品只字未提,留给了读者最大的思考空间。我们可以
想得很多,极"左"路线,"文革"那种愚昧而凶残的极"左",那种高压是可以
彻底改变一个人的性格的,是完全可以使人性扭曲的。还有我们的民主政
治、社会氛围,等等到底如何,也是值得思考的范畴。当然也有些人为了自己
的升官发财,不顾一切地逢迎拍马巴结上司,以至于将自己的性格完全改变
了、扭曲了。这种情况现实中也是存在的,那只能是一种丑陋,郑惠中完全不
属于这种类型。郑惠中这个形象,呼唤的是社会氛围政治生活中的一种开
明、和谐与轻松,呼唤的是社会生活、政治生活中对人性的一种真正尊重,这

2000 年鲁彦周和《春天来了》《三八河边》《风雪大别山》的导
演黄祖模重逢于上海

当然是很敏感的话题，也是对现实的深切观照，鲁彦周用极平淡的笔调，将如此严肃的主题凝练在篇幅有限的短篇里，不能不称赞他观察生活的准确和短篇创作的功力。

2000年秋鲁彦周夫妇和王蒙夫妇在黄山

《流泉》和《叶子》，似乎是对应起来描写惠芝和叶子这两个女子的短篇。在作家看来，商品经济的躁动和它所带来的负面效应是人性扭曲的一个很重要的原因，人文环境和自然环境的清纯、和谐、优美，则是保持人性纯真的不可或缺的因素。惠芝和成维本来比邻而居、两小无猜，他们的青年时代，在淙淙作响的流泉边上，有着那么美好浪漫纯洁的情谊，然而二十多年的风尘过去了，成维虽然还把青春年少时代的宝贵情谊深深地埋在心底，然而他心里的那个惠芝却是今非昔比，她已是人性被扭曲了的另一个人，她除了精细地占有着打理着成维继承下来的可观房产之外，其他的一切，包括成维所念念不忘的情谊，在她心中都已荡然无存了。眼看着心上的惠芝完全变成了被物欲和人欲所浸透了的另一个人，完全地被扭曲了，成维十分无奈，只有再次来到青年时代他们流连过的流泉边，让"流泉陪着他一起呜呜咽咽"。叶子则不然,这个由"山峰奇秀,林木茂密,瀑布轰鸣,溪涧争流,白花盛开,天空纯净"的美好环境孕育的清灵少女,依然保持着古典的纯真和执着,商品经济的大潮虽然也感染了她,她在认真地从事着她的养殖业,然而她却至死不渝地捍卫着她的人性的完美。她只记得她和卓非在一起磕过了头,她便认定她把心也给了他,便要忠贞不渝、终生相守。然而卓非却是一个玩世不恭的浪荡儿,当叶子发现卓非对她只是一种玩弄,她便悄然离开了他,并为追求自己的人性的完善而结束了年轻美好的生命。叶子显然没有《逆火》中韵竹那样的大气磅礴,她只是悄悄地将自己燃烧成灰烬。她的死,给人们留下了无限的惋惜。但她的死也是一种鞭挞,那是对卓非的那种人性的泯灭与丑恶的一种鞭挞。

《秋》中的玉蓉和《月夜》中的阮灵,都是知识女性,她们都遭到过凌辱,她们的身心个性都不能得到张扬,但在作家笔下,却完全不一样。

在《秋》中,鲁彦周尝试着通过对中年女性玉蓉的性心理剖析,从一个侧面,即性心理这个侧面,强调对人性的关怀,作家的笔墨虽然比较隐晦,但的确很有勇气。小说题名为《秋》,又准确地写明女主人公的年龄为四十五岁,这都说明玉蓉的生理时段为中年。玉蓉的丈夫原是一个音乐工作者,能弹钢琴,能谱曲子,他们二十年前即结婚。丈夫名气虽不大,"但在她眼里,他是了不起的,她认为他是中国未来的肖邦,他自己也以未来的大演奏家自命"。玉蓉比"他大两岁,她一面把他当作最可意的情人,一面把他当作她的孩子,她用情人的母亲的感情爱他",并为他放弃了她在一座大城市的学术单位的工作事业,而和他来到一座中等城市当一名万金油式的文化干部。正当玉蓉时不时地"忍不住想抱住他那强健的富有男子气概的身体亲他",沉浸在"她觉得她是世界上最幸福的女人"的美好意境中时,她的丈夫突然被打成"凶恶的现行反革命分子",人被逮走了,判了十年。她自己也成了"帮凶",被降了级,只发给生活费,没有逮捕她,还算是宽大处理。她要养活婆母和女儿,实在不易,家里能变卖的东西都卖掉了。她陷入了绝境。就在这个时候,当她送女儿和婆婆去医院就诊时,她的那个高中同学出现了,他在医学院毕业后成了一名医生,他曾经狂热地给玉蓉写过许多情书,他结过婚,不知什么原因,又离婚了,现在单身一人,因有母亲不断从海外寄来的外汇,经济条件很好。他非常同情玉蓉的遭遇,并诚恳地表示愿意帮助她渡过难关,在婆婆和女儿看完病后,立即悄悄地为之付清了医药费,还用信封装了两百元钱塞入她的手提包。她婆婆是个做小生意的,精明且精于算计,她早就看出了医生在想些什么,也看出了媳妇犹豫不定的心思,于是,不等玉蓉开口,就去监狱拿到了儿子的一纸离婚书,动员并支持玉蓉与医生结婚。医生承诺,与她结婚后,每月支付六十元生活费,条件是要她离开这个城市和他回上海。婆婆和女儿的生活无忧了,但玉蓉却感到了一种买卖关系的屈辱,她极度地痛苦过却没有丝毫办法。更令她屈辱的是,医生是一个性无能者,"他没有使她恢复到女人的本能"。对此,玉蓉也认了,暗暗地和着眼泪过着平静而优裕的日子。打破这种平静的是,原来的丈夫平反出狱了。玉蓉迫不及待地私下找到了他。他生活得极为艰难,人也变得粗鄙而不再温文尔雅,仇视并当面羞辱玉蓉。玉蓉提出复婚,他拒绝并表示永不可能,但又和她在铁皮房子里粗野地做爱,他的体魄强健,"她感到自己又重新属于他了",但两人精疲力竭之后,玉蓉却又遭到他野蛮的打骂,被无情地撵出门。"于是她痛苦得大哭,并且发誓永不再来。可是过不了几天,她又偷偷地来了,她控制不住自己,他这里仿佛有一块巨大的磁铁,使她不由自主"。玉蓉自责过,"他(指前夫)早已不值得她去爱了,她为什么丢不下? 他撵她她也要去,难道她也是为了肉欲,为了他那野蛮的强健? 她难道是一个淫荡的女人? 她自己的诗意追求到哪里去了?",自责归自责,她还是情不自禁地要到那铁皮房子里去。若隔半个月不去,便心神不定。鲁彦周没有将他笔下的玉蓉,写成一个失去理智的女人,更不是一个坏女人。他向读者的叙述,体现了作者对于人、对于人的生命的理解,体现了他对于人性的深情的关切。在漫长的人类发展史中,因为一个性字,困扰了许多人,影响了许多人,毁灭了多少青年男女的美丽青春,夺走了多少宝贵的生命。鲁彦周是用他的艺术形象在为青春和生命呐喊,企求多一份理解、多一份关爱,这对于那种道貌岸然的假道学,不能说不是正义而有力的抗争。

阮灵本是一位大家闺秀,她的丈夫班德驹是一个国民党年轻军官,他俩新婚从国外度蜜月回来不久,即到了1949年,班德驹在西南边境被俘了、被关押了,作为家属的阮灵,按政策不在关押之列,她有她的人身自由,然而阮灵痴情于班德驹,她无论如何也要跟着班德驹,"哪怕枪毙,也要死在一起"。这种后果可想而知,一次次被遣送,一次次被管制,一次次被糟蹋奸污,又一次次逃跑。最后被告知,班德驹死了,她才死心了,投潭了,但她命不该绝,潭水的旋涡将她冲到了潭边,她被好心的二愣子的母亲救过来了。母亲安了一个心,因为穷,二愣子三十多岁了还未娶媳妇,母亲宁肯自己不吃,倾其所有,照料阮灵,母亲终于撑不住了,死了,用不着什么商量,也没有什么仪式,阮灵成了二愣子的妻子,并生了一个儿子,她心如止水,希望平静地过日子。但这不可能,人们不认为她是贫苦农民二愣子的妻子,只认为她是国民党军官的太太,阴影一直笼罩着阮灵,运动一来,她便遭批斗,"恨不得从她身上挖出一个潜藏的大特务集团来"。阮灵是有知识的,有尊严的,但现实对于她,这一切已荡然无存。她看不到希望,她扛不住了、崩溃了,终于疯了。恰在此时,班德驹来寻找她了,当年说他死了,是欺骗阮灵,他在1959年即被特赦了。他找阮灵找了十几年,也可谓痴心不改,然而他找到的阮灵,却是一个被摧残得疯癫了的阮灵。小说中的阮灵,曾经有过高贵的显赫,但跌入低谷之后,也能安于贫贱,然而现实却是那样残酷,她求班德驹不可能,求二愣子也不得,她真的是上天无路、入地无门,待到她有了选择的可能:跟班先生走,或是留下来跟二愣子过,随她本人。可是,她已没有选择的能力了,她疯了。鲁彦周

新时期的短篇：一串亮丽的明珠

为这个让人痛心的故事,选用了一个诗意的名字:《月夜》。他在篇末写道:"月亮高挂在天上,畈上、山上什么声音也没有,连那小溪里的水,泛着银光,却没了淙淙的鸣声。只有二愣子家,还有一点灯光,还有一点声音,那是二愣子怀里的孩子在喑哑哭泣,是那位班先生仍旧抱着那昏迷不醒的女人,呜呜咽咽,在对她诉说着什么……"如此的寂静,如此的凄凉,人们不禁要问:造成这一切的原因是什么呢? 这美好的月夜,演出如此让人揪心的悲剧,多不协调啊。多关心一下芸芸众生该有多好啊!

《春日梧桐》的故事是确有其本的,它的本事就发生在合肥市的长江路,一夜之间将长江路两边的长了几十年的绿荫蔽日的高大梧桐树,全都连根拔走了,当时合肥的上上下下,对此极为抵制,但抵制归抵制,梧桐树还是被拔走了。奇怪的是,十几年之后,长江路的两边,又新栽上了梧桐,品种还是一样,还是那样的悬铃木,只是要长成以前那样的高大、那样的浓荫,是要经过相当长的时日的。然而,鲁彦周并非就梧桐树写梧桐树,而是以梧桐树的命运为依托,去写人,去写一个叫叶蓉的姑娘的命运。鲁彦周在他的小说创作中,极善于从现实中所发生的具体事件,去看人的命运,他所关怀的是人,也就是透过现象看本质吧。叶蓉在园林局下属的苗圃做技术工作,她的父亲叶老曾是园林局的专家型领导,出版过园林方面的专著。新来的建委副主任兼园林局局长年轻、英俊、潇洒、聪明、文化水平高、善于言辞,单身一人,他的发言曾得到过市委一把手的赞赏,他快要提升为副市长了。就是这样一位年轻有为的领导,爱上了叶蓉,叶蓉的父母对这位未来的女婿也很喜欢。于是,他们同居了,局长当众称叶蓉为未婚妻了。叶蓉在女伴的羡慕的眼光中,在新绿的梧桐树叶子底下,享受着春日的阳光,享受着爱情的甜蜜、生活的美好。然而,就在此时,叶蓉的父亲在一次讨论全市绿化会议的会场上突然心脏病发作,十分危急,被送进了医院,病因不是别的,正是那位未来的女婿的一篇发言引起的。那位未来的女婿、主管市绿化的园林局长在发言中,提出了改造春绿路的方案,公然要将春绿路两边的伸枝展叶的梧桐树都砍掉,而另栽别的树木。事后得知,他的这篇发言并不是他本人的意思,而是按照市里主要负责人的授意之后做出的。春绿路上的梧桐,倾注着叶老等老一辈园林工作者的汗水和心血,也得到了市民们的喜爱,要突然将它们连根拔掉,并且是从他欣赏的马上要成为他女婿的嘴里说出来的,叶老接受不了,心脏病突发,这些反映了老一辈园林专家对事业的专注与执着。但这一切都没有用,春绿路上的梧桐都被拔掉了,留下的只是树根的残余和坑坑洼洼的空洞。不过,年轻的局长很快升任为副市长了。叶蓉如何面对呢?她是看着那些梧桐树长大的,她心里的绿荫不复存在了,她碰到了人生的难题,她那心仪的人,原来是一个善于讨好上司、伪装自己、以求飞黄腾达的人。夜已很静了,她知道他要到她的住处来,"可是她愿不愿为他开门呢?她不知道!"这可是人生艰难的考验呀,叶蓉是如何选择的,鲁彦周没有写下去,他是让读者和叶蓉们一起去思考去选择呢!

《丁香大院里的春暖》讲述的是一个敏感的故事。鲁彦周在 2001 年冬天写完这个短篇后,即赴北京出席中国作家协会第六次全国代表大会,他带着这篇和另一短篇的初稿,大概准备利用会议的间隙做最后的润色。住下后,他即将两个短篇的初稿交给同去赴会的唐先田,嘱他看看并将读后的想法告诉他。唐先田第二天一早便将这两篇文稿送还给鲁彦周,盛赞《丁香大院里的春暖》写得好,而对于另一篇则直率地说感觉平平。鲁彦周笑笑说,我还担心"春暖"一篇不合时宜,担心人家说我同情强奸犯呢!唐先田说,你写的是人生中常遇到的话题,即所谓一念之差造成终生遗憾,这是多么深刻的警醒啊!《丁香大院里的春暖》,写的是同在一个大院里长大的一对青年男女钟正和任芷。他们父母是同事、战友,他俩则两小无猜、青梅竹马,公开以兄妹相称,但彼此早就互有情意。钟正是一个追赶时代潮流的先锋,他大画现代派的抽象画,大奏现代流行音乐,是一个俱乐部的重要成员,有一帮先锋朋友。有一天,钟正和他的弟兄哥儿们在一起喝酒、起哄、讲黄段子、看秘密黄色录像,哥儿们知道他和任芷的亲密关系,也知道仅仅亲密而已,说他"放着那么美妙诱人的像是刚熟的甜樱桃而不去摘",嘲弄他是"空空道人",钟正有点受不了啦,酒精在血液里燃烧,于是他直奔任芷的卧室,强行要和任芷发生关系,行为十分粗鲁,一点也不像平日里斯文方正的钟正哥,这完全出乎任芷的意料,她不堪忍受,先是扇了他一耳光,后又拿出利剪要和他拼命,将钟正撵下了楼。下楼之后,风一吹、酒一醒,钟正恢复了正常,或许事后做点解释,就会没事了呢。不巧的是,还在热浪头上的钟正碰上了小巷子里单相思地恋着他的赵家胖丫头,他被胖丫头邀去了她的房里,正要和那胖丫头发生关系时,被家里大人发现了,胖丫头挨了父亲的打,跳楼摔死了,钟正以强奸罪被抓走了,被判了极刑。小说在结尾时写道:"一个月后,在钟正被枪毙的那天,在他家属还没有来收捡他的尸体时,一个极为美丽的少女忽然飞跑过来,抱着钟正的头,在他的嘴上脸上亲吻着,然后在他身边磕了三个头,又飞快地跑走了。"不用说,那个"极为美丽的少女"便是任芷。她的举动非同寻常,她为什么要这样做,是值得思考的,她还深深地记着她和钟正之间纯洁的友谊。在她心目中,钟正是一个值得她爱的人,而绝对不是什么邪恶的强奸犯。钟正失去理智的鲁莽之举是偶然受到了诱惑刺激,他没有把好这个关口,是他的重大失误,他付出的生命的代价太大了。而她任芷,他正在热恋着的女友,难道没有责任吗,她为什么以鲁莽方式对待钟正,为什么没有冷静地问一下原因而后制止他,为什么在撵他下楼后没有追上去了解个究竟……为什么真的太多了,悔恨也真的太多了,一念之差,就在那一闪即过的那个节点,没有把握好,以致千古遗恨。鲁彦周是在告诫人们:人生的偶然太多了,偶遇的节点也很多,并非只是男女之情,也涵盖于其他各个方面。把握好那一念之差,就能使生命闪耀出光彩。这是个哲学命题,鲁彦周以艺术形式做了阐释。

在鲁彦周的短篇小说中,有
几篇是写华人在美国的生活情景
的,如《纽约的冬雨》《九重葛》《方
博士夜行》和《乐极生悲》。鲁彦
周说:"如《纽约的冬雨》《九重葛》
等,我倒觉得有些意思,也是我在
国外的真实见闻。"(《鲁彦周文
集·自序》)因鲁彦周的一个女儿
一家定居在美国,他常到美国去与
女儿一家团聚。去得多了,对华人
在美国生活的情景知道得也多,也
很熟悉,所以写起来得心应手。这
几篇小说寄寓着鲁彦周对海外华
人命运的深切关怀,字里行间透露
出他对祖国无限依恋的深情。从

2002 年在吴敬梓纪念馆前

物质生活看来,《纽约的冬雨》里的蘅芬,因有姑母的资助,在美国是很优裕
的。她是一个小有名气的华文作家,有房有车,女儿和女婿也都有各自的岗
位,只是不在纽约而在底特律。她虽然五十多岁了,依然风韵犹存,但她的心
境却很孤寂。小说写她在那个冷雨的冬日,想随便找本书消遣都不能合她的
心意,"她抽出两本,觉得没意思,于是像命运注定的一样,她再抽出一本,一
看,原来是自己的著作,她摇摇头把它放回,再找一本,还是自己的"。找不到
合适的书看,当然无关紧要,埋藏在蘅芬心灵深处的年轻时的炽热恋情和刻
骨铭心的伤痛,却挥之不去,又无法与人诉说,包括对自己的女儿,她都不愿
透露一点口风。可是就在这个凄风苦雨的纽约的冬日,那个几十年前信誓旦
旦地答应陪她到美国,却又欺骗她悄然而去,将她一人丢在海边的她曾深深

2003 年在太平苏雪林故居门前

地爱着的人，穿着水淋淋的雨衣突然出现在她的眼前。他潦倒了，成了一个送外卖者，靠送外卖为生。相对而视，一眼便都认出了对方，只有惊愕，没有一句话，当年海边之事，都清晰而深深地埋在心底。蘅芬心头的怨恨难消，但怨恨并不等于能让他从心灵深处消失。她打听了他：也是因为受妻子之骗来到纽约，但他还算是一个男人，他拒绝了前妻的怜悯式帮助，不参加任何政治活动，拒绝了一个政治团体邀请他去为他们办一张报纸，更严厉地拒绝了他们的经济支援。他坚持自食其力，他对自己充满信心。面对这样一个人，蘅芬的心震动了，他们还有一个女儿，她将如何面对呢，她肯定不会置之不理，选择是艰难的。鲁彦周很希望他们走到一起去，有一个彼此关照的和谐的晚年，但他没有写出来。

九重葛是一种花名，俗称三角花或叶子花，生长适应性强，在中国各地都可栽培。《九重葛》里的康太，住在美国的简陋狭小的公寓里，还要悉心地移上这种花，寄托的难道不是一种乡愁、一种对故国的思念么？康太名彭子康，已经很老态了，满头白发，孤身一人，没有固定收入，或许靠卖文为生，但投入邮箱的稿件，又能换回多少报酬呢？她不得不去领食物券和救济金。不过，她心态好,很硬气,喜欢开车,开得还很快,不轻易流露愁苦,也拒绝接受施舍。去美国时间长了,四十多年,左右邻舍对她的为人都了解,觉得这个孤身老太有学识有骨气,很赞佩,由衷地想帮助她。修车行的老板知道她离不开车,她的那辆旧车又无法再修、必须报废,于是只花一千美元给她进了一辆几乎是新的皇冠车,她再三拒绝,但见老板真诚,便也接受了。李洁青的出现,无疑使康太平静贫穷的生活起了波澜,这个昔日的老同学,找了她一辈子,终于带着他采集的一束九重葛找到她了。康太不愿意让外人知道她生活的窘迫,很不客气地拒绝李洁青,但李洁青是了解彭子康的。他并不计较康太言辞的锋利,只有真正的相知故交才能如此面对,他只是为了给她做伴别无他求,这倒使得白发苍苍的康太泪水满面了。鲁彦周在这篇小说里,对两个生活在异国他乡的垂暮老人,寄予深深的同情,祝福他们的晚年能相依为命,还能像九重葛那样显现他们亮丽的鲜红的色彩。

《方博士夜行》,鲁彦周自己未曾提及过,却是很有新意的一个短篇。方博士年纪轻,靠自己的努力打拼,在美国拿到了化学博士学位,又找到了连美国同行都羡慕的受到老板重视的很重要的工作,妻子也开始了她的音乐生涯。一切都顺风顺水了,方博士是可以充满自信地干出一番业绩来的。然而,鲁彦周笔下的方博士却心理底气严重不足,他有些缺乏自信,这个缺陷使他的生命处于垂危之中。他本来有了一辆新的性能很好的凌志轿车,但他却舍不得用它,还开那辆跑了二十七万英里的老福特出行,以致在归来的夜晚离家十几公里处抛锚了。当然那还是较早些年代的事了,方博士还没有买手机,他无法与妻子联系,很无助,不得不步行往家里赶。然而,在美国的夜行,并非都是充满诗意,方博士碰到了从林子里蹿出来的劫匪,他知道这些小毛贼只需二三十美元便可打发,他口袋里也正有这样的一些零钞,但他觉得他方博士是个堂堂男子汉,不能屈从于这种邪恶,况且那小毛贼体形瘦小,他估量了一下,对方虽然拿着刀,但显然不是他的对手。然而,那小毛贼一见他是

"中国佬"，气焰便高了，舞着小刀冲了上来，方博士的失误，在于他对眼前的险恶估计不足，他本来动动拳脚就可以将那瘦小的家伙打趴在地上，不知他为什么畏首畏尾，没有使劲认真对待，终使那小毛贼占了上风，他被小刀划破了颈动脉，血如泉涌，瘫倒在地，他的血快流尽了。方博士不可能不知道法律赋予他的自卫权利，自卫权是很重要的权利。美国社会不是自认为非常讲人权吗，正当自卫有的是法律依据的。鲁彦周是在质问他，为什么不拼力自卫，为什么不将法律自卫权用足用够呢？鲁迅早就提出了这个问题：我们的自信力哪里去了？鲁彦周又提出了这个问题，他是希望所有的海外华人，充满自信地挺直胸膛地堂堂正正地生活得更有尊严些。所谓文化自信并不是一句空话，处处都能派上用场，包括对待劫匪。

关于那篇《乐极生悲》，更像是一篇小品，姑且将它视作一篇小品小说吧。鲁彦周是在警示那些改名艾丽的莲荷们，更自尊些更自重些，天底下没有掉下来的馅饼，自力自强才能生存得更有滋味些。这难道不是对那些浅薄和世俗的由衷警示吗?!

第二十六章

《啊，玛阿特》：异域风光中的中国情怀

1984 年 2 月，鲁彦周去埃及开罗等地做了一次较长时间的访问，回到合肥后，他很兴奋地断断续续地介绍了他的所见所闻和异域风情。

他说，去埃及之前，有人对他说，埃及是个信仰真主的伊斯兰教国家，非常保守，妇女戴着面纱，不准见生人，街上到处都是清真寺，人们整日忙于念经祈祷真主保佑……鲁彦周说，他到开罗之后所见到的却不是这样。马路边上，小汽车、大汽车里姑娘们很多，男女相挽而行，除了中年妇女仍穿长袍民族服装外，年轻姑娘都穿高跟鞋、牛仔裤，她们描着蓝眼圈，涂着口红，用特有的大眼睛看着

鲁彦周 1984 年摄于埃及狮身人面像前

《啊，玛阿特》：异域风光中的中国情怀

行人,有的还自己驾汽车,涂了指甲油的修长手指上夹着香烟,神气十足,穿着裸露的也不乏其例,个个都是现代派派头。见不着戴着面纱低头走路的女人了。

鲁彦周还说,他们下榻的旅馆叫牧羊人旅馆,当年曾是开罗最豪华的旅馆之一,埃及的重要客人都被安排住在这里,周恩来总理访问埃及时,也在这个旅馆住过。不过,牧羊人旅馆在开罗已是二流旅馆了,新兴的许多旅馆已超过了它。但牧羊人旅馆仍有它的好处,著名的尼罗河就从窗下流过,推窗一望,绿色的清澈明净的河水能给人以许多遐想和灵感呢!

除了埃及的开罗,鲁彦周还到摩洛哥的卡萨布兰卡、非斯等城市逗留过。在他的印象中,卡萨布兰卡与开罗的格调不大一样,它像一位身着洁白衣服立于海边的少妇,悠闲而轻盈,除了隐隐可闻的伊斯兰圣乐的声音,一切都很平静。街上的行人,商店里的店主、店员,都是一副闲适的神态,连花草树木,也有一种恬静的幽雅。卡萨布兰卡的名气当然不只是大西洋岸边的旅游胜地,还有一部名为《卡萨布兰卡》的电影让它名满天下。第二次世界大战时,美英首脑罗斯福和丘吉尔曾在这里举行过重要会晤,就如何挫败法西斯进行过讨论。在卡萨布兰卡的联合国广场,鲁彦周见到了一个卖水人,戴一顶阿拉伯小帽,穿一件红色外衣,身背一只羊皮袋,手里捧着一只铜碗,在那里卖水,他身边围绕着的是许多咕咕地叫着的细碎快步走动觅食的鸽子。鲁彦周付给卖水人一个地拉母,买了一碗水。这水果然清凉甜润,卖水人做着手势说他的水是圣水,是从远处背来的,是有资格献给真主的水。于是,鲁彦周又要了一碗。非斯古城是摩洛哥的首都,鲁彦周对那里的曲折街巷,淡黄的犹如烛光的电灯,羊皮作坊,古老的澡堂,寺庙跪满着的信徒,还有那墙壁上、门楣上的精美浮雕,有着奇异花纹的瓷砖,看也看不够,并不由得产生一种神圣感,甚至产生了想同非斯人一起跪拜的感觉。

然而,域外之旅,使鲁彦周更为兴奋的是,他的所到之处,都能见到许多华

鲁彦周 1984 年在摩洛哥非斯古城

人。旅游的也有,但不多,中国驻外大使馆的同志介绍,改革开放的大门一打开,到这些国家经商投资的华人多起来了,当时大都是国企,私企的也有,但较少。鲁彦周听着听着,不由得沉思激动起来,他仿佛看到了中国企业家在尼罗河畔、在卡萨布兰卡、在非斯古城奋斗的身影。他们来去匆匆地奔忙,头戴安全帽在工地上辛勤劳作,和外国人讨价还价甚至激烈地争吵,他们喜笑颜开,他们满面沮丧,作为一个作家,鲁彦周想得很多很远。

鲁彦周在德国法兰克福书市签名售书,新签的书籍为他自己的德文版小说

《啊，玛阿特》：异域风光中的中国情怀

过了些时候,听说他写了一部具有域外风情的小说。

鲁彦周1988年随中国作家代表团出访德国

2001年的秋末,合肥市文联在梅山饭店举办文学讲习活动,邀请鲁彦周参加,他早早地便到会了,天气很好,他的心情也很好。唐先田也在邀请之列,稍迟到了一会,刚落座,鲁彦周便向他招招手,像是有事交代。唐先田立即走过去,鲁彦周随即从随身携带的手提袋里取出一沓文稿说:这是一部中篇小说的稿子,你先看看,行不行,你若觉得可以,便交给季宇,季宇说明年的《安徽文学》第一期要做我的一个专题,请他看看,这篇稿子是否可用? 唐先田拿到的这个中篇原稿,是电脑出的,字很小,编排也不甚美观,但清晰可读,鲁彦周在这之前七八年便学会了电脑打字。拿到稿子后,唐先田便一直读下去,并不知道会上讲了些什么,待会议结束,他也读完了,他快步走到鲁彦周身边,激动地说,写得太好了,你这么大年纪了,还有如此激情,真像一团火一样。那年,鲁彦周七十二岁。鲁彦周微微地笑着说,那你就代我交给季宇吧,那时季宇刚接任《清明》《安徽文学》两家杂志的主编。当唐先田将小说文稿交给季宇并转达鲁彦周请季宇决定能否刊用的话后,季宇无限感慨地说,他

老人家总是那么低调,他拿出来的作品,当然全文照发。

鲁彦周 1986 年摄于彼得格勒冬宫

　　2001 年第一期《安徽文学》发表了这部中篇小说,它就是《啊,玛阿特》。与鲁彦周的其他作品不同,《啊,玛阿特》展现在我们面前的是一幅崭新的图画,是跳荡着奇特色彩的异域风情。打开《啊,玛阿特》,在我们面前流动着的是尼罗河清凌凌的波光,还有卢克索一带的灼热沙漠和沙漠里的众多古迹,以及公元前埃及法老时代的神秘的象形文字、陵墓中的精美壁画与浮雕和卡纳克神庙的声光表演。在这种环境氛围衬托下出现的玛阿特,又是那样的善良、美丽、聪明与多情,她与中国民间商人、现代生意人、私营公司老板、建筑商肖劲之间那么一段曲折甚至带有传奇色彩的经历,实在是动人心魄、引人入胜。玛阿特与肖劲的相遇相识与相交,看似极其偶然,实际上是奸诈之徒毛拉卡利斯设下的阴谋与圈套。毛拉卡利斯是一个地痞无赖,他的丑恶目的,在于玩弄色情把戏敲诈肖劲三百万埃磅(折合两千万人民币)来抵偿债务和供自己挥霍。阴谋的圈套,实际上也成就了玛阿特与肖劲的一段情谊。毛拉卡利斯与玛阿特本来相知相识,也曾经相爱过,他如此险恶地利用

《啊，玛阿特》：异域风光中的中国情怀

鲁彦周1988年在德国参加德中作家论坛，右起：王安忆、张洁、邓友梅、鲁彦周、程乃珊、刘索拉及翻译

玛阿特，则彻底暴露了他内心世界的卑鄙。玛阿特不仅善良、美丽，而且十分勇敢，她在看清毛拉卡利斯的真实面目之后，慨然解救肖劲，并且使肖劲的人格和财产都不受到什么损伤。玛阿特的柔肠侠骨，她所体现的一个具有吉卜赛血统的姑娘的风情，十分让人赞佩。

然而，作品所传递给我们的，又绝不只是一个中国商人与异域姑娘之间的美好的风流韵事。它从另一个侧面，向人们展示了中国这个古老的国家所发生的翻天覆地的巨大变化，中国改革开放的强大力度，中国经济发展的巨大辐射力，中国人随着改革开放的深入进行，观念意识也发生了全新的变革。玛阿特与肖劲有这样一段对话，当肖劲告诉她"我是一个中国商人""是一个承包工程的建筑商"时，玛阿特惊叹地说"你们已经在代替日本人了"，但她对中国所发生的一切毕竟了解得太少，还有很多疑问，于是问道："你是官商吧？中国的商人都是官派的，那么你是一个什么样的官呢？"当肖劲准确而恳切地告诉她"你这一次失误了，我却是一个民间商人，是中国的现代生意人，是私营公司的老板"时，"她啊了一声，似乎有些惊奇，又抿嘴一笑，俏皮地说：'这对我倒是一个新闻，中国真有了私人资本

家?'",在相当长的时间内,在全世界的眼里,中国只有官商,中国在中东在非洲在东南亚和在世界的其他许多地方,也有不少的工程,但那都是计划经济指导下的国家援外工程,地地道道的官商,所有在国外的工程人员都是国家派出的官商。在外国人眼里,中国是没有私营经济的,更没有私营老板到外国去做生意。然而这是改革开放以前的中国。经过改革开放,中国是真正地大变模样了,在玛阿特眼里的中国人比精于生意经的日本人还厉害。她对中国私营经济的惊叹,对中国私营经济的触角有力地伸展到了中东等地的惊叹,正是她对中国改革开放所带来的巨大变化的惊叹。鲁彦周非常自然非常巧妙地描写了一个外国姑娘对中国的认识和理解的变化。这种认识和理解的变化,虽然只是由中国私营商人在埃及承包工程这个角度而引发出来,但它的确体现了中国的改革开放的巨大成绩令世界瞩目这样一个大的主题,这便是《啊,玛阿特》这部中篇的灵魂之所在。然而,小说所给予我们的,还远不止是这些。它还通过对于肖劲和玛阿特之间带有传奇色彩的交往,反映了中国人观念意识的深刻变化。玛阿特与肖劲一见钟情,双方都无法自控,以至于上了毛拉卡利斯的圈套。肖劲被迫给毛拉卡利斯签了三百万埃磅的收条,肖劲自知上当,连他自己也不得不承认是被一种"莫名的情感和情欲"所困扰,他甚至怀疑这是玛阿特与毛拉卡利斯串通起来,对他设下的色情陷阱。然而自他到达卢克索,当晚在下榻的酒店的平台上,远眺沙漠的夜景,观看天空淡蓝色的流星,那种无尽的空旷,便使他产生了一种莫名的欲望。鲁彦周说他也体验过这种无法解释的欲望,或许这就是人在特定环境里本能的一种反映,也或许这便是天人合一现象的一种体现。但不管怎么说,肖劲作为一个中国的建筑商,在国外承包工程期间,不论遇到何种情况,都必须考虑到要维护好个人形象,因为这对于经商对于国家都是必要的。然而眼前的一切都已成了无可挽回的事实,肖劲的值得赞扬在于他真诚地面对已经发生的事实,他决定舍去自己所拥有的财产,绝不让公司和国家蒙受损失,他将这一切

《啊，玛阿特》：异域风光中的中国情怀

向党委书记叶菲和他女友费双双和盘托出，那是需要很大的勇气的。肖劲这么做了，他将一切说出来之后，反而觉得很坦然，他的女友离他而去了，而女党委书记叶菲却对他十分理解，并且愿意在经济上资助他。作品对于肖劲的描写，对于叶菲的描写，对于肖劲的坦诚，对于叶菲由衷地理解肖劲，不只是他们两人之间的友谊和个人之间的关系，还体现了改革开放之后中国人精神面貌的深刻变化。人的意识观念从一种刻板的僵硬的框框中被渐渐解脱出来了，人与人之间的理解和同情加深了，人与人之间的相互协调更真诚了，人与人之间那种走向和谐走向美好的色调更加浓烈了。这才是人世间真正可贵的东西。这部中篇的笔调非常轻松活跃，洋溢着生命的活力。玛阿特的形象也塑造得十分可爱，肖劲、叶菲这两个人物也写得很好，虽然有些扑朔迷离，虽然个别情节如露西搭救肖劲的描写有些缺乏可信性，但仍不失为一篇可读性很强的小说。

1986年鲁彦周随作家代表团访问苏联，在苏联作家肖洛霍夫家中做客

　　读过《啊,玛阿特》之后,人们都感到,鲁彦周真不愧是一位真正的人民作家,他的所行所思,他的才华和智慧,总是和祖国的命运紧紧地联系在一起的。《啊,玛阿特》中异域风光里所寄寓的中国情怀,便是一个极好的例证。

　　关于《啊,玛阿特》,鲁彦周自己是这样评价的:"《啊,玛阿特》算是最近时期的创造,也是我有意尝试以另一种风格写另一种生活。成功与否,我自己则毫无把握。"(《鲁彦周文集·自序》)他所说的"创造",就是"创新","另一种风格、另一种生活"都是他的创新,他时时都在孜孜以求,时时都在渴望突破自己。正因为是创新,尽管他创作经验十分丰富,也没有十分的把握,所以当初拿出这篇小说时,便反复征求意见,希望得到客观的评价。他是真诚的,绝非做表面文章,这足见他对艺术规律的尊重与虔诚。

第二十七章

《梨花似雪》：鲁彦周年近八十高龄的丰硕成果

2002 年 10 月，《鲁彦周文集》八卷本四百余万字，由安徽文艺出版社出版。文集出版后，在合肥举行了很隆重很热闹的首发式，时任中国作协党组书记的金炳华和著名作家王蒙、李国文、邓友梅等从北京赶来祝贺，安徽文艺界文化界的熟人朋友，接到邀请的，都赶来出席，没有接到邀请的，也因仰慕鲁彦周的人品文品，闻讯赶来赴会。一时间，会场里座无虚席，没有座位的就站着参会，会场挤不下了，就站在走廊上，那场面的确很感人。

八卷文集的出版，虽然并非事事都要鲁彦周亲力亲为，但许多具体事务，也耗去了鲁彦周的许多时间和精力。然而，尽管事多时间紧，鲁彦周还是一刻也没有放松创作，差不多就在编选文集的同时，他开始了长篇小说《梨花似雪》的写作，历时四年，终于在 2005 年 5 月 8 日的上午，他以七十七岁高龄，完成这部七十五万字的巨著，并于当年的 12 月由人民文学出版社出版。

初稿完成后，鲁彦周即因病也因过度疲劳住进了医院。他夫人张嘉老师从医院打电话给唐先田，说小说写完了，嘱唐先田将稿子拿去看一看。唐先田去医院取稿，并看望鲁彦周。鲁彦周躺在病床上，诚恳谦虚地要唐先田对书稿多提意见。唐先田很快地看完了电脑打印的原稿，深深为这部小说所打动,之所以看得快,是因为小说中的人物和情节及其意蕴内涵生动真实深刻,感人至深,同时,唐先田对鲁彦周如此高龄,仍然保持着如此旺盛而青春的创作活力深感钦佩。从 2005 年 5 月到 2005 年 12 月,仅仅半年多一点的时间,人民文学出版社便出版了这部小说,速度如此之快,也是少有的,这也说明这部小说为人民文学出版社所看好。

鲁彦周和夫人张嘉

《梨花似雪》以巢湖和大别山为背景,有着强烈的地方色彩,充满着浓郁的地方风情。整个作品紧紧围绕着周丽、周凤、周彩这周氏三姐妹曲折艰难和富有传奇色彩的人生经历,描述了从大别山革命斗争到十一届三中全会以后这一历史时期的风云变幻,时间跨度长,波澜起伏,惊人魂魄,扣人心弦。作品不仅时间跨度长,塑造的人物也很多,除重点描述周氏三姐妹之外,还写了其他许多人物,如三姐妹的母亲蓝宁瑛、小政委方青、省委书记黄承、国民党少校营长丰勤和冯平香、卫灵、匡星、周南民等,还有那个江湖好汉方真,这些人物各具个性、栩栩如生。正是通过对这些人物的刻画和描述,作家浓墨重彩地描绘了不同历史时期的时代风貌,为我们塑造了英雄的群像,歌颂了英雄的丰功伟绩,也赞美了刻骨铭心、回肠荡气的爱情。与此同时,作品还深

《梨花似雪》：鲁彦周年近八十高龄的丰硕成果

刻地揭示了党内极"左"思想路线早期对革命的危害,并由此而剖析了"文化大革命"这场灾难的历史根源。对于三年自然灾害,农村饿死那么多人,小说以正视历史的严肃态度,回答了到底是天灾还是人祸的问题,具有史家的锐利目光和秉笔直书的浩然之气。作品用较多篇幅描写了大别山深山密林里的鹞落坪的革命斗争,一写到鹞落坪,鲁彦周便充满着无限情思。鹞落坪是大别山腹地的一处古老的山林,在岳西境内。20 世纪 60 年代,鲁彦周曾在那深山密林里步行数日,实地考察,他说,常常走几十里路见不到一户人家。虽然经过了 1958 年砍伐森林树木大炼钢铁的"浩劫",但鹞落坪的林木还是漫无边际,一走进原始森林,便像是走进了另一个世界。他还在那里爬上过大别山的最高峰多枝尖,并在那里住了一晚上。这里的山,这里的水,特别是这里的茫茫无边的森林,使他坚信,红军在这里建立的林中战地医院,是敌人所找不到的,也不敢来找,因为一旦进来了,便很难出得去。尽管环境极为恶劣,物质条件极为艰苦,但无论在红军医院还是在战士的营房,都充满着必胜的信心。打了胜仗后的那种热烈、同志间的亲密,还有甜蜜而直率的爱情,十分令人感动。不幸的是,大别山的革命队伍内部也有严酷的斗争,这种严酷的斗争是由极"左"路线引发的,小政委方青便是极"左"路线的牺牲品。小说用了三章的篇幅来描写方青之死的惊心动魄场面,军政委在极"左"的思想情绪支配下,随意怀疑方青的忠贞,逼得他走投无路。方青本来是完全可以不死的,他那么年轻,充满着活力,足智多谋又英勇善战,敌人的子弹是不容易射杀他的。只是因为他太清醒了,他对极"左"路线认识得太清楚了,他不得不去死,他丢下了他队伍,丢下了他的事业和他刚刚开始的爱情,长眠于大别山麓。方青的死因他自己是十分清楚的,但他在伤重垂危之际还是不能说出来,他对他的爱人周凤说只有将来在梦中告诉她,这多么令人痛楚。小政委方青的形象,在鲁彦周的另一部小说里也出现过,那便是中篇小说《山魂》里的方声,但《梨花似雪》里写得更充分,由此可知,这个人物在鲁彦周的心里,真是难以割舍。方青的死及参谋长徐寻和卫灵之死,读后让人十分惋惜,并由此而加深了对极"左"路线所造成的巨大危害的认识。这部小说对"文化大革命"的描写篇幅不多,但极为真实精彩简练深刻,在"文革"的风云突变中,周凤、匡星等人物形象,鲜明而丰满地出现在读者面前。特别是周凤,经过了许许多多的风雨考验之后,她已经非常坚强非常果敢,无私无畏了。在大闸浇筑的关键时刻,她坚决地禁止成立所谓造反派组织,一切要按工程进展的需要去进行。在那个不堪回首的岁月,做出这种决定,是要冒很大的风险的,然而周凤在所不惜,这是一个经历了无数艰难困苦考验磨炼之后的真正无产阶级战士形象。

鲁彦周常说,小说和其他文艺作品是从生活中来。《梨花似雪》就是从生活中来的一部作品。作品中的许多人物,长期活跃在鲁彦周的脑海里,他说他常听到这些人物甚至在质问他,你不是要写我们吗? 为什么还不写?! 他有一种使命感,这种使命感是建立在丰厚的生活基础之上的。作品中的许多人物,都有生活的原型,是鲁彦周所熟悉所了解的。如小政委方青,就是他采访林维先将军时,林将军详细而真实地向他介绍的一位亲密战友。他说林将军在介绍这位战友时,痛哭流涕,泣不成声,使他一辈子都忘不了,不将这些英雄人物写出来,便寝食难安。林维先将军也是从大别山走出去的,他的老家在安徽的金寨县。还有那个省委书记黄承,也是从生活中来的,鲁彦周说自己曾和他面对面地做过交谈,还目睹他如何处理公务,书中的其他人物,也都有所本,其中的一些女性,还有过交往。当然小说的人物都是艺术形象,无须和现实中的人对号入座,这一点鲁彦周一开篇便做了说明。《梨花似雪》中的人物,大都形象生动,血肉丰满,感人至深,这是鲁彦周长期观察现实生活,具有丰厚生活积累的结果。

鲁彦周常说的另一句话是,小说就是要有人物,要有故事和情节,语言要好。他的小说,无论长篇、中篇、短篇,都是遵循这些创作原则,这也就是我们

《梨花似雪》：鲁彦周年近八十高龄的丰硕成果

常说的现实主义的创作原则。《梨花似雪》全书起伏跌宕，故事委婉曲折，语言生动准确，一个个人物活跃其中，呼之欲出，尤其是女性人物，聪慧、善良而美丽，个性分明，感情丰富、真诚，由这些人物和情节融会而成的小说，非常好读、耐读，篇幅虽然较长，仍让人兴味盎然。当然，鲁彦周也不排斥其他创作形式和创作风格，他向来以大度兼容的态度，鼓励青年作家不断创新出新。

鲁彦周在《梨花似雪》开篇时谦虚地写道："我没有在形式上想创造什么，因为我早已过了这个年龄段，也没有这种创造的雄心壮志了。"其实，他始终在不断地追求创新，以前的长篇《阴阳关的阴阳梦》他曾锐意创新，后来的中篇《逆火》和《啊，玛啊特》也是创新之作。在《梨花似雪》这部长篇中，鲁彦周采取一书二式的写法，可谓大胆探索，亦可谓大胆创新，是小说创作中的创举。所谓"二式"，即虚构的小说中穿插着真实的纪事，纪事属散文体，而这些真实的纪事又和小说的背景、情节、人物既有所联系，又有所游离，可以和小说结合起来读，也可以跳过去不读。鲁彦周的散文写得非常朴实，纪事都绝对真实，都是他的亲身经历，精彩纷呈，和小说交叉融会阅读，别有一番风味。

《梨花似雪》是一部充满着现实主义创作精神的优秀长篇作品，它充满着阳刚亮丽之气，又充满着人世间的脉脉温情，它打破了时下一些文艺作品所显现的像黄梅天气那种黏黏糊糊的让人难受难耐的气息，它的出版是现实主义创作方法的新收获，也为长篇小说创作带来了新的思考。

《梨花似雪》出版后，在文艺界引起强烈反响，许多老作家老评论家纷纷著文畅谈对这部作品的看法，以下仅摘录李国文、贺绍俊、谢永旺三位的文章与读者共同分享。

李国文：彦周兄用了数年功夫，埋首写作的长篇小说《梨花似雪》，终于出版问世，我真为他高兴。

　　我很佩服老鲁,他有这份力气,更有这份信念,年近八旬,还为我们带来一部沉甸甸的《梨花似雪》。

　　老鲁说:他写完这部小说最后一个字时,使他"感到人生的最大欣慰,感到这是我心中久已蕴藏的想说想写的内容的一次大释放",从而"有了一种了却夙愿的欢快感"。我能理解这种积聚多年的胸中块垒,得以尽兴吐露的畅快感;我更能理解他数十年来一以贯之的,对于女主人公那种一往情深的笔墨,终于将三姐妹的美丽形象烘托出来的完成夙愿的满足感。

　　他的这部《梨花似雪》,可以用这样几句话来形容:规模是宏大的,人物是众多的,故事是复杂的,场景是广阔的。他以安徽巢湖湖滨的一个村落中,那美丽三姐妹的传奇命运为主轴,而延伸出来的,是20世纪的中国历史。在这幅展开的无妨名之曰《巢湖风云》的画卷上,几乎涵盖了江南水乡自远古以来的全部人文积淀,几乎囊括了当代史上这块农村土地上所有出类拔萃的有志之士,人物精英,豪杰英雄,文化俊秀。

　　应该说,正是这种"复调"或"双声道"的写法,使老鲁的笔墨,在拓展广度上,在开掘深度上,有了更大的英雄用武之地。

　　若以1949年为界,前50年在他的笔下,写出来天下大乱的"乱",这个大混"乱",被他写得波澜壮阔,惊心动魄,鲜活灵动,丝丝入扣。后50年在他的笔下,写出了以"阶级斗争为纲"的"斗",这个大"斗"争,被他写得淋漓尽致,客观真实,深入堂奥,切中弊害。如果说,读其前50年,是以一个看客的心情,常被震撼,那么读其后50年,则是以一个角色的心态,进行记忆的重新温习了。

　　老鲁的成功,在于他在进行文学实验的同时,扬其所长,以他擅长传奇,尤擅长传奇中美丽的女性命运的描写,攫住读者的心。我在想,老鲁所以到了高年,还要执意写作这部长篇小说,他是从心里爱着这些女性,

《梨花似雪》：鲁彦周年近八十高龄的丰硕成果

他是念念不忘如此姣好，如此可人，如此深情，如此善良的女性啊！从《天云山传奇》，到《彩虹坪》《古塔上的风铃》《双凤楼》等长篇小说，到《呼唤》《逆火》等中篇小说中，从那些女主人公的身影中，不难发现这部小说中那三姊妹的踪迹。

要知道，老鲁笔下的美丽女性，是他文学魅力的所在，也就不难理解他的执着了。

所以，老鲁在这部小说中，有所变，有所不变。周家三姐妹以及那些有渊源的人物，无论在动荡的年代里，颠沛流离，仓皇逃难，无以为生，命悬一丝，还是在血腥的战争中，艰苦卓绝，殊死搏斗，吞声饮泣，生离死别，抑或在残酷的内耗中，反目成仇、自相虐杀，人性乖异、亲情悖背，无论这些作家心目中偶像，如何不幸，如何蒙难，如何含垢忍辱，如何走投无路……我总能体会到我的这位老朋友笔下的温情、关爱，使其出淤泥而不染，使其永远保持梨花似雪的洁白无瑕。

他的心，他的情，他的爱，字里行间，俯拾即是。

甚至到了篇末，不知是力不从心，还是急于脱稿，老鲁竟把那位也许比周丽、周凤，应该更出彩的周彩，应该更具有强烈现实意义的这位女性，应该可能是水乡走得出来的明日之星，轻描淡写过去，就不禁为我的老朋友感到遗憾了。

可是，读到了作者本人匆促收尾的歉意，我明白，这种忍痛割爱的心情，也就能理解了。还是我开头所说，写长篇，需要力气，需要信念。信念，是精神的，力气，是物质的。这两年病弱的老鲁，能在这个领域里，进行一次大胆的探索，进行一次莫测的冒险，仅这一点革新的勇气，我认为老鲁这部《梨花似雪》创作实验，岂止是朋友们所评价的"不错"呢，还是应加上一个"很"字才是。"老树着花无丑枝"，更何况老鲁的小说，从来就是很好读的。你读一读，便知分晓。

（摘自《老树着花——读鲁彦周新作》，《文学报》2006.5.25）

　　贺绍俊：鲁彦周在他古稀之年写出了感天动地的长篇小说《梨花似雪》，我首先由衷地发出宝刀不老的赞叹。小说让我回想起20世纪80年代《天云山传奇》曾引起的反响。从艺术风格上说，《梨花似雪》完全延续了《天云山传奇》的浪漫特质。《天云山传奇》是"文革"结束后具有开创性意义的作品之一，在文学刚刚解冻的时刻，爱情还是一片严寒的禁区，《天云山传奇》不仅是率先突破了这一禁区，而且可以说是第一部通过爱情来表现和反思革命历史进程的作品。当年《天云山传奇》发表时，由于正处在拨乱反正的关键阶段，人们更关注的是作品所反映的现实以及作者对现实的批判，而作品的浪漫特质却被忽略了。但这股浪漫特质在鲁彦周的心中浓郁得化解不开，终于时隔二十多个春秋，鲁彦周让心中的浪漫特质绽开出一朵奇艳的《梨花似雪》。

　　《梨花似雪》是一部典型的体现五四新文学精神的浪漫主义作品，这种浪漫主义风格在今天的年轻作家身上很难觅到，因为新的文化环境已经不再适宜这种浪漫主义的生长。在这部作品中，年近八十的鲁彦周感情充沛地讲述了周家三姐妹在革命风云中追求各自爱情的故事。请注意，这里包含着两个最基本的元素，一是爱情，二是革命。它呼应着二三十年代的"革命加爱情"，但完全不是两个元素简单的相加。周家三姐妹也许有一点是相似的，就是她们都忠实于自己的爱情，都珍惜自己的爱情，不过她们各自的性格不同，选择的道路不同，对革命的体认也不同，因而她们结出的爱情果实是不一样的。周凤热恋着表哥罗南民，但罗南民心仪的女性是周凤的姐姐周丽，周凤一气之下跟着同学到大别山追寻共产党的游击队，演绎出一桩桩传奇的爱恋。周丽的爱情则具有更多的磨难性。少女时期的周丽与英俊的军官丰勤一见钟情，两人相互敬

《梨花似雪》：鲁彦周年近八十高龄的丰硕成果

重，度过了一段美好的时光。但丰勤牺牲在战场，从此周丽独自承担起生活以及政治的磨难。周凤和周丽的故事在小说中占的分量最重，周凤的传奇性彰显了爱情的力量，周丽的磨难性则讴歌了爱情的坚贞。

《梨花似雪》的意义就在于，它通过几个人的爱情故事，揭示了中国20世纪革命精神与浪漫精神相依存又相抵触的时代特征，它是第一次以文学的形象礼赞革命运动所蕴含的浪漫主义精神。在这里，浪漫主义的艺术形式与浪漫主义的时代内涵完美地结合在一起，相得益彰。

周家的三姐妹带着浪漫精神走进革命，革命改变着她们，考验着她们，她们在革命的裹挟下无法左右自己的命运，不得不按照革命的指令行事，但有一点是没有改变的，这就是她们的爱情。无论是周丽与丰勤、罗南民的爱情，抑或是周凤与方青、黄承、匡星的爱情，还是周彩与何开的爱情，都充满了浪漫的想象，都因为有了浪漫的激情，才可能使她们在残酷、严峻的现实面前，越来越刻板、冷漠的革命生活中，碰撞出爱情的火花。因此这部小说并不是写她们纯粹个人化的爱情故事，她们的爱情故事里包含着丰富的时代内涵。但作者鲁彦周似乎担心人们把小说的主题往大的方面说，他在其小说的前面所写的"我的一点说明"中特意强调他只是想讲述几个人物的命运，"没有想多触及政治，更没有想通过这部作品来概括我们的某些经历和历史"。我们的确不必去分析作者对历史做出了怎样的总结，不过小说终归绕不开历史和时代，因为小说人物所表现出的浪漫激情正是契合了时代的精神，而在某些方面，他们的浪漫精神又是革命的时代所赋予的。英国伟大的浪漫主义诗人雪莱曾这样概括英国的浪漫主义文学："与其说是他们个人的精神，毋宁说是时代的精神。"这句话用来理解《梨花似雪》恰如其分。

（摘自《对革命和浪漫生出敬意和怀想——读鲁彦周的长篇小说〈梨花似雪〉》，《文学报》2006.5.25）

谢永旺：春节过后，即读《梨花似雪》，眼力大不如前，每日上午读一些，几无间断，也算是一口气读完的。总的印象是激情不减当年，视野更宽，思考也更深入了。友人告诉我，这是彦周兄的"晚年力作"，我很赞成。

《梨花似雪》的描写领域广阔，有巢湖农村的日常生活和风起云涌的抗日战争，有大别山区国共两军的对垒与联合，有新政权建立后亲人间的分野与和解，当然还有"文化大革命"期间共同的受难与觉醒。时间跨度四十年，即书中人物的大半生，而在这里展现的是中国大变动环境下纷纭的人生故事。

周丽和周凤都是贯穿全书的人物，都经历了四十年风雨，走过各自的路。最后殊途同归，同在巢湖老家祭拜先辈的亡灵。她们是亲姐妹，却性格不同，人生经历迥异。周丽坚守，周凤进取。周丽柔美而极富韧性，周凤刚烈而不断寻求新的生活。周凤则是一个经历过战争考验的女性，在解放后被称作"老红军""老革命"的上层人物。这个形象不简单，有着相当丰富的内涵。她信仰坚定，斗争果敢；同时，她对情爱有着寻常女性的正当激情与渴望。三次婚姻，写出了她政治生活的不同阶段和不同境遇，同时也写出了她个人情感生活的起伏变迁，真实可信。全国解放，新的政权建立，她进入城市，成为一个领导者。掌权者的地位，政治上的优越感及出于私心的戒备，使这个本来激情如火的丰沛心灵封闭了，凝固了，冻结了。只有在身陷"文化大革命"的大混乱之后，才觉悟过来，接近民众，回归人情。这一笔，写得深刻，使这个形象厚实，有回味。再者，看得出，对待这个人物，你笔下有情，同时又笔下留情。周丽那么身处逆境而不得援手，对这个妹妹依然待以宽厚之心，理解、体谅、关爱；作家的心与这位姐姐的心是相通的吧。

《梨花似雪》：鲁彦周年近八十高龄的丰硕成果

关于写法，我以为也在实践着你的追求。全书以"我"的叙述为主，主要采取历时性的叙述，而这里的"我"却是多个人物代称，包括作家柱哥儿、柱哥女友沈沉（亦为周凤的秘书），包括罗南民、周丽，也包括周凤的日记。多个"我"，组成多个视角，也就从客观叙事和主观叙事等多方面地表现人物的命运与人生故事，从而把人物的心理展示和作者对山川风物的抒情描写，达到淋漓尽致、深细入微的地步。至于"一书两式"，虚构故事与回忆纪实交错进行的写法，乃是艺术构成上的一种尝试。纪实中关于巢湖地区童年生活的回忆，也是乡情风味很浓的散文，我读起来是有兴味的。虚构部分，文笔饱满酣畅，风格倾向于"大风起兮"；纪实部分，娓娓道来，风格倾向于"润物无声"，组合起来，自有特色。从艺术完整性来看，前半部分对巢湖农村生活的回忆，同小说故事的进展是契合的；后半部分小说故事的时代变了，矛盾冲突展开了，社会环境与氛围变了，仍然回忆少年时代相对平静的故乡生活，则游离于主体，不协调了。不过，篇页不多，且如卷首"说明"中提到的，性急的读者完全可以跳过去不读的。

（摘自《致彦周的一封信》，见《怀念鲁彦周》）

第二十八章

鲁彦周的魅力——人品和文品的完美结合

当时光老人走向 21 世纪后,有几件大事和鲁彦周密切相关,从这几件事中,可以看出老年鲁彦周的魅力。他的魅力,是他的人品和文品的完美结合。

他的人品:儒雅、坦诚、低调、乐于提携后进、毕生追求奋斗不息。

2000 年在迎驾笔会上

他的文品:有胆略、敢创新、富于人文精神、毕生为人民写作。

首先是"迎驾笔会"。

2000 年 10 月 22 日上午 9 时,合肥稻香楼宾馆北苑。由鲁彦周和安徽迎驾集团总裁倪永培共同发起的"2000 年迎驾文学笔会"在这里如期举行。这是安徽首次由企业界和文学界联姻的高规格大型文学笔会,又有王蒙、邓友梅、邵燕祥、张贤亮等一批中国文坛的重量级作家加盟,只能容纳八十人的会议大厅里,满满当当地涌进了一百三十多位

鲁彦周的魅力——人品和文品的完美结合

文学界、新闻界的宾客。开幕式上,时任副省长田维谦介绍了安徽的人文景观和风土人情,作家们则以充满智慧和风趣的语言,叙述了他们与安徽的一面之交或一段情缘,会场上不时爆发阵阵欢快的笑声。

应邀参加笔会的,还有谢永旺、吴泰昌、雷霆、丁牧、孙静轩、邓刚、扎拉嘎胡、冯苓植、叶兆言、储福金、莲子、李天芳、竹林、王丽萍、郑谦及安徽作家尹曙生、刘祖慈、周志友、温跃渊等。

23 日早晨,作家们从合肥启程,前往霍山迎驾集团,开始踏上皖西、皖南灵秀的土地。

10 月 27 日下午,作家们离开佛国九华,直奔黄山。

黄山已连日阴雨。当作家们抵达黄山时,雨却突然停了。不过当大家登上太平芙蓉索道的缆车时,黄山仍旧烟雨蒙蒙、云遮雾罩,不肯展示她一点美丽的容颜。当缆车经过索道的第 4 根支架时,"哗"的一下,车厢穿过云层,窗外忽然开朗,神奇雄伟的黄山美景刹那间陡然展现在众人面前! 作家们毫无思想准备,缆车内顿时爆发出一片叫好声、欢呼声!

在领略了黄山如诗如画的仙境后,与会作家们当晚在黄山西海举行了第5 次笔会。鲁彦周主持了会议。他说:"迎驾笔会来到黄山,这是最后一站。天下没有不散的筵席。今晚我们抓紧时间座谈,大到中国文坛,小到创作感受,希望大家畅所欲言。"

王蒙首先说,这阵子有的媒体炒作,出现许多预言、断言,抱怨 20 世纪中国文坛没有大师,等等。但不管巨人也好,侏儒也好,我们的作家们还在努力。大家还是在写自己的作品。

谢永旺对文坛也不悲观。他认为文学还是在发展。一个时期来会更多样,也会更成熟,思想深度和艺术质量会有个发展。有没有大师不好预测。大师很重要,群峰也重要。

张贤亮对未来文学乐观的依据,是中国主流文化将具有更广阔的宽容性,能够吸取中外古今之所长,成就未来的文学。

邵燕祥、吴泰昌、邓刚、孙静轩等也各自发表了看法。虽然说法不一,却都对文学前景持乐观态度。

鲁彦周怕座谈时间长了会耽误大家休息,正准备宣布散会时,他的儿媳王丽萍急忙阻拦,她要为到会的每个作家"封"一个"星"。她封张贤亮为"浪漫之星":因为他在天柱山买了一包"浪漫话梅"送给一个小姑娘;她封冯苓植为"护花之星":他在秋风秋雨中的九华山把自己的皮夹克脱下来给一个小女孩穿;她封吴泰昌为"青春之星":吴泰昌虽年届六十,但自我感觉只在四十八岁左右;她封叶兆言为"饥饿之星":因为他每次没到吃饭时就喊"我饿死了饿死了";她封女作家竹林是"忘我之星":因为她总是想着别人帮助别人;她封王蒙为"王者之星"……她根据自己对每位作家的观察和他们的性格特征以及平时表现,恰到好处地给每个作家冠以"明星称号"。她每"封"完一个,就响起了一阵掌声和笑声。她正准备见好就收,便有人问道:"还有鲁老,你怎么没封呢?"王丽萍不假思索地说:"他是我心中最重的星,因为他生了个好儿子,成了我一辈子的依靠。"这句话再一次激起了一阵阵掌声和笑声,在黄山的夜空回荡。

迎驾笔会自是很成功。在大家高兴之余,周志友和温跃渊都感叹道:这样规模的笔会,也只有鲁老能有这个号召力。在安徽,是空前的,但愿不是"绝后"的!

2002 年 12 月,发生了鲁彦周先生的一件大喜事:洋洋四百多万字的《鲁彦周文集》出版了!

文集出版之时,鲁彦周首先想到的,是自己的故乡。

7 号那天,合肥初降瑞雪。看着那纷纷扬扬的雪花,女儿书妮不无担心地问:"爸,这么大的雨雪天,你和妈妈还去老家送书吗?"

鲁彦周的魅力——人品和文品的完美结合

"去。"鲁彦周坚定地说。

不想第二天一早,老天开眼,放晴了。一轮久违的太阳当头高照。

温跃渊和周志友随着省文联的领导同志,陪鲁彦周夫妇一起送《鲁彦周文集》去巢湖市。

那几天,鲁彦周和夫人张嘉一直念叨着要送书到家乡去。由于连日阴雨,印刷厂装帧十分困难,头天下午才突击出一百套,鲁彦周来不及打开那散发着浓郁墨香的精装本看一眼,决意要先将这一百套文集首先送给哺育他的故乡,表达先生对故乡执着的殷殷乡情。

故乡巢湖为能拥有这样一位优秀的作家而高兴。故乡各界欢迎这位深受家乡人民爱戴的作家,并对他的作品给予了高度的评价,认为鲁彦周的作品是当代文坛的宝贵财富,他总是能把握住时代的脉搏,使自己的作品既充满艺术的魅力,又体现出一位作家的社会责任感。

面对家乡人民的真诚和热情,鲁彦周十分感动地说:父老乡亲们过誉了。我的作品中,有些我很满意,但也有平庸之作。特别感到惭愧的是,我虽然很热爱故乡,但是写故乡的作品却很少。

这是先生一直为之遗憾的。2001年中秋节前夜,巢湖市举行了一次"月是故乡明"的文艺活动,鲁彦周夫妇应邀参加。他在家乡人面前披露了一个计划:他正在孕育和创作的第五部长篇小说,将是以故乡为背景的。这部长篇将把动人的故事、传奇的人物、童年的回忆和故乡的风情糅合在一起,将把大别山和巢湖抗日的烽火和艰苦卓绝的斗争,全景式地展现在读者面前。

12月14日,《鲁彦周文集》首发式,在合肥市中心的华都宾馆举行。

会场里温暖如春。这里有一种特别的气氛——热烈,亲和,人情味十足。没有一点公事公办的隔膜感,整个会场坐得满满的,每一位来者都带着真诚的敬意。远道的来宾中有特意从北京赶来的中国作协党组书记金炳华,有著名作家王蒙、邓友梅、从维熙,文学评论家何西来、吴泰昌……是鲁彦周这个德高望重的名字把众人凝聚到了这里。来自全国各地的许多著名作家、学者和文学爱好者济济一堂,参加了在合肥举行的"《鲁彦周文集》首发式暨鲁彦周作品研讨会"。青海省委书记骆惠宁,当时是安徽省委常委、宣传部部长,他在研讨会上说,举办这次研讨会,不仅对鲁彦周的文学道路有一个科学的认识,更重要的是,对安徽省今后文学创作水平的提高,文学队伍的培养和建设,推进安徽文学创作繁荣,进而对建设社会主义先进文化,都有很重要的意义。

中国作协党组书记金炳华出席会议并做了讲话。

时任中共安徽省委书记王太华同志在会前专程看望了鲁彦周先生及与会的中国作协党组书记、中国作协副主席金炳华同志等有关领导。

安徽省人大常委会副主任苏平凡等省领导以及许多安徽省文学艺术工作者参加了首发式和研讨会。上海等地的文艺团体也纷纷发来贺信、贺电。

研讨会上,许多著名作家、学者认为,鲁彦周的作品具有鲜明的时代特色。他们对鲁彦周作品的文学价值和他的文学道路给予了科学的认识;对他在关注现实、反映时代、反映民情、面对历史、反思生活、感悟人生、追求真善美方面付出的毕生精力和心血给予了充分的肯定。著名作家王蒙说,鲁彦周文思广阔,不仅在小说、散文方面成就很高,在电影、电视、戏剧方面也有比较突出的作品,这是让他十分佩服的地方。邓友梅说,鲁彦周作品就像他的人品一样,厚实、含蓄、谦逊,又能把当时的情景表现得淋漓尽致,把激烈的问题以一种比较平和的方式表现出来,他有自己的美学观、人生观。从维熙、何西来、李子云等来自全国各地的作家、学者也纷纷发言,谈起了他们对鲁彦周作品的感受以及和鲁彦周交往的经历,表达了赞誉之情。鲁彦周看到有那么多的作家、学者专程赶来,听到与会者对他的作品真诚的评价,不禁动容泪下。首发式暨作品研讨会的整个过程,气氛热烈,感情真挚,场面动人。

首发式暨研讨会从上午开到傍晚,尽管主持人一再控制每个人的发言时间,但由于要求讲话的人太多,最后还是不得不好几次延长会议的时间,一直到天全黑了,大家才意犹未尽地走出会场。

到吃饭时间了。几位老先生相视一笑,怎么就忘记饿了?

鲁彦周不喜事张扬,但往往他稍微有一点动作就会引起极大的关注。大家都还记得两年前由鲁老牵头的迎驾文学笔会,那天下文士云集庐州的盛况至今历历在目。而这次鲁老的文集出版,金炳华、王蒙、邓友梅、从维熙、李子云、何西来、吴泰昌、顾骧、吉狄马加、张韧等"重量级"人物不仅应邀而至,而且把首发式暨研讨会变成了一次与安徽文学界人士的见面会,大家从他们的殷殷话语中既见识了这些"文学大腕"的智慧和幽默,更感受到了他们与鲁彦周之间几十年的深厚友情。

王蒙总是说,在他心目中,安徽除了黄山、天柱山以外,还有一座"天云山",这座"山"就是鲁彦周,他是文学界一座真正的大山。他表示,在 20 世纪 80 年代,鲁彦周能够率先写出《天云山传奇》这样的作品,对 1957 年的历史做出反思,其勇气和眼光都令人钦佩。而且他特别佩服鲁彦周的地方还在于,"彦周除了中篇、长篇和短篇小说以外,还写了许多影视戏剧作品,比之小说,这些作品拥有更广泛的受众群。彦周的可贵可敬之处也在于他善于从现实的发展中汲取养分和灵感,从来都是把现实人生当作自己创作的源头活水"。

邓友梅本是要从巴黎飞往香港与夫人会合的,一听说安徽要举行《鲁彦周文集》首发式,立马从巴黎直接飞北京后来了合肥会老友,夫人只好被暂时放在一边了。邓友梅对鲁彦周始终把写作作为终生的事业表示钦佩,而对鲁老的作品,他认为到目前为止,在写 1957 年被错打成右派的作品中最好的还是《天云山传奇》,因为作者是跳出了个人恩怨,站在历史的高度上来写这部作品的。而除这部作品以外,鲁老还有很多没受到人们注意的作品更值得研究。

从维熙、顾骧等人从人品和文品对鲁彦周给予了高度评价,他们总结出,鲁彦周是一个人文主义者,他对自己的作品总是抱着自省的态度。在他的作品中,承续了五四的启蒙精神、批判精神和悲悯的人道主义精神。所以鲁彦周这个名字不但会写进文学史,还应该写进思想史中。

众人热情的言语使老作家鲁彦周百感交集,他对众人的盛情一表示感谢,二表示惶恐,三还有朦胧的期待,觉得自己脑子还可以,还能够继续完成一个长篇,以此体现他的一些新的想法。

话音一落,会场里便响起掌声,大家从心底里认可着从维熙的那句话:"一个人只要心灵年轻,他就永远充满了生命的活力。"

2006 年 12 月 24 日,《梨花似雪》首发式在合肥隆重举行。

鲁彦周历时四年,以顽强的毅力、执着的精神和令人难以置信的饱满激情,在七十七岁高龄完成了七十五万字长篇小说《梨花似雪》的创作。鲁彦周用他笔耕不辍、勤奋耕耘的精神给安徽文学界送上了一份珍贵的贺岁大礼。

这天上午,省人大常委会副主任周本立及省委宣传部、省文联有关负责人及文艺界、新闻界八十余人参加了由省文联举办的《梨花似雪》首发式,《文艺报》顾问、著名评论家吴泰昌也专程从北京赶来参加了这一活动。

安徽省文学学会会长唐先田向与会者介绍了《梨花似雪》的主要内容和艺术特色。唐先田长期研究鲁彦周的作品,是《梨花似雪》脱稿后的第一读者。他认为,鲁老这部新的鸿篇巨制以巢湖、大别山为背景,以几对男女刻骨铭心、荡气回肠的爱情及其不同的人生轨迹为主线,再现了革命战争年代的壮烈画面,塑造了为民族未来而战的英雄群像,徽味浓,时间跨度大。并在中国小说创作中,首次运用"一书两式"写作手法,将故事叙述和真实回忆交错进行,实现了小说与散文的完美结合,体现了作家在艺术上的不懈探索和追求。《梨花似雪》是安徽文学界的新收获,是一部不可多得的、具有浓郁乡土

鲁彦周的魅力——人品和文品的完美结合

特色的、在思想和艺术上都达到了较高水准的重要作品。

与会者们一致认为,鲁彦周是安徽文学当之无愧的领军人物,他在半个世纪的文学生涯中,创作了近五百万字的小说、影视、戏剧、散文作品,他始终遵循着现实主义的创作原则,贴近时代,贴近人民,贴近生活,体现了高度的社会责任感。作品中那种与时俱进的活力和作家笔耕不辍、不懈创新的精神,任何时候都是后来者的榜样。

从医院赶来参加首发式的鲁彦周先生表示,写这部书是为了完成他平生的夙愿,不管这部作品在艺术上怎么样,他写作的心情是真诚的,该歌颂的歌颂,该批判的批判,书中没有矫饰,没有故弄玄虚,没有违心之笔。但也希望不要有人对号入座,因为书中人物都是他创造的,是文学人物。最后,他请读者来鉴别、来评论他的作品,鲁彦周说,读者是作家的上帝。

那天,满头银发的鲁老精神矍铄,笑意吟吟。

《梨花似雪》是鲁彦周继《丹凤》《彩虹坪》《古塔上的风铃》《阴阳关的阴阳梦》《双凤楼》之后的第六部长篇小说,也是他漫长创作岁月中的最后一部作品,堪称一部波澜壮阔、规模宏大的历史画卷。

鲁彦周认为:"小说中的人物有的是有原型的,有我见过的人、爱过的人和尊敬的人,写他们经历的爱情、苦难和挫折,写他们人性深处的矛盾和挣扎,以表达我本人对历史和现实的想法。写作的整个过程中,我既感慨又感动,不把他们写出来我真不甘心。我一直害怕还没写出来身体就不行了,现在写出来了我自己比较高兴,觉得书中安徽的味道很足。"

第二十九章

追求了一辈子·静静地休息吧

作为鲁彦周作品的研究者和鲁彦周人格的崇敬者，还在1997年唐先田就动议写一本《鲁彦周评传》，并作为省里的社科项目申报立了项。但当唐先田向鲁彦周提出采访时，鲁彦周总是微笑着回答：不急呀，等等吧。2005年八九月间，温跃渊向唐先田表示，希望两人合作完成《鲁彦周评传》。唐先田立即赞成，不久前，他俩刚出版了一部长篇纪实文学《功业千秋》，合作得甚为愉快。温跃渊先把他们的设想告诉了鲁书妮，书妮说，你俩合作可谓是"珠联璧合"，想来父亲是会赞成的。

鲁彦周知道后说，他俩写，我放心。

鲁彦周说，秋天，我们一起到宣城的敬亭山去，那里有作协的一个创作之家，我们到那里去聊。

国庆节时，唐先田与温跃渊一起去看鲁彦周，鲁彦周还说，过了国庆节，我们还按计划到宣城。

不想国庆节后，鲁彦周的身体不大好，已经住进了医院，于是他们就决定去医院采访。

鲁彦周的朋友多，每天下午都有许多人去看望他，因此，温跃渊就办了一

鲁彦周、唐先田、温跃渊合影

个探视陪客证,可在上午医生查房后进去,这样上午能顺利采访。

温跃渊对写《鲁彦周评传》是怀着深深的感情的。在他的文学道路上,鲁彦周给了他诚恳的关怀和巨大的鼓励。1961年10月,安徽省作协于1960年3月2日成立后举行了第一次创作会议。温跃渊那年二十岁,是会上最年轻的工人作者。鲁彦周在他的小本子上题写了八个字:努力学习,努力创作。几十年的文学生涯中,温跃渊努力践行着这八个字。鲁彦周的谦和使温跃渊和他成了好朋友。从1956年读他的《归来》开始,温跃渊一直关注鲁彦周的所有作品。近年来,温跃渊已经写了十多篇关于鲁彦周创作的文章。早在1980年,他就写了《鲁彦周与〈天云山传奇〉》,虽然还有些浅显,但却是安徽较早解读鲁彦周创作的文字。

温跃渊写鲁彦周的文章,有一些散见在报章上。2006年的2月,温跃渊在《新安晚报》上发了一篇短文《鲁彦周,医院中的春节》。

鲁彦周家人为他庆祝78岁生日

文章写道:

　　这个春节,鲁彦周是在医院过的。这两个月来,他的哮喘有点重,需要打吊水。

　　在医院里,倒也不寂寞,他的朋友多,都来看他,或给他电话拜年。

　　年前,比他年长十岁的老大姐张瑞芳给他打电话,问他中国电影百年的纪念大会为什么没去。他说他病了,不能去。张瑞芳说,我也走不动了,我是坐轮椅去的。张瑞芳主演过鲁彦周编剧的好几部电影,他们的友谊有半个世纪了。他俩在电话里聊了很多。1958年上演的电影《凤凰之歌》风靡全国,创造了农村题材影片上座率之最。但后来却突然不怎么放映了。传周总理有个批评意见说,我们现在都搞社会主义了,这个电影还在宣扬反封建的个性解放。这在鲁彦周的心中有个"小结"。他在电话中问张瑞芳,周总理可曾有过这个讲话。张瑞芳见周总理的机会很多。她说,这件事她亲自问过总理,总理说,他从来也没有说过这个话。

追求了一辈子·静静地休息吧

　　生活中，许多事情就是这么具有偶然性，一个讹传，就会涉及一个人或一部作品的命运。

　　春节中，来看望他和来向他拜年的朋友，当然都会谈到他的长篇新作《梨花似雪》。没有书的，想找他要一本；有书的，则想请他签个名或题个字；看过书的，就向他表示祝贺，与他一起探讨人物的命运和艺术上的长短。

　　来看望他的人中，还有两位是从北京来的，一位是新华社副社长鲁炜。2001年，在全国七届文代会召开期间，新华社国内部主任张万舒请鲁彦周吃饭，鲁炜及刘祖慈、周志友、温跃渊等作陪。鲁炜算是鲁彦周的侄孙。比起普通读者，鲁炜对这部以他故乡为背景的长篇小说，更有着与人不同的感情，对他"大爹爹"年近八十高龄时还能创作出折射一个时代历史的鸿篇巨制深为感动。

　　还有一位专程从北京来看望他的，是中国作家协会党组书记金炳华的秘书。年前，金炳华就给鲁彦周发来了贺卡，并对他的长篇《梨花似雪》的出版表示了祝贺，同时还表示：如果鲁公愿意的话，中国作协可以在北京举行这部小说的研讨会。大年初四，金炳华就派他的秘书专程从北京赶到合肥看望鲁彦周，并给他送来了慰问金，期待着在北京举行《梨花似雪》的研讨会。对此，鲁彦周深为感动。

　　其实，感动是双方的。首先，是中国作家鲁彦周感动了中国作家协会的领导人。因为金炳华知道，在中国老一代作家中，还能以七十七岁高龄创作出七十五万字的长篇小说，委实是凤毛麟角了。

　　这年春天，鲁彦周从寿春路上的樱榴居搬到了大通路上的和平花园。他在新居住的时间很短暂，便进了医院。5月初出院，在家中过了一个夏天。秋天，因为哮喘，他又住进了医院。国庆节后他和夫人张嘉都准备出院回家了，不想病情又有了逆转。

11 月 26 日,病情恶化。晚 20 时 50 分,病情继续恶化。医生开始紧急抢救。呼吸渐慢,气若游丝,并逐渐停止。医护人员使用气囊进行人工辅助通气,希望维持呼吸。

21 时 10 分,鲁彦周心跳停止。这时医护人员并没有放弃,继续对病人进行持续胸外心脏按压,希望通过努力使鲁老创造生命奇迹。

紧急抢救持续到 22 时 10 分,奇迹最后没有出现。

鲁彦周的逝世,震动了中国文坛。

新当选的中国作家协会主席铁凝正在唐山参加一个文学活动。当得知鲁彦周先生逝世的消息后,她说"真是很意外","他的作品曾经感动了无数中国读者,我也在其中"。她说,鲁彦周先生是她非常尊敬的一位作家,他们曾经在一些会议或活动中见过面。她清楚地记得,鲁彦周先生曾发起一个到黄山的文学创作活动,当时也向她发出了邀请,可惜她当时另外有事没有成行,但她"记住了鲁先生的邀请"。谈及鲁先生的文学人生,铁凝主席感慨万千。像鲁彦周先生那一代的作家,经历了那么多苦难,却写出了许多优秀的作品,如他的《天云山传奇》,曾被拍成电影,当年她自己就曾被这些作品深深感动过。尽管交往并不多,但在她的印象中,鲁先生却是一位对年轻作家充满善意的前辈,"对他的逝世,感到很难过"。

铁凝表示,由于在外地出差,她是很晚才得知鲁彦周先生逝世的消息的。中国作家协会将通过适当的方式表达哀悼。她个人也愿意通过媒体向鲁彦周先生的家人表达致意,希望他们一切安好!

时任新华社副社长鲁炜发来唁电:

顷奉讣音,惊悉鲁彦周先生星陨,莫名震悼,仰念遗型,怅然雪涕。彦周先生情系世界,名成中华,四海仰止,而今驾鹤西归,令人感涕。彦周先生乃安徽文学当之无愧的领军人物和创造安徽文学传奇的先锋。

先生在半个多世纪的文学生涯中，创作了四百余万言之小说、影视、戏剧、散文作品，其中《天云山传奇》《逆火》《风雪大别山》《梨花似雪》《凤凰之歌》等均为传世之作。

先生虽逝，然德艺馨香永存。尚祈家人勉抑哀思，善自珍摄。

专此驰唁。

中国作家协会发来唁电：

惊悉鲁彦周同志不幸逝世，不胜悲痛。谨致沉痛哀悼，并向鲁彦周同志的亲属表示亲切慰问。

鲁彦周同志是一位成就卓著的著名作家。他独具魅力的作品深受广大读者的欢迎，他高尚的人品文品赢得了广泛赞誉。鲁彦周同志始终关注时代的发展和人民的命运，努力用作品生动地反映时代风貌，给人以心灵的抚慰和精神的关怀。他以毕生的精力为促进我国文学事业的发展作出了重要贡献。

鲁彦周同志的逝世是我国文学界的一大损失，我们永远怀念他。

巢湖市委、市政府唁电：

惊悉鲁彦周先生不幸逝世，我们无限叹惋，深感悲痛！

鲁彦周先生是巢湖籍全国著名作家，他一生著述宏富，建树良多，为安徽乃至中国文学事业作出了不可磨灭的贡献。他不仅是安徽文坛的领军人物，也是家乡人民的骄傲。

谨致以沉痛的哀悼，并向鲁彦周先生亲属转达诚挚的慰问！

著名庐剧表演艺术家丁玉兰说:他是位品质高尚的人。

著名黄梅戏表演艺术家黄新德说:他一直在支持着黄梅戏事业。

悼念鲁彦周的唁电、挽联如雪片一般从全国各地飞来。

刘祖慈、季宇、周志友、温跃渊四人的挽联是:

连天阴雨满地泥泞天上地下都流泪全为先生号啕一哭

白花似雪云山低首江南淮北尽衔哀但等我公再度归来

唐先田用他遒劲的书法献给鲁彦周的一副挽联是:

丹凤飘香梨花似雪天云山暗自垂泪哭英哲

懿德为范高标如帜巢湖水幽然波涌悼鲁公

鲁彦周非常关心青年作家的成长,凡是找他点评作品、撰写序言的,他都有求必应。他用一颗慈爱的心去对待他们,热情鼓励他们的成就,也诚恳地指出他们的不足,希望他们超过前人、超过他自己,他所写的点评随笔和序言有三十多篇。受过他的指点教益的许多青年作家、诗人,都饱含着热泪来为他们心中所敬重的老人送行。青年诗人姜诗元特意从北京赶来,送上七十八朵玫瑰。

鲁彦周的治丧事宜,温跃渊当然要尽心尽力。他向鲁彦周的长女书妮说,悼念大厅的悼念横幅上不一定要写"沉痛悼念"的字样,就写"送鲁公远行"五个大字,就能足以表达我们的哀思了。书妮说好,说看了都能让人流泪。她妈妈也说很好。但是温跃渊的这条建议未被采纳。

由于唁电、挽联太多,吊唁大厅摆不下,只好再在大厅外临时做了两块各十五米的展牌。这在合肥殡仪馆来说,也是史无前例的一次。温跃渊用十张大报纸书写十个黑体大字"送鲁公远行""请鲁公走好"贴在两边的展板上。

追求了一辈子·静静地休息吧

第二天,这两句话成了各报的醒目的通栏大标题。

12 月 2 日,一个普通而又特殊的日子,鲁彦周先生遗体告别仪式在合肥市殡仪馆举行,在二千余名社会各界人士的自发送行中,这位令人敬重的文化老人,依依不舍地永远离开了他深深热爱的故土和毕生执着的事业。

洁白的挽联、满目的花圈、肃穆的灵堂……下午,合肥市殡仪馆人山人海、白花纷飞,空气中弥漫着浓郁而忧伤的氛围。

大型文学期刊《清明》杂志编辑部的全体成员当天悉数来到现场悲悼鲁老。据了解,作为《清明》创办人之一的鲁彦周,对这份刊物倾注了大量心血,其著作《天云山传奇》就是在《清明》杂志创刊号上发表的。谈起鲁老,《清明》杂志时任主编季宇难掩内心的痛苦,面色凝重地说:"鲁老对《清明》有着非同一般的感情,他不仅在工作上给予我们很大的支持,还非常关心编辑们的个人生活,尽自己所能帮助、扶持青年作家。他像父亲一样爱护着《清明》,爱护着我们,今天他走了,我们也永远失去了一位慈祥的好父亲。"

来自北京的著名文艺评论家吴泰昌怎么也没想到,去年 12 月与鲁老的一次普通会面竟成了永诀。当日,他专程从北京赶来吊唁,并一再认为,鲁老是"安徽文学当之无愧的领军人物"。

遗体告别厅内,七十四岁的我省著名画家鲍加与老伴互相搀扶、泪流满面。这两位与鲁老有着五十多年深情厚谊的老人面对昔日挚友的遗体,深深地送上了最后的祝福。"我前天才从皖南写生回来,皖南现在正是红叶飘零的季节,我特意带来了七十八片红叶,放在彦周的遗像前,因为他的一生就像红叶一般灿烂。"鲍加哽咽地说,"鲁彦周为人正直、勤奋好学,他为人民写出了那么多优秀的作品,他的逝去令人痛惜啊!"在书法美术界,对鲁彦周赞誉有加的人比比皆是。省文联书法家协会名誉主席陶天月敬佩地表示,鲁老是一个工作勤奋、待人真诚的人。他在病榻上坚持完成长篇小说《梨花似雪》的创作,这种精神和毅力令每个人折服。而他所拥有的豁达谦和的宝贵品质,看看他结交的那么多朋友就知道了。

已经八十高龄的苏中老人是鲁彦周长达半个世纪的患难之交。在老友的眼中,鲁彦周是一个特别宽厚的人。"他对上对下都是一样,对上级,他不会特别矫揉造作、奴颜媚骨;可对普通百姓,他又特别谦和,哪怕对看大门的老人都十分礼数周到。他在文学艺术上追求真善美,在生活上也是一样。"多年来,苏中撰写过大量有关鲁彦周文学作品的综合性评论文字。在他看来,鲁彦周的作品有两个特点:一是对人性的深爱,二是对普通民众命运的关心。除此之外,他的家乡情十分浓厚,在外地的时候,他总是找出许多安徽的优点告诉别人。他的作品受家乡地域影响很深,一个是大别山区,一个是巢湖。此外,就是他有反封建的基本观念,鲁彦周出身农村,深刻看到中国农村其实反封建很不彻底。在他的作品中,这个意识就很强烈,而且他格外关心中国农村妇女的命运。

作家贾梦雷先生沉痛悼念自己的老朋友——鲁彦周先生。自己从北京参加会议回来,就一直想抽空来拜会鲁彦周先生,但又怕打扰缠绵于病榻的鲁彦周。1953年,当贾梦雷还是二十岁的年轻小伙子时,就结识了鲁彦周夫妇,从而结下了半个多世纪的深厚友谊。他还有好多知心的话要对鲁老说,然而没想到已天人永隔了……

鲁彦周的大女儿鲁书妮说:"他原本有心愿的,就是出院回到新家后,在新房里转转看看,写写散文、养养身体,不再写长篇小说了,过几天悠闲的日子。"

在鲁彦周最后的日子里,他始终保持着对家乡巢湖的一片深情。只要是身体状况允许,他每年都要回故乡鲁集为父母扫墓。他还特意请人将在家乡祠堂边移植的那株白牡丹花,再种在新居的院子里。鲁书妮说:"牡丹花移的时候已经过了时节了,但现在长得挺好。而爸爸……"

刚刚从上海赶回合肥的儿媳妇王丽萍,身着一身黑色的服装,表情沉重。在她心中,公公鲁彦周是最喜欢自己的。她和丈夫鲁书潮在创作影视剧本时,总是能得到鲁彦周先生最认真的指点。

1999年,当王丽萍夫妇要离开合肥,到上海去开辟新的事业平台时,鲁老有很多的不舍,他想竭力挽留,但最终还是选择了让他们走自己的创作之路。从2000年开始,鲁彦周先生每年都要到上海小住一段时间。当王丽萍作为上海电影集团的国家一级编剧,开始创作《错爱一生》时,她和鲁老谈起了自己初步的构思。鲁彦周先生很耐心地听她讲自己的构思。王丽萍发现,老人毕竟是搞戏剧出身的,他对创作的主体结构非常清晰,很有经验地指出,应该将哪条线强化,这是整部戏最有悲剧感染力的部分。王丽萍认真地倾听着,老人清晰的思路廓清了她心头的那点迷雾。

每当创作遇到瓶颈时,鲁彦周先生的殷殷鼓励,都激发了王丽萍创作下去的激情。在她心中,公公也是一个"活字典"。遇到一个历史人物或者背景不太清楚时,王丽萍会请教鲁老。鲁老谈一个历史人物,总是很细致,能将人物的脉络讲解得很清晰。

在王丽萍心中,鲁老更是一位具有"大家"气势的老人。他具有一种深层次的人格魅力,虽然不动声色,但能以自己的言行让全家老老小小都发自内心地尊敬他。在一个多子女的大家庭中,儿孙孝顺,两个女儿能在鲁老的病床前始终服侍,端水送饭,经常给老人擦拭身体,一直到送老人干干净净地走。这些,没有那种大家庭的团结和睦的团体精神是做不到的。

鲁老的谦逊、低调,创作作品的那种激情,都无声地感染着王丽萍。她表示,老一辈作家从事文学创作,凭的是对社会的责任和良知,是在为整个社会在写。她和爱人要继承鲁彦周先生的遗志,将文学创作事业进行到底!

下午4点16分,遗体告别仪式结束。鲁彦周夫人张嘉女士与子女悲痛欲绝,纷纷来到鲁老身边做最后的诀别,此情此景令在场所有人不禁潸然泪下。

在大蜀山的西麓,有一座合肥大蜀山文化陵园。陵园依山傍水,景色宜

人。整座陵园以艺术墓、名人墓、高档墓为主,有墓葬、植树葬、草坪葬、壁葬
等多种形式可供选择。目前入葬的墓主有抗日爱国将领、革命英烈、党政要
人以及各界名人等。文化陵园将秉承"以人为本"的宗旨,坚持"建文化陵
园,创陵园文化"的理念,建立起一座名副其实的人文公园。

鲁彦周先生的铜像揭幕仪式要在这里举行。

温跃渊在 2007 年 11 月 25 日的日记中做了简略的记载:

> 鲁公的雕像落成和墓碑揭幕仪式很隆重。省领导方兆祥、龙念都来
> 了(周本立在上海住院),省军区的原副政委杨洪立也来了,安大和合肥
> 学院的中文系各来了 50 位学生。巢湖的方克逸等也都来了,加上各界
> 朋友应该有 300 人左右。各家媒体也都来了,电视台还来了好几家。省
> 台"第一时间"晚上已播出了。

> 文化陵园做得不错。墓地的两边做了两块大展牌。右边是鲁公在
> 梨花丛中的大照片,左边的展牌展示鲁公一生的生活照与作品。揭幕和
> 几个讲话后,来宾依次向鲁公的铜像及墓碑献花。这时,是电影《天云山
> 传奇》的音乐和插曲,一下把人们带到了那个难忘的八十年代……

还是在 20 世纪 80 年代,香港一位很富有的与鲁彦周素不相识的企业
家,出于对鲁彦周的才华的尊敬,在上海一家很高档的酒店,慕名宴请鲁彦
周。酒过数巡,企业家抒发了他的人生感慨,他说,我这一辈子就是两个字:
享受。他笑着问鲁彦周,你能否也用两个字概括你的一辈子呢?鲁彦周端起
他面前的酒杯,做了一个礼貌的示意,然后,毫不迟疑地脱口而出:追求。

为了中国的文艺事业,鲁彦周先生追求了一辈子,奋斗了一辈子。

先生太累了。

现在,他在这儿静静地休息了。

第三十章

他依然儒雅地微笑着

鲁彦周先生逝世后,温跃渊便立即为建立"鲁彦周故居"和"鲁彦周研究会"而四处奔波。鲁老逝世的第二个月,他即以省民间文艺家协会主席的名义,就建立"鲁彦周故居"给巢湖市民协主席蔡善康写信。蔡善康当时还担任巢湖市旅游总公司的总经理。温跃渊建议以"鲁氏宗祠""鲁彦周故居""鲁彦周陵墓"等为中心,打造一个以"鲁彦周故居"为主题的新的旅游景点。2007年1月,温跃渊的这封信函发表在《江淮晨报》上,引起了一定的反响。巢湖市作家协会主席方晗还为此在市政协会上做了提案。

接着,温跃渊提出发起成立"安徽省鲁彦周研究会",得到了周志友、刘祖慈、季宇的积极响应。2007年2月20日,大年初三,温跃渊与三位老友约定去给鲁彦周夫人张嘉女士拜年,同时讨论这件事。后来应缴去的还有合肥晚报社的姚郁华、安徽文艺出版社的总编裴善明。当天议论两件事:一是应该成立"鲁彦周研究会",而且将来还要设立"鲁彦周文学奖",这个研究会才会有生命力。第二是着手编纂《怀念鲁彦周》文集。文集一事具体由鲁书潮负责。

春节后,温跃渊把成立"鲁彦周研究会"的设想向文联党组做了汇报,得到了党组书记杨屹和文联其他领导的支持。

筹备组的第二次讨论是在 5 月 1 号。温跃渊将拟好的《关于成立"安徽省鲁彦周研究会"的报告》请大家讨论，然后，温跃渊、刘祖慈、周志友、季宇一一在报告上签字。"五一"长假后上班第一天，即先向安徽省文联递交了报告，待文联批复后，再向省民政厅申请，拉开了"鲁彦周研究会"筹备的序幕。

经过 10 个月的精心筹备，2008 年 3 月 28 日下午，"安徽省鲁彦周研究会"在安徽文联四楼大厅正式成立。省领导方兆祥、郑锐、陆子修、龙念、周本立等出席了会议。温跃渊做《关于鲁彦周研究会筹备情况的汇报》，选举了龙念为会长，方兆祥、周本立为名誉会长。

鲁彦周研究会成立大会与《怀念鲁彦周》文集首发式一起进行。《怀念鲁彦周》文集是研究会筹备组进行的一项重要工作，先后花了一年多时间。《怀念鲁彦周》收入了鲁彦周生前好友、家乡人民对他的怀念文章七十多篇，有许多文坛名家如王蒙、从维熙、邓友梅、李国文、王安忆等，文章以温馨感人的细节和片断，表现了他们对鲁彦周的怀念之情，从各个不同的侧面，展示了鲁彦周的温良敦厚、潇洒高洁的人品。

2008 年 11 月，鲁彦周逝世两周年。鲁彦周研究会与省电影电视艺术家协会联合举行了鲁彦周影视作品研讨会，还编印了鲁彦周影、视、剧作品目录以及鲁彦周先生撰写的《关于"天云山传奇"》《"天云山传奇"创作的前前后后》等资料，同时组织了安徽评论界的精锐力量，集中撰写了一批评论鲁彦周影视作品的力作，为鲁彦周研究工作打下了坚实的基础。

2009 年 3 月，鲁彦周研究会会同鲁彦周亲属，收集、整理了鲁彦周的作品文集及部分生前物品，捐赠给巢湖市档案馆设立的"巢湖名人鲁彦周档案纪念室"。

2010 年 1 月，"鲁彦周文学奖"组委会成立，开始着手筹备"鲁彦周文学奖"。鲁彦周文学奖是安徽省设立的第一个以个人名义命名的文学奖,不仅是对鲁彦周最好的纪念和缅怀,也是繁荣安徽文学事业的创新举措,为新人新作脱颖而出搭建了一个良好的平台。此奖的设立,对振兴文艺皖军、促进安徽乃至全国的文学创作都具有重要意义。"鲁彦周文学奖"的具体工作由季宇和周志友负责。

2012 年 12 月,"鲁彦周文学奖"首届颁奖大会在合肥稻香楼宾馆桂园隆重举行。首届鲁彦周文学奖评出长篇小说两部,中篇小说四部,电影一部。省领导方兆祥、龙念、周本立和来自社会各界的作家、艺术家、获奖代表、新闻界朋友一百五十余人参加了此次盛典。中国作协书记处书记李敬泽专程到会祝贺并为获奖者颁奖。著名作家王蒙和时任北京市委常委、北京市副市长鲁炜发来贺电。

2013 年,安徽著名评论家、鲁彦周研究会顾问唐先田,为鲁彦周文学奖获奖作品撰写了一万多字的长篇评论,发表在 2013 年《清明》第 4 期。唐先田认为,第一届鲁彦周文学奖的获奖作品,虽然还难说有轰动的社会效应,但它毕竟开了一个好头,相信这个奖项所弘扬的文学精神,对许多青年作家都是鼓励和召唤,在这个奖项的推动下,更多的好作品、大作品,是可以期待的,安徽文学的旗帜一定会更加灿烂。

鲁彦周研究会历时五年后,按照章程和有关规定,于 2013 年 9 月 6 日,在安港大酒店召开了第二次会员代表大会,进行了换届工作。大会对研究会五年来的工作做了回顾。

五年来,鲁彦周研究会在会长龙念同志的带领下,做了大量卓有成效的工作,取得了显著的成绩。龙念同志因为年事已高,要求辞去会长一职。新任会员代表大会向龙念同志五年来为研究会所取得的工作成就表示衷心感谢,并接受了龙念同志的辞呈。大会选举周本立同志为第二届会长,方兆祥、龙念为名誉会长。

"鲁彦周文学奖"第二届颁奖大会于2015年5月30日上午在合肥稻香楼宾馆徽园举行。

方兆祥、龙念、周本立等领导和来自社会各界的作家、艺术家、获奖作者代表、新闻界朋友一百五十余人,参加了颁奖大会。中国作协书记处书记李敬泽再次专程到会祝贺并为获奖作者颁奖。

第二届鲁彦周文学奖从2014年3月启动,与上届略有变化的是,本届参评作者年龄由首届的四十五周岁放宽到五十周岁。由于首届鲁彦周文学奖在全国产生了广泛的影响,启事公布后,在规定的期限内,收到参评作品一百多部,经过初评、终评的程序,共评选出长篇小说两部,中篇小说四部和电影编剧奖、戏剧编剧奖、电视剧编剧奖。此次获奖作品题材广泛,艺术手法多样,作家从不同的角度反映历史和现实,充分彰显了年轻作家的创作实力。

2015年元月,根据中央文件精神,周本立同志请求辞去鲁彦周研究会会长职务。他认为,季宇同志现已从省文联主席的岗位上退下来,由他担任研究会会长职务甚为合适。研究会经过一定的组织程序,鲁彦周研究会会长现由季宇担任。

自2011年起,周本立同志就对鲁彦周纪念馆一事甚为关注。他带领研究会的负责同志,多次前往合肥市有关部门,就建立鲁彦周纪念馆一事进行会商研究。在合肥市负责同志的关心与支持下,2014年6月,鲁彦周纪念馆的馆址已经选定在巢湖岸边不远处的塘西河"鸟巢"内。面积达七百平方米,建筑基础已经完备,只待内部布展。有望于2016年鲁彦周先生逝世10周年时对外开放。

展馆计划置放一幅鲁老在梨花丛中的大幅照片。这是2006年春天在砀山梨花节中,由著名摄影家康诗纬先生所摄。

照片上的鲁彦周先生儒雅地笑着,一如洁白的梨花绽放。

鲁彦周创作年表

1950 年

《丹风》(长篇小说)原稿曾遗失,2000 年在上海被发现,《安徽统一战线》2001 年第 1—9 期连载

1954 年

《芸芝和芸芝娘》(短篇小说),《文艺月报》第 5 期

1956 年

《归来》(独幕话剧剧本),戏剧出版社

 获 1956 年全国话剧汇演剧本一等奖

《春天来了》(电影文学剧本),艺术出版社

 上海电影制片厂拍摄

《春到淮北》(电影文学剧本),艺术出版社

 上海电影制片厂拍摄

1957 年

《波澜》(多幕话剧剧本),《江淮文学》第 6、7 期

《王金凤》(戏曲剧本),安徽人民出版社

《凤凰之歌》(电影文学剧本),艺术出版社

　　获文化部电影剧本征文奖,上海电影制片厂拍摄

1958 年

《途中》(短篇小说)

《小妞儿》(短篇小说),《江淮文学》第 4 期

《水利迷》(短篇小说),《江淮文学》第 6 期

1959 年

《渡口》(短篇小说)

《风雪下》(短篇小说)

《卧龙湖》(电影文学剧本·合作),中国电影出版社

　　上海电影制片厂拍摄

《食堂主任》(短篇小说),《安徽文学》第 9 期

《找红军》(中篇小说),《安徽文学》第 7、8 期

　　获儿童文学奖

《梅滩边上》(短篇小说),《安徽文学》第 1 期

《两次做客》(短篇小说),《安徽文学》第 7 期

《春水》(短篇小说)

《淮北寄语》(散文集),安徽人民出版社

《三八河边》(电影文学剧本),中国电影出版社

　　上海电影制片厂拍摄

鲁彦周创作年表

1960 年

《宏田大叔》(短篇小说),《解放日报》

《心愿》(短篇小说),《安徽文学》第 12 期

《桃花汛前》(短篇小说集),安徽人民出版社

《妈妈》(短篇小说),《上海文学》第 2 期

1961 年

《风雪下》(短篇小说),《安徽文学》第 9 期

《夜行小记》(散文),《合肥晚报》

《他们的爱情》(散文),《安徽日报》

1962 年

《风雪大别山》(电影文学剧本·合作),上海文艺出版社

　　上海电影制片厂拍摄

《火塘》(短篇小说),《安徽日报》1 月

《晨曲》(短篇小说)

《灵犀》(短篇小说),《人民文学》第 6 期

《道路》(散文),《安徽日报》

《山歌》(散文),《合肥晚报》

1963 年

《雏鹰》(电影文学剧本·未拍摄),《电影文学》

《窗花》(短篇小说),《合肥晚报》

《风雪茶亭下》(短篇小说),《安徽文学》第 1 期

《故乡书简》(短篇小说),《文汇报》

《婆婆妈妈小传》(短篇小说),《安徽文学》第 11 期

《我和合肥》(散文),《合肥晚报》

1964 年

《默契》(短篇小说),《安徽文学》

《云雀》(散文),《人民日报》

1977 年

《革命文艺不容诋毁》

1978 年

《大河春秋》(多幕话剧剧本),人民文学出版社

《波澜》(多幕话剧剧本)

《华北油田随笔》(随笔),《合肥晚报》

《巨澜》(电影文学剧本·合作),《人民电影》

《水痕》(合作·电影文学剧本),《文艺作品》第 12 期

1979 年

《天云山传奇》(中篇小说),《清明》创刊号

　　获全国优秀中篇小说奖,由鲁彦周改编的同名电影获文化部优秀影片

　　奖、金鸡奖、百花奖、文汇奖和文汇最佳编剧奖。

《桂花潭》(短篇小说),《安徽文艺》第 3 期

《与清明编辑的谈话》,《清明》第 2 期

鲁彦周创作年表

1980 年

《在病房里》(短篇小说),《安徽文学》第 7 期

《天云山传奇》(电影文学剧本),中国电影出版社

《鲁彦周小说散文选集》,安徽人民出版社

《天云山传奇创作札记》(随笔)

《天竹》(短篇小说),《合肥晚报》

1981 年

《呼唤》(中篇小说),《收获》第 1 期

《廖仲恺》(电影文学剧本),《当代》

　　珠江电影制片厂拍摄,获文化部 1983 年"优秀影片"二等奖。

《思絮》(随笔),《安徽日报》

《使自己的作品有魅力》(随笔),《安徽文化报》

《啊! 苦盼》(随笔)

《关于〈天云山传奇〉》(创作谈),《电影艺术》第 1 期

《迎春小言》(随笔),《安徽文化报》

《寄语青年作者》(随笔),《安徽青年报》

《天云山传奇写作随想》(随笔),《文艺报》

《清澈如水的眼睛》(中篇小说),《文汇月刊》

《天云山传奇》(中篇小说集),百花文艺出版社

《春前草》(中篇小说),《小说界》

1982 年

《我向往南方》(散文),《羊城晚报》

《用文艺武器为十二大制定的战略目标服务》,《安徽日报》

《设想、惶惑和期待——关于电影〈廖仲恺〉》(随笔),《羊城晚报》

《善于塑造人物心灵美的人》(随笔),《党员生活》12 期

1983 年

《彩虹坪》(长篇小说),上海文艺出版社

《生疏》(短篇小说),《羊城晚报》

《迟暮》(短篇小说),《上海文学》

《隔膜》(短篇小说),《安徽文学》

《寻觅》(短篇小说),《钟山》第 6 期

《〈天云山传奇〉——从小说到剧本》,中国电影出版社

《金鸡奖评选漫笔》(随笔),《羊城晚报》

《关于廖仲恺的一封信》,《安徽文化报》

《回顾与感谢》,《安徽日报》

《我的写作习惯》,《语文学习》第 2 期

《炊烟升起的地方》,《福建文学》第 4 期

《真实·朴素·自然》,《钟山》第 6 期

《啊! 万松庄》,《上海文学》第 1 期

《春前草》(中篇小说集),百花文艺出版社

《一封不用邮寄的信》,《电影创作》

《我要飞》,《电影创作》

1984 年

《鲁彦周电影剧本选》,中国电影出版社

《他在特区》(电影文学剧本),珠江电影制片厂拍摄

1985 年

《春前草》(中篇小说集),上海文艺出版社

《苦竹林苦竹溪》(中篇小说),《中国作家》

  同年改编电视剧

《山魂》(中篇小说),《清明》

1987 年

《古塔上的风铃》(长篇小说),人民文学出版社

《彭雪枫》(电视文学剧本)

1989 年

《叶子》(短篇小说)

1990 年

《逆火》(中篇小说),《上海文汇月刊·增刊》

  2002 年改编成黄梅戏

1991 年

《走出中南海》(中篇小说),《大时代文学》

《阴阳关的阴阳梦》(长篇小说),上海文艺出版社

  2005 年改编电视剧《雄关遗梦》

《况辰》(短篇小说)

1992 年

《中国当代作家选集丛书·鲁彦周卷》,人民出版社

1993 年

《乱伦》(中篇小说),《中国作家》

1994 年

《孽缘》(中篇小说),《清明》

1995 年

《天问》(中篇小说),《海峡》

1996 年

《迷沼》(中篇小说),《人民文学》

1997 年

《正堪回首》(散文集),上海文艺出版社

《鲁彦周小说自选集》,安徽文艺出版社

《双凤楼》(长篇小说),江苏文艺出版社

《柳暗花明》(合作),中国电影出版社

《江南雪》(合作),电影创作

《闹羊花》短篇小说

1998 年

《中国小说名家新作丛书·鲁彦周卷》,海峡文艺出版社

鲁彦周创作年表

2001 年

《春日梧桐》(短篇小说)

《丁香大院里的春暖》(短篇小说)

2002 年

《啊,玛阿特》(中篇小说),《安徽文学》

《平水冲的风景线》(中篇小说)

《鲁彦周文集》8 卷本,安徽文艺出版社

2004 年

《我和上海作协——旧事拾零》,《江淮晨报》

2005 年

《梨花似雪》(长篇小说),人民文学出版社

2005 年,鲁彦周被国家广电总局授予"优秀电影艺术家"称号。

以下散文、序言、随笔、文艺短评、游记等作品散见于各报纸、杂志,具体发表及时间不详,大多收入散文集《正堪回首》和《鲁彦周文集》第 6 卷,特将篇目辑录如下:

《牡丹》《花木有情》《我与茶》《古茶花》

《樱桃树》《籁杜鹃》《纺车》《乡邮》《乡村墅师》

《乡祭》《风景》《灯》《不了情》《能仁乡·十三妹》

《被毁灭的文稿》《眺海》《叶集未名社》《染发》《放松》

《关于老》《生活与生活情趣》《善待自己》《自我营造》

279

《自信与情怀》《新年随想》《放排的感悟》《关于电脑》(二则)

《病床遐想》《满架秋风扁豆花》《老家》《过年》《家居》

《胡同幽思》《旧梦偶拾》《大院里的前锋后卫》

《高家祠堂里的生活》《寒冷的世界温暖的风》《神游》《提气》

《觅书》《圈点》《从腊梅花开所想到的》《秋雨》《乡情》

《"花甲子"随笔》《谢晋的故乡》《闲聊旅游》《闲话鉴赏》

《岁末絮语》《牙》《惯性与习惯》《人生并非都是灯红酒绿好》

《我与体育"无缘"》《市民意识》《徽州和徽州商人》

《打头阵者》《书斋名偶谈》《祝福》《骤雨惊洪》

《苏家埠情思》《古镇柘皋》《健步》《人生画面》

《隔代乡情谈》《春的信息》《共和国五十年大庆随笔》

《关于名人和名人故居》《规矩和规律》《我的遗憾》《和谐》

《我家的双节》《感染》《沉默》《再识淮南》《我心中的黄山》

《自然与芜湖》《又到鹧落坪》《一次难忘的笔会》《一张照片》

《重庆的感觉》《绿色》《一枝红杏出墙来》《采访归来话特区》

《我谈"贪官与女人"》《风痕沙渍》《流泪的秃头树》

《开创,最为可贵》《迎驾文学笔会小记》《山恋》《文史随笔》

《道路》《火塘》《云雀》《窗花》《夜行小记》《杜鹃声声》

《关于〈天云山传奇〉》《天云山传奇写作的前前后后》

《秋天的回顾》(二则)《我的写作习惯》《关于电影创作问答》

《偶然的独白》《我的生活和创作》《我与人文》

《境界——创作札记》(之一)《无题》《谢宗君和他的画》

《季学今的画》《刘广慧及其他》《韩再芬与〈徽州女人〉》

《真实·朴素·自然》《答友人——关于电视剧〈彭雪枫〉的通信》

《小议雅与俗》《关于小说结构的一封信》《斩钉截铁写江山》

鲁彦周创作年表

《革命之路　艺术之光——艺术大师赖少其画展序言》

《自然流韵——鲍加油画印象》《灵魂的投入——韦君琳的花卉》

《杨为农的仿古画》《争鸣、探索出新境——致张天民的信》

《总理的教诲永世铭记——纪念周恩来总理逝世一周年》

《光点——严凤英逝世十九周年祭》《夏公百年诞辰随想》

《有缘与无缘——记我与张骏祥的交往》《想起张恺帆、陆学斌》

《夏公和廖公》《感激》《他悄悄地走了——悼念于寄愚同志》《追思》《海外归来悼登科》《祭欧公远方》

《乡村人物——纪念我的堂伯父》《戴厚英——淮河的女儿》

《我的家世》《送刘克》《白鹭洲小记》

《从布加勒斯特到雅典、开罗》《金字塔之夜》《卡萨布兰卡之梦》

《偶然想起非斯》《到丹吉尔去》《伯尔尼随笔》《卢梭岛》

《吕布克与马尔巴赫》《汉堡——苏州的沉思》《访苏笔记摘抄》

《洛杉矶印象》《美国小城密西瓦卡》《密西瓦卡的温馨》

《在美国购物》《加拿大鹅及其他》《追秋》《旅美漫笔》

《扶桑三老》《巢湖行》《青甘行》《我的小说自选集前言》

《〈张恺帆书法作品集〉序》《赤子之心——读〈歌外之旅〉》

《不泯的童心——卞国福〈悠悠童心〉序》《〈双叶集〉序》

《欣喜与愤懑——序长篇小说〈为官一任〉》《〈炊烟升起的地方〉序》

《〈巢湖名胜诗词〉序》《走入诗的伊甸园》

《小溪的水——王守艳散文集序》《王兴国作品序》

《安徽市场报市井漫笔发刊导言》《〈历史的见证〉小序》

《浅读谈正衡小说》《一方隽永的小天地——李传玺新作〈寂寞书边〉序》

《蒋廉声的摄影艺术》《〈黄山撷秀〉序》

《〈庐阳十景〉序》《〈银屏仙人牡丹咏集〉序》《〈山野诗丛〉序》

《〈皖风徽韵〉序言》《〈托起太阳的人〉序》

《愤慨长歌夕阳红——序刘明善〈岁月如歌〉诗歌集》《民子的诗》

《把自己融入文章里》《〈张果老外传〉读后》

《广征博引见真知——读唐先田杂文随笔集〈追求和谐〉》

《〈智谋的兔王〉序》《〈淮上风情〉序》《热土沧桑》

《〈女明星的七色人生〉序》《〈丁玉兰传〉序》

《读曹征路作品小记》《〈居巢区画册〉序》《卷首语》(四则)

《危机意识和梦》

·鲁书妮 辑·

鲁彦周研究论文索引

《简评〈凤凰之歌〉》，小木 《大众电影》1957.6

《反映农村新生活的影片〈凤凰之歌〉》，张瑞芳 《文汇报》1957.7

《〈凤凰之歌〉的问题在哪?》，朱燕、齐雨 《安徽电影》1958

《〈凤凰之歌〉的根本缺陷何在?》，赵明 《中国电影》1958.4

《试谈〈凤凰之歌〉》，雪锹 《中国电影》1958.5

《新的探索、新的问题》，赵明 《中国电影》1958.7

《欣赏　感受　议论》，刘金 《安徽文学》1962.8

《谈〈风雪大别山〉的结构》，金芝 《安徽日报》1962.8.5

《谁说人间无凤凰?——评影片〈凤凰之歌〉》，郑君里 《电影艺术》1979.3

《历史的潮流阻挡不住——谈〈天云山传奇〉中吴遥的形象》，何孔周《人民日报》1980.2.6

《道德观念上的歌颂与谴责——读〈天云山传奇〉随笔》，吴子敏 《文学评论》1980.5

《细腻、抒情、深沉、凝重——〈天云山传奇〉的艺术特色》，张明堂 《电影

评价》1980.11

《是传奇，又是历史——简评〈天云山传奇〉》，石之灵《电影评介》1981.1

《预示着矫健的明天——〈天云山传奇〉随笔》，钟惦棐《人民日报》1981.2.4

《"人不能靠捂着伤疤过日子"——电影〈天云山传奇〉编剧鲁彦周访问记》，陈标《电影评介》1981.5

《他们产生在大别山的土壤上——鲁彦周谈〈天云山传奇〉的人物塑造》，荟茗《电影评介》1981.6

《美的净化——鲁彦周创作历史纵观》，沈敏特《清明》1982.2

《一部违反历史真实的影片》，袁康、晓文《文艺报》1982.4

《也评〈天云山传奇〉》，孙冶方《文艺报》1982.6

《关于影片〈天云山传奇〉的讨论来稿综述》，《文艺报》1982.8

《努力反映改革着的农村现实——读鲁彦周的长篇小说〈彩虹坪〉》，曾文渊《新文学论丛》1983.4

《雨后映彩虹——读长篇小说〈彩虹坪〉》，单木《文汇报》1983.7

《在生活中，应该追求什么？——访作家鲁彦周》，迟云《电影新作》1983.1

《导演与编剧的"逆差"——〈他在特区〉得失谈》，沈及明《当代电影》1984.2

《描绘时代的风云——评鲁彦周的长篇小说〈彩虹坪〉》，唐先田《安徽日报》1983.10

《当彩虹升起的时候——评鲁彦周的长篇小说〈彩虹坪〉》，张晓明、盛书刚《安徽师范大学学报(人文社会科学版)》1984.3

《新时期的彩虹——读〈彩虹坪〉》，王纪人《小说界》1984.3

《〈彩虹坪〉的结构艺术》,余昌谷《清明》1984.6

《评鲁彦周小说中的巾帼人物》,梁长森《清明》1984.3

《给人以希望——鲁彦周小说创作成就之一》,梁长森《阜阳师范学院学报(社会科学版)》1984.3

《试论鲁彦周新时期中篇小说的创作特色》,余昌谷《江淮论坛》1985.1

《〈他在特区〉的失误》,曾扎《电影艺术》1985.1

《论鲁彦周小说结构的电影化特征》,余昌谷《安庆师院学报》(社科版)1985.4

《触及改革深层的新作——读〈古塔上的风铃〉》,唐先田《光明日报》1987.10

《鲁彦周电影剧作概观》,张勇《北京电影学院学报》1987.2

《往历史的深度开掘——从鲁彦周新著〈古塔上的风铃〉谈开去》,胡德培《文艺评论》1987.6

《开放性:保持艺术青春之路——鲁彦周创作道路概评》,梁长森《安庆师范学院学报(社科版)》1988.1

《鲁彦周电影剧作探微》,任殷《电影艺术》1988.9

《创造的发展脉络》,梁长数森《当代文坛》1992.3

《"档案很重要,希望对它做点宣传"——著名作家鲁彦周访谈录》,《中国档案》1993.1

《魔幻笔法与现实精神——摭谈鲁彦周〈阴阳关的阴阳梦〉》,唐跃《清明》1993.5

《读〈阴阳关的阴阳梦〉札记》,唐先田《安徽文学》1993.6

《逆转与反差:现代人的"寻梦"悲剧——读鲁彦周小说〈流泉〉》,吴尚华《名作欣赏》1994.4

《人格理想的重塑——读〈孽缘〉中的邱立人形象》,朱青《清明》1995.1

《历史与情感之间的艺术选择——鲁彦周中篇小说〈孽缘〉解读》,朱青《洛阳师专学报》1995.3

《沉重与灵活的脚步》《人民文学》1996.2

《为了更美好的人生——谈鲁彦周两部中篇小说》梁长森《安徽大学学报》1996.5

《简论鲁彦周的四部中篇小说》,唐先田《江淮论坛》1996.5

《老作家的新收获——读鲁彦周的长篇新作〈双凤楼〉》,唐先田《文艺报》1997.12

《"樱榴居"主鲁彦周》,江曾培《书城》1997年6期

《人事多错迁,与君永相望——鲁彦周〈双凤楼〉评介》,秋禾《博览群书》1997.12

《人性主体结构中的灵魂救赎——评鲁彦周长篇小说〈双凤楼〉》,许春樵《清明》1998.1

《"革命时期"的心灵史——长篇小说〈双凤楼〉的意蕴》,王达敏《当代文坛》1998.2

《人性的视角——〈双凤楼〉管见》,苏中《淮南师院学报》1999.3

《论鲁彦周小说的叙事艺术》,徐亚芬《黄山高等艺科学校学报》2000.2

《鲁彦周的〈归来〉及其戏剧创作》,唐先田《安庆师范学院学报(社会科学版)》2001.1

《鲁彦周的影视剧情结》,柏龙驹《江淮文史》2001.2

《五十年后重现光彩——〈丹风〉读后感言》,唐先田《安徽统一战线》2001.9

《他的笔下仍有一团火——论鲁彦周近10年的创作》,唐先田《安徽文学》2002.1

《鲁彦周文学成就的辉煌展示——读〈鲁彦周文集〉》,梁长森《学术界》

2003.2

《在〈鲁彦周文集〉首发式暨鲁彦周作品研讨会上的讲话》,金炳华《清明》2003.1

《鲁伯伯》,潘年《时代文学》2005.1

《人在文化冲突中的悲剧——论鲁彦周小说〈逆火〉》,吴长龙《安徽警官职业学院学报》2004.5

《淮南名士　徽派大家——略论鲁彦周》,顾骧《时代文学》2005年1期

《在人生的悖论中寻求解救——评鲁彦周新时期小说中女性形象的意义》,宁克华《安徽文学论文集(第2集)》2004年　安徽文艺出版社2005年

《当代语境下的鲁彦周小说阅读》,邵水一《安徽文学论文集(第2集)》2004年　安徽文艺出版社　2005年

《论鲁彦周长篇小说的"人性发展历程"》,江飞、余昌谷《安庆师范学院学报》2004.3

《论鲁彦周的短篇小说创作》,余昌谷、江飞《江淮论坛》2004.6

《我的父亲鲁彦周》　鲁书妮　《时代文学》　2005.1

《鲁彦周与〈天云山传奇〉》,许水涛《江淮文史》2005.5

《记鲁彦周老师》,季宇《江淮文史》2005.8

《鲁彦周长篇小说〈梨花似雪〉评论》,谢永旺、吴秉杰、陈晓明、何西来《文艺报》2006.5

《吹绽心灵的春风》,顾骧《文艺日报》2006.3.21

《小说要有好看的故事》,温跃渊《文学报》2006.5.25

《丰盈的诗意　淡淡的乡愁》,何镇邦《金融时报》2006.6.23

《"家园记忆"如梨花般灿烂》,陈晓明《文艺报》2006.5

《老树着花——读鲁彦周新作》,李国文《文学报》2006.5.25

《对革命和浪漫生出敬意和怀想——读鲁彦周的长篇小说〈梨花似雪〉》，贺绍俊《文学报》2006.5.25

《波澜壮阔的历史画卷——我读〈梨花似雪〉》，古牧《安徽文学》2006.7

《现实主义的新收获——读〈梨花似雪〉》，唐先田《江淮》2006.9

《最后的浪漫主义革命者》，贺绍俊《小说评论》2006.4

《〈天云山传奇〉的"传奇"》，徐庆全《中国新闻周刊》2006.48

《鲁彦周的新收获》，柏木《巢湖日报》2006.2.20

《情与理的融合》，何镇邦《光明日报》2006.7.25

《人性的解蔽及其话语策略——论鲁彦周的长篇小说〈梨花似雪〉》，胡功胜《安庆师范学院学报(社会科学版)》2007.5

《腹有诗书自气豪——怀念鲁彦周同志》，《文化月刊》2007.5

《敬送彦周》，柏龙驹《安徽文学》2007.2

《魂归"天云山"》，殷慧芬《文学自由读》2007.4

《怀念一座山》，潘萌《安徽文学》2007.2

《哭鲁彦周老师》，许辉《安徽文学》2007.2

《梨花似雪忆彦周》，何镇邦《中华读书报》2007.9.19

《有文学之美，人民之爱》，王火《四川文学》2007.4

《遥祭彦周兄》，邓友梅《光明日报》2007.4.20

《回忆鲁彦周老师》，季宇《安徽文学》2007.11

《怀念彦周》，刘祖慈《安徽文学》2007.11

《我们和"叔叔"之间》，王安忆《安徽文学》2007.11

《〈天云山传奇〉大讨论纪实(上)》，吴泰昌《江淮文史》2008.1

《〈天云山传奇〉大讨论纪实(下)》，吴泰昌《江淮文史》2008.2

《电影〈天云山传奇〉的风风雨雨》，朱安平《百年潮》2008.12

《孙冶方与〈天云山传奇〉》，朱安平《文史精华》2009.6

《怀念恩师鲁彦周》,袁明云《中国铁路文艺》2009.6

《彦周先生是一座山——鲁彦周创作论》,唐先田《安徽作家报告》安徽文艺出版社 2009.10

《鲁彦周作品的叙事艺术分析》,富鸣《时代文学(下半月)》2009.3

《宏大叙事与个人叙事的纠缠——论鲁彦周的长篇小说》,陈宗俊《江西社会科学》2010.5

《研究鲁彦周创作的钥匙——从〈归来〉和〈天云山传奇〉面世经历谈起》,柏龙驹《安徽文学》2010.11

《〈天云山传奇〉:宏大历史中的个体突围》,滕梁莹《语文学刊(基础教育版)》2011.4

《〈天云山传奇〉:政治批评话语与情感编码方式》,孔小彬《当代文坛》2011.6

《反思与天真》,沈天鸿《安徽文学》2013.3

《安徽当代知名作家的文学史意义——以耿龙祥、鲁彦周、公刘等为中心》,黄晓东、明飞龙《滁州学院学报》2014.3

《鲁彦周长篇小说人物论》,傅雪《广西师范大学硕士论文》2014.6

·何　峰　沈喜阳　辑·

后　记

　　写一本《鲁彦周评传》，将彦周先生的生平和他的创作成就较为系统地介绍给读者，这个想法始于上世纪末，并作为省里的社科项目申报立了项。此后，我曾多次和彦周先生面商，每个周日，我用半天时间定期去进行采访，请他回忆讲述，我记录整理后作为评传的素材。但彦周先生总是平静地笑笑回答："不急不急，等一等。"彦周先生说"不急"，我也就不急，我得服从他的安排，他自有他的道理，评传的写作暂时地搁置了一些时日。现在想来，彦周先生所秉持的是"生不立传"的低调理念，但他总是温婉含蓄，没有直白地说出来罢了。

　　新世纪初，彦周先生已过古稀之年，仍倾心忙于长篇小说《梨花似雪》的创作。但毕竟岁数大了，他的健康状况不太稳定，写写停停，在医院住的时间也多起来，但他还是坚持不懈，用顽强的毅力和毫不动摇的信心，终于完成了这部70余万字的巨著。有一天我去医院探望他，恰巧温跃渊先生亦在，又谈到了评传的事，跃渊满腔热情地提出参与写作的意向，我立即表示赞成，彦周先生也很高兴地说你俩合作很好。得到彦周先生的首肯，对我和跃渊都是很大的鼓励，评传的写作由此正式启动。评传写作的启动,是在彦周先生的病房里。

此后,便是对彦周先生的采访。医院方面从维护彦周先生的健康着想,不允许他长时间地思考和说话,所以每次采访的时间都很短,不超过半小时。采访录音主要是跃渊做的,他做得很耐心很细致,我只去过一两次。然而,采访还没有结束,彦周先生于 2006 年 11 月 26 日晚与世长辞,令人十分悲痛。送别彦周先生之后,跃渊即根据采访录音整理出 5 万余字的记录稿,内容包括彦周先生对童年对家庭的回忆、青少年时期的坎坷经历和创作回忆、人际交往的回忆等等,这些一手材料,很丰富也很珍贵。我将阅读《鲁彦周文集》的心得体悟和这些一手材料糅合在一起,撰写了评传的前 27 章,后 3 章则由跃渊撰写。初稿完成后,鲁彦周研究会打印分送熟悉彦周先生的专家学者和彦周先生的家人阅读征求意见,并召开了一次专题研讨会。研讨会极富建设性,与会各位都发表了卓有价值的意见。会后,我将各位的意见、建议集中起来作了归纳分析,对初稿进行了修改和补写,并对全书的文字作了加工润色。

彦周先生的小说,我在上中学时便开始阅读,后来读得更多,几乎一篇不漏,边读边写了阅读心得体会的文章。和彦周先生熟悉之后,他每有新作出版发表,都送给我,有时还将刚完成的初稿交给我,嘱我阅读并谦虚而真诚地征求我的意见,使我真切地体验到了他宽广的胸怀风范,也感受到了先睹为快的文学欣赏乐趣。在写作本书的过程中,我又重读了他的一些作品,深感对他的丰厚创作、对他的儒雅虚怀若谷的胸襟、对他的充满人文情怀的文学精神,理解得还很不够。他的为人为文风范,是永远的榜样和旗帜。

这本评传只是简要地叙述了彦周先生的生平、粗浅地涉及了他的一些作品,不足之处在所难免,如能为读者了解彦周先生和他的创作提供一些线索也就很满意了。

后　记

在写作本书的过程中,得到省委宣传部的切实关心、支持,得到苏中、刘祖慈、胡家柱、季宇、周志友、何峰及彦周先生的家人张嘉、鲁家萃、鲁书妮的许多有益帮助,安徽文艺出版社的领导和有关编辑,在编辑出版过程中,付出了许多心血,安徽省人大常委会原副主任、诗人周本立欣然为本书作序,谨表谢忱。

唐先田

二〇一五年末